高等学校精品课教材

现代公共关系学

主　编　汪　上

副主编　王培章　吴前进

参　编　李学兰　姚　庆

单　但　夏春晓

主　审　王有炜

合肥工业大学出版社

图书在版编目(CIP)数据

现代公共关系学/汪上主编．—合肥：合肥工业大学出版社，2010.5(2018.4重印)

ISBN 978-7-5650-0215-1

Ⅰ．现…　Ⅱ．汪…　Ⅲ．公共关系学　Ⅳ．C912.3

中国版本图书馆CIP数据核字(2010)第093134号

现代公共关系学

主编　汪　上　　　　责任编辑　汤礼广

出　版	合肥工业大学出版社	版　次	2010年6月第1版
地　址	合肥市屯溪路193号	印　次	2018年4月第3次印刷
邮　编	230009	开　本	710毫米×1000毫米　1/16
电　话	总　编　室：0551-62903038	印　张	18.75
	市场营销部：0551-62903198	字　数	336千字
网　址	www.hfutpress.com.cn	印　刷	合肥现代印务有限公司
E-mail	hfutpress@163.com	发　行	全国新华书店

ISBN 978-7-5650-0215-1　　　　定价：29.50元

前　言

公共关系是适应市场经济发展而产生的管理活动，其宗旨是“内求团结，外求发展”，其目的是塑造良好的组织形象，其手段是传播与沟通。近年来，随着公共关系理论与实践的不断丰富和发展，公共关系已经成为一门比较成熟的学科，它在组织管理中的战略作用不断得到体现并越来越受到学界和业界的重视。

由于我国市场经济起步晚，直到20世纪80年代初期公共关系作为舶来品才被引入中国。经过近30年理论的学习与实践的探索，公共关系出现了一派繁荣的景象，理论出版物潮起云涌，从业人员数量激增。但由于中国特色社会主义市场经济理论与经济体制改革处于不断发展当中，我国公共关系在实践面前略显稚嫩，发挥的作用仍不能体现其真正的价值。因此如何结合中国特色社会主义理论研究的最新成果与改革当中出现的新问题、新现象，架构具有中国特色的公共关系理论体系，创新工作方法与手段，以解决我国市场经济发展当中所暴露出来的一些社会问题，这已成为我国公共关系学界与业界下一步工作的重点。

创新型国家的建设需要创新型人才。创新型人才通常表现出灵活、开放、好奇的个性，具有精力充沛、坚持不懈、注意力集中、想象力丰富以及富于冒险精神等特征。公共关系学作为一门传播、沟通、管理的科学，其在创新型人才培养方面的独特作用是任何一门科学都无法替代的，这不仅适用于经济管理类专业，而且适用于一切专业人才的培养。因此编者认为编写一本内容上较通俗、体系上不缺损、应用性较强的现代公共关系学教材，以适应创新型人才培养的需要是非常必需的。

为了对读者负责，对公共关系学这门学科的健康发展负责，我们

在本书中既认真地总结、借鉴国内外先行者们的成果和经验，又力求严肃地在体系、内容方面呈现自己的特色，并结合近年来的实践案例增强其应用性。

本书的具体编写工作是这样完成的：汪上老师统筹设计了本书的体系和编写大纲，还负责全部书稿的统稿工作，并编写了第一章、第二章、第七章；王培章老师编写第九章、第十一章、第十三章；姚庆老师编写第三章、第八章；李学兰老师编写第四章、第五章、第六章、第十章；吴前进老师编写第十二章并参与了书稿的审阅；单担老师审阅了第七章、第八章；夏春晓老师审阅了第十章、第十二章。全书由安徽科技学院王有炜教授主审。

由于编者水平有限，书中定有错漏之处，恳请各位专家、同行和广大读者不吝指正。

编　者

2018年3月

目　录

第一章　导　论

【学习目的与要求】

通过本章的学习，掌握公共关系的含义并了解其本质属性；培养运用现代公共关系的观念去解决公共关系问题的能力；了解公共关系学的学科性质，掌握公共关系学体系和研究方法。

【开篇案例】

马来西亚的永芳化妆品公司，其创始人姚水劳祖籍为广东省大埔县。当时该公司的"永芳"牌化妆品在中国十分畅销。永芳公司主张做生意要诚实守信，他们生产的化妆品品位很高，且货真价实。永芳公司公开宣称自己在中国是赢利的，但它又主张财富取之于社会也应用之于社会。因此在短短几年内，永芳公司为中国残疾人福利会、广东省的教育事业以及大兴安岭灾民等捐款500多万元人民币，还在广东省投资3000万元兴建宾馆，并准备投资1000万元解决创始人家乡中小学教师的奖金、住房，以及学生的部分学习费用等问题。永芳公司还决定，今后永芳系列化妆品在中国销售赢利的50%，将被分期分批地投放到中国的现代化建设中去。永芳公司的做法受到社会各界的广泛赞誉，加上媒体对其不断宣传，因此永芳化妆品公司的形象在中国大地上牢牢地树立起来。

第一节　公共关系的含义、本质属性与基本原则

社会关系总是随着人类文明的发展而不断演化。其中公共关系是工业文明时期市场关系的产物，如今人们对现代公共关系表现出极大的关注和热情。要理解、掌握和运用好现代公共关系，首先必须懂得公共关系的内涵，把握其本质属性，遵循公共关系的基本原则。

一、人类社会关系的发展与演变

社会，在本质上就是由人的活动所形成的关系和联结成的网络，是以人为细胞、以人的活动所形成的关系为纽带而连接成的有机整体。

公共关系是人的社会关系的一种表现形式，是人类在自身关系发展过程中的一个阶段或环节。

人类社会之网，或者说社会这一有机整体，经历了一个由低级到高级、由简单到复杂的进化过程。在这一过程中，旧的关系在不断退化、消亡，新的关系在不断产生、发展。现代公共关系就是随着各种关系的交替演变，在现代市场经济条件下的工业文明中孕育诞生的一种社会关系。

到目前为止的人类文明，大体经历了农业文明和工业文明两个主要阶段，并正在迅速进入信息文明时代。伴随着文明的不断进步、升级，人类经历了血缘家庭关系、氏族关系到国家关系的发展变化。与此同时，人们也经历了从乡土社会到城市社会的过渡。

在农业文明时期，即在原始社会、奴隶社会和封建社会时期，以乡土关系为基础的人际关系占主导地位，自给自足的自然经济在相对狭小的社会组织——主要是封闭或半封闭的家庭和庄园中生存、发展，社会组织和社会成员之间虽然鸡犬之声相闻，却老死不相往来。

在这种乡土关系中，家庭、氏族、庄园内的人与人之间有着“不可分割”的血缘关系或人身依附关系。但是，这些组织彼此之间却因各自经济生活的独立性而很少有联系和依赖。在这种状况下，社会组织内的人际关系或者说人伦关系主要是靠“礼”、“义”等道德规范来维持的，“君君、臣臣、父父、子子”是这种关系的典型表现。

在人类还处于乡土关系的农业文明时期，社会组织之间的各种争端是以动用拳头、动用刀枪剑戟等暴力工具来解决的；社会组织之间的经济权力和其他社会权力靠暴力得以维持、扩张或转移。谁拥有暴力，谁能有效地利用暴力，谁就拥有控制本组织、控制其他相关社会组织直至控制整个民族和国家的权力。因此，农业文明时代在本质上与本节所要述及的公共关系是无缘的，当然也不可能产生现代意义上的公共关系学。

公共关系产生于西方工业化社会。工业社会给人类社会关系带来了两个巨大的变化：一是用机器进行生产。这样就产生了工厂，形成了很多工人在同一条生产线上操作的劳动关系。这些工人来自不同的家庭、不同的地区，共同组成了现代工厂和现代城市。无论是在工厂内部还是在工厂之间，由于人们分工不同和对产品支配地位的变化，因此农业文明时期的晚辈对长辈、奴隶对奴隶主、农奴对封建主那种人与人之间的依赖关系也发生了显著变化，工人的组织观念、纪律观念、他人观念、互助观念在不断增强。二是社会组织之间的关系与自然经济状况下的关系不同了。各种工矿（产业）之间因自我选择或社会分工的差异，彼此不得不既相互交换、相互依赖，又相互封闭、相互竞争。工业社会组织之间如此，工业社会组织与农业社会组织之间亦如此。

在工业社会的初期和中期，财富成了左右社会权力的主要砝码。“私有财产神圣不可侵犯”是一切资本主义社会共同遵守的基本经济生活准则。社会关系再不能以暴力来维系，而必然过渡到以财富来缔结。于是，工厂、企业以及其他社会组织以财富为基础，取得了法人的地位。

由农业文明向工业文明的过渡，在某种意义上说，实现了社会关系以人际关系为主向市场关系为主的过渡。市场关系的显著表现形式是出现了法人与相关社会组织、相关社会成员的关系，即本学科所要论及的公共关系。

在市场关系条件下，人对人、组织对组织、组织对个人的关系再不能靠“君臣父子”、“克己复礼”来维持，而必须靠法律来维持，靠权利、义务、合作、互利等制度和观念来维持，靠公共关系的理论法则和实际运行法则来维持。

如果说工业文明实现了社会的乡土人际关系向市场关系的过渡，促进了人由个体依赖为主向组织对组织的依赖为主的过渡，那么，后工业文明时代不仅强化了这种过渡，稳定发展了这一种过渡的成果，而且还表现出两个新的方向：一是表现在宏观上，社会关系发展到国家与国家、地区与地区的主体依赖关系，即跨文化的沟通依赖关系（cross-culture communication），把组织对组织的关系推到极端，形成典型的世界性市场关系。二是表现在微观上，社会关系出现了人际关系的回归。由于电子化、信息化的推动，社会分工越来越细，社会生产单位有越来越小的趋势，以个人为单位分散化从事现代化社会生产成为可能。这第二种趋向正方兴未艾，似乎正代表着社会关系在一定层面上已经经历了从肯定走向否定、正走向否定之否定的螺旋。

与第二个趋向相适应，人类正在经历以财富权力向知识信息权力的过渡。这就是说，在已经开始并行将展开的时代里，暴力、财富已不再是控制社会权力的直接的主要的方式和手段，知识、信息等才是驾驭社会权力的基石、鞭子和杠杆；形象（个人形象和组织形象）正在成为制约个人与组织发展的共同的基本因素。

无论是以上提到的哪一种方向，都为现代公共关系的进一步展开、发展提供了相当广阔的应用空间和领域。

总之，公共关系是人类社会关系发展演变的一个环节。现代社会需要公共关系，公共关系将推动现代社会不断向前发展。

二、对公共关系的界定

由于现代公共关系是新生事物，加上地域、文化、视角等方面的差异，到目前为止，对于公共关系的含义，人们还没有一个统一或者说公认的理解。这一点突出地表现在对公共关系的“定义”上。

1. 词源学解释

我们现在提到的公共关系一词，是由英语“Public Relations”翻译过来的。英语常将“Public Relations”简称为PR，汉语常将公共关系简称公关。

在英语中，“public”有两种词性。作为形容词，“public”的含义就是“公共的”，即“属于社会的”、“公有公用的”。当许多个体可同时趋近或使用某一对象事物时，我们常把这个对象事物看做是公共的，如公共食堂、公共厕所、公共浴室、公共汽车等。作为名词，“public”的含义则主要是“公众”、“大众”。当某一个体必须与许多对象、许多事物发生关系时，我们常说，这些对象事物就是这个个体面对的公众或大众。

从现代公共关系学所实际研究的对象、内容来看，“Public Relations”中的“public”所使用的是它的名词性。这就是说，将“Public Relations”译成公共关系是不太准确的，准确一些的译法应当是公众关系。

我们今天仍然使用“公共关系”这一概念，是因为它自港澳地区翻译传入大陆后，已经成了理论界和实践界约定俗成的叫法。还有一点，“relations”是复数，应当理解为作为公共关系的关系不是单一的，而是众多的、复合的、复杂的。

很明显，公共关系一词的含义是丰富的，而且，随着人们对它的理解和认识的不断拓展、深化，这一概念的内涵有越来越丰富的趋势。

2. 国内外对公共关系的界定

（1）管理说

“管理说”这类定义突出公共关系的管理属性。1976年美国公共关系研究和教育基金会资助著名公共关系学者哈罗博士（Rex L. Harlow），在收集和分析了各种公共关系定义后对公共关系所下的定义是：公共关系是一种独特的管理职能，它帮助一个组织建立并维持与公众之间的双向交流、理解、认可与合作；它参与处理各种问题与事件，它帮助管理者了解社会舆论，并对之作出反应；它明确并强调管理部门为公众利益服务的责任；它作为社会变化趋势的监视系统，帮助管理者及时掌握并有效利用社会变化，保持与社会变动同步；它以健全的正当的传播技能和研究方法作为主要的工具。这条特别详尽的定义直接说出了公共关系的主要功能和作用，使人看了以后便明白公共关系是做什么的。

(2) 传播说

这类定义侧重于公共关系的传播属性。比如英国著名公关学者杰夫金斯(Frank Jefkins)认为:公共关系就是一个组织为了达到与它的公众之间相互了解的目标,而有计划地采用一切向内和向外的传播沟通方式的总和。

我国学者居延安在其所著的《公共关系学》导论中对公共关系的定义是:公共关系是一个社会组织运用传播手段使自己和公众相互了解和相互适应的一种活动和职能。

(3) 传播管理说

这类定义将管理说和传播说结合起来,强调公共关系是组织一种特定的传播管理行为和职能。

当代美国公共关系学术权威、马里兰大学的詹姆斯·格鲁尼格(James E. Gruning)教授认为:公共关系是一个组织与其相关公众之间的传播管理(Public relations is the management of communication between an organization with its public),其目的是建立一种与这些公众相互信任的关系。这是格鲁尼格在互联网上与国际关系学院郭惠民教授以及中山大学廖为建教授对话时提出的。

(4) 咨询说

这类定义侧重公共关系的决策咨询功能。最具有代表性的是国际公共关系协会在1978年8月发表的《墨西哥宣言》中所下的定义:公共关系是一门艺术与社会科学,它分析趋势,预测后果,向机构领导人提供意见,履行一系列有计划的行动,以服务于本机构与公众的共同利益。

(5) 关系说

关系说把公共关系看做是关系的一种,因而其属性是"社会关系"。

日本公共关系专家田中宽次郎认为:"公共关系就是良好的公共关系状态"。美国普林斯顿大学的资深公关教授蔡尔兹认为:公共关系是我们所从事的各种活动、所发生的各种关系的通称,这些关系和活动都是公众性的,并且都有社会意义。

(6) 协调说

协调说是对关系说的深化,认为公共关系主要是协调组织与公众之间的社会关系,"维持企业的营利性和社会性之平衡就是公共关系"。

(7) 综合的功能性定义——形象说

这种观点更注重公共关系的价值功能,把公共关系看成是解决社会组织与公众关系的一种艺术或技术。余明阳编写的《公共关系学》教材认为:"公共

关系是社会组织为了塑造组织形象，通过传播、沟通手段来影响公众的科学和艺术。”

各种公共关系定义都从不同的角度揭示出了公共关系的本质属性，都有其合理性，实际上各种定义之间并不矛盾，只是侧重点不同而已。这些定义都有助于我们把握公共关系的本质。

本书认为，所谓公共关系，就是一个社会组织为了推进相关的内外公众对它的理解、信任、合作与支持，通过主动和有计划地采取传播、沟通等手段，以塑造良好的组织形象、创造自身发展的最佳社会环境为目标的管理活动。

三、公共关系的本质

科学的定义应该反映事物的本质属性，公共关系的定义则应该反映公共关系现象和活动的本质。

1. 确定公共关系本质属性的依据与方法

只有揭示出公共关系最核心、最本质的东西，才能说明它与同类事物中其他事物的差别，才能界定它的内涵，确定它的本质。无论从哪一个角度去理解，都必须如此。比如，说公共关系是一种管理活动，那么它是一种什么样的管理活动？它与其他管理活动有什么区别？如果说公共关系是一种社会关系，那么它是一种什么样的社会关系？它与其他的社会关系有什么不同？等等。要揭示公共关系的本质属性，应遵循以下的思维逻辑：

首先，需要分析构成公共关系活动的基本要素。如果将复杂的公共关系过程简化，我们不难发现任何公共关系活动都包括三个要素，即“组织”、“传播”和“公众”。任何公共关系活动都由这三个要素构成。

其次，分析公共关系的基本要素之间的相互作用及其本质联系。在公共关系活动这三个要素之间，“组织”与“公众”分别是公共关系的“主体”与“客体”。这两者之间相互作用方式是“传播”(communication，也译作“沟通”)，而现代公共关系传播的本质是组织与公众之间的双向信息交流，组织与公众沟通交流的双向性是公共关系传播的本质特征，如图 1－1 所示。

图 1－1　现代公共关系三要素联系图

可见，三个要素之间的联系就是组织与公众之间通过传播沟通所形成的信息的双向交流。而现代公共关系是组织的一种管理职能。这种管理职能的本质属性就是组织与公众之间的传播管理。

最后，还要考虑这一本质联系在公共关系原理及实务中的指导性。这一点我们可以具体地从以后的各个章节中去体会和理解。例如，研究公共关系主体不仅要研究一般的社会组织特征，而且要研究组织的传播沟通功能和机制，研究组织实施传播沟通活动的部门与人员。又如，研究公共关系的对象，不是一般地研究社会公众，而是从组织传播沟通的对象角度来分析公众的行为特征与心理特征。而公共关系的各种实务，都是组织与公众之间双向传播沟通活动中的侧面、一个部分。总之，"双向传播与沟通"是贯串公共关系的一条基线，是现代公共关系理论的精髓，是公共关系的本质属性。它渗透到公共关系原理与实务的各个方面，是准确理解公共关系的关键。

2. 理解公共关系本质属性的三个角度

(1) 公共关系的关系性质

① 公共关系作为一种社会关系，特指组织与公众之间进行传播沟通的关系，即组织与社会环境之间的信息交流关系。任何组织与社会之间都存在各种社会关系，如政治关系、经济关系、法律关系、文化关系、行政关系等，公共关系不同于这些具体的社会关系。因为公共关系本身不是组织的经济行为、政治行为或行政行为的直接产物，而是由组织的传播沟通行为产生的，即社会组织通过传播与沟通活动去建立组织与公众之间双向的信息交流，促进公众与组织之间的了解、认同与合作，达到相互之间的共识、理解与信任。这一过程即为公共关系。

② 公共关系不同于其他具体的社会关系，但又渗透其中，与组织其他的各种具体社会关系相伴随。无论是组织的经济活动、政治活动、法律活动等，都存在着与公众和社会环境进行沟通的问题，都需要争取公众、舆论的理解和支持，都有赖于良好的公共关系来达到经济、政治或文化的目标。

(2) 公共关系的职能性质

公共关系作为一种管理职能，是对组织与社会公众之间传播沟通的目标、资源、对象、手段、过程和效果等基本要素的管理，即传播管理，这种管理是以优化公众环境、树立组织形象为宗旨的。

一个组织的职能是多方面的，如生产、技术、营销、财务、人事、行政等，公共关系作为一种管理职能有别于上述管理领域。它的管理对象不是产品、资金、技术或销售网络等有形的资产，而是信息、关系、舆论、形象等无形的资产；它的管理手段不是技术、经济、行政或法律的手段，而是现代信息社会的传播沟通手段；它的管理目标不是直接地提高产量、促进销量、赚取利润，而是调整组织与社会公众之间的关系，提升组织无形资产的价值，从而使组织整体资产增值。

可见公共关系是一种独特的管理领域，它反映现代信息社会管理学发展的一个趋势，那就是日渐重视信息资源、关系资源、形象资源与传播资源的管理。因此，公共关系与资金、技术和人才并列，被称为现代组织经营管理的“四大支柱”。

(3) 公共关系的学科性质

公共关系学作为一门综合性的应用学科，是一门以管理学与传播学为依托的传播管理学或组织传播学。它既是现代传播学的一个分支，又是管理学的重要组成部分。它是现代传播学在组织行政管理和经营管理中的应用和发展，它是传播学科与管理学科相结合的产物。

公共关系学专门研究组织管理过程中的公众传播沟通问题，用现代传播学的理论与方法来研究、处理组织的公众关系和形象问题。传播对象分析、传播内容分析、传播媒介分析、传播效果分析等基本理论，均在公共关系学中得到体现。传播学所研究的各种不同层次的传播行为和方式，如人际传播、大众传播、组织传播等，也在公共关系学中得到具体的体现。而传播学的很多分支，如新闻学、广告学、交际学、舆论学等，也是公共关系实务的重要内容。因此，将公共关系学定位于“传播管理”，符合该学科的基本性质。

由于公共关系学是传播学在组织经营管理和行政管理中的具体应用，因此它也必须借助管理学的理论与研究方法。现代管理理论是一个开放的系统，随着组织条件和环境因素的变化，管理的理论与方法也不断变化。在开放、竞争的信息社会的环境中，组织与环境之间的传播沟通活动日益活跃，到了一定程度，就需要将这种组织传播行为规范化、职能化，从而形成组织与公众之间传播沟通的一系列规范、制度和方法，这些制度、规范与方法经系统化、理论化，便逐渐形成现代的公共关系学科。在现代信息社会和大众传播时代，公共关系学是管理学和市场营销学中不可或缺的一部分。

从以上三个方面可以看出：公共关系是组织的一种“传播沟通关系”，是组织的一种“传播沟通职能”，是一门“传播沟通学科”。“组织与公众之间的传播沟通”是公共关系的本质属性。

四、公共关系的基本特征

(1) 公共关系是组织与公众之间的一种社会关系。现代公共关系是这样一种社会关系：它的一端是一个具体的社会组织，这个社会组织可以是一个工厂，也可以是一家商店、一家银行、一所学校、一家饭店、一个医院等；另一端是与这个社会组织机构的生存、发展相关联的公众。公共关系学讲的公众与人们平时所讲的“人民大众”、“人民群众”的概念是有区别的。公共关系学探讨的公众，是指与某一社会组织有着直接或间接利益联系或利害关系的个人、群体或组织。一个组织的公众除了员工、股东是内部公众之外，更主要的是顾客、社区、政府等外部公众。

(2) 公共关系活动的目的是塑造组织的良好形象。社会组织开展公共关系活动，缔结与内外公众的良好关系，是为了扩大组织的知名度，提高组织的美誉度；内求团结，外求发展；塑造组织真、善、美的良好形象；协调组织内外关系，为组织的发展创造最佳的社会环境。

(3) 组织与公众之间的中介是公关人员的传播沟通活动。传播特别是大众传播，这是现代公共关系产生的基本前提之一，也是现代公共关系活动的重要标志。公关人员通过人际传播、组织传播、大众传播等手段将组织的形象信息传递给广大的相关公众，同时，公关人员又利用人际传播、组织传播等手段回收公众对组织的形象信息的反馈。

(4) 公共关系是社会组织自觉、积极、努力开展的一系列社会活动。公关活动是组织为了在公众的心目中塑造自身的良好形象，通过成立内部公关机构、到公关公司咨询、聘请公共关系顾问等方式努力按公共关系的内在规律而开展的活动。这些活动包括开展调查、制订计划、策动传播、组织实施、总结评估等方面。

(5) 公共关系是社会组织特别是组织领导、公关工作人员的一种观念，是公共关系主体在市场经济条件下对自身与公众之间应有关系的一种理解，是对自身形象的重要性，对客体存在、发展、需求的合理性的一种意识，是对现代社会组织在市场经济条件下运行法则的一种感悟。

五、公共关系的基本原则

1. 以组织领导和公关工作人员对组织形象重要性的高度自觉为前提

公共关系的发生有赖于公关主体的自觉能动性。公共关系学是当代典型的软科学。公共关系工作与很多其他工作的不同点之一在于，其他许多具体工作，如运输、生产、销售等工作能带来直接的经济效益，因而人们很容易看到其重要性，公共关系工作则是通过塑造组织形象之后才在各种具体工作中表现出物质性效果，从而产生经济效益的，它的实际效益一般是间接的、潜在的。当公关工作产生效益时，由于已经经历了若干中介环节，人们已经很难把功劳记在公共关系的工作之上。可是，现代社会组织的实际发展状况又告诉我们，组织形象的建树工作绝不是一件可有可无的工作，它在一定条件下对组织的具体工作、对组织的经济效益起着决定作用。这种状况就要求社会组织的经营者具有远见，追求长期效应，时时处处把塑造组织形象放在心上，真正把公共关系看成市场经济条件下社会组织生存、发展的一门艺术。只有这样，才有可能真正地而不是虚假地、有内容地而不是形式主义地开展公关工作。

2. 以公众为对象

在市场经济条件下，与社会组织相关的公众是全方位的、可变的。在计划经济条件下，一个组织所要面对的往往只有上级主管部门、下级机构和直接相关的普通群众，且这种上级下级关系是人为设置的、不可改变的。在市场经济条件下，一个组织所面对的公众群中，虽然也有上级领导、政府，但是这种领导一是减少了指令性，二是可以对组织实施调节、管理的部门则相对地增多，除党和政府的机构外，法律、财政、金融、文化等部门对组织发展也会有制约作用。在市场经济条件下，无论是生产型企业还是服务型企业，所面对的其他公众都具有可变性。从内部讲，员工、股东是具有流动性和可变性的；从外部讲，客户或者说“上家”、“下家”更富变化性；在数量方面，既可以不断扩展，即很多公众从潜在公众变成现实公众，也可以迅速萎缩，即从现实公众变为潜在公众；在质量方面，既可以逐渐产生对组织的信任和依赖，成为积极公众，也可以很快失去对组织的关注、兴趣，成为消极公众。相关组织、群众和个人的多样性、可变性，要求公关工作必须以多种类型的公众为对象。在处理公共关系时，虽然工作要有主次，但情感上不应有亲疏，更不能以主观意志决定其对公众的好恶。

3. 以实事求是和对公众负责为信条

公共关系要吸引公众，广结人缘，靠什么来做到这一点呢？重要的是要靠实事求是，靠对公众的责任感。公共关系要讲究传播手段、沟通技巧，但是，绝对不能“玩传播”、“玩宣传”，不能通过传播沟通活动文过饰非。不可否认，靠夸夸其谈、欺瞒哄骗也能在一定条件下吸引公众受骗上当，然而，这与现代公共关系的基本精神是相违背的。现代公共关系强调组织在塑造自我形象、维护自我利益的同时，必须同时履行自己的社会责任，维护公众的利益。要符合这种科学的基本精神，组织在开展公关活动时，就必须从实际出发、实事求是。

4. 以传播、沟通为手段

在一定意义上讲，任何时代、任何经济背景下的社会组织都有与其他组织、群体、个人交往的问题。为什么开展公共关系活动到了现代才被有识之士提上日程？其主要原因，一是因为交换的扩大与复杂化，组织与公众之间的矛盾、障碍日益增多；二是随着信息化时代的到来，大众传播对组织的生存、发展及其社会关系状况起着越来越重要的影响作用。

传播可以分为人际传播、组织传播、大众传播等类型，其中，大众传播在传播信息、影响公众、塑造形象等方面发挥着至关重要的作用。因此，任何现代公关活动都必须认真研究人际传播、组织传播本质和规律，特别是认真研究大众传播的本质和规律，运用传播手段为组织的公关活动服务。

单向的传播不是公关活动，而只是宣传活动。公共关系传播的显著特征是双向沟通、相互作用。公关传播不是目的，只是手段，其目的是与公众进行沟通。不能把公众视为只是听取组织宣传说教的消极对象，社会组织必须认真收集公众的反馈，听取公众的反映和要求，为了公众的利益，协调和修正组织自身。

【案例 1-1】

20 世纪 50 年代，好莱坞影片《后窗》曾风靡香港，该片描写了一个脑部受伤的新闻记者，在家养伤时闲极无聊，便买来一架望远镜，每日坐在屋子里向对面楼层的后窗里窥视住户的家庭隐私，从而卷入了一场谋杀案。影片上映后，香港人竞相观看，形成了“后窗热”。这时，香港的一家生产百叶窗的企业成功地抓住了这一事件。他们在报上连续刊登题目为“请留心你家的后窗”的销售广告，其生意一下子兴隆起来。

5. 以对公共关系的本质规律的认识和理解、对公共关系的基本原理的掌握和运用为基础

今天，公共关系在发达国家享有盛誉，这与它们拥有一大批理论素质高、实践能力强的公关人员是分不开的。与其相比，我国现阶段的公共关系则有很大差距。例如，在过去很长时间里，在很多人的眼中，公关就是年轻漂亮的小姐迎来送往的活动，有人甚至把公关活动等同于“三陪”活动，这显然是对公共关系的歪曲和亵渎。其实，能否从事公关工作是与人的性别、年龄、美丑没有太多关系的。公关工作真正需要的是具有很高的文化知识水平、良好的道德修养、扎实的专业知识基础的人才。

科学的公关活动必须以科学的理论为指导，必须以严谨、严肃的态度去对待，这样才能取得真正意义上的公关成果。

6. 以脚踏实地、追求长远为方针

对一个组织而言，公共关系活动不是一项具体的工作任务，而是一系列充满艰难与坎坷的系统工程。每一个具体的公关活动都只能是通往长远目标的一个环节，完成了一项公关任务也只能被看做是一个里程碑。对于任何一个

社会组织而言，公关工作都不会是一蹴而就的，用公共关系塑造组织形象的活动没有终点，没有尽头。

公关工作需要利用宣传、交际等活动形式，但绝不能走向形式主义；公关活动需要追求美、创造美，但它不能导致唯美主义。公关活动中贴近公众、收集舆论、设计方案、疏导公众等工作都需要公关人员付出艰辛的劳动，需要公关人员具备为组织和公众工作而甘于奉献的精神。公关人员只有脚踏实地、勤勤恳恳、不怕困难、不畏挫折，才有可能卓有成效地完成组织的公关任务。

第二节　公共关系概念辨析

在直接研究人的社会关系的诸学科中，有三种“关系学”与组织管理和经营、与领导和艺术的关系尤为密切，它们是人际关系、人群关系、庸俗关系。这三种“关系”与公共关系之间既有区别又有密切联系，分属不同的范畴。同时公共关系作为一种管理活动，它与企业的市场营销及广告活动之间的关系尤为密切，但本质上也是有所不同。

一、公共关系与人际关系

人际关系(interpersonal relations)这个概念属于社会心理学范畴，指个人在社会生活交往实践中形成的人与人之间的相互作用和相互影响。它从个体角度研究人的行为及相关关系对组织效率、群体活力的影响。可以说人际关系的确定是组织管理过程中的人际关系。

公共关系与人际关系既有一定的联系，也有明显的区别。其联系表现在：良好的人际关系是公共关系的基础，人际关系的协调也是公共关系实务工作的内容。同时，公共关系也要借助行为科学的理论和方法来分析公众心理和行为，科学地处理公共关系。

具体说来，人际关系以个人为支点，研究个人与个人之间的线性关系；公共关系则以组织机构为支点，研究组织机构与其公众对象之间的网状关系。但是，公共关系与人际关系又相互联系、相互影响。一方面，人际关系影响公共关系，公共关系的目标是树立组织的整体形象，而组织内的每一个成员及其相互关系对组织有着或多或少的影响，例如，如果某人代表组织讲话，这个人的台风、演讲风度、气质等不仅影响他人，而且影响组织的形象；另一方面，公共关系也影响人际关系，这是因为绝大多数人都有集体感，在一个团结的群体内，人与人之间的关系较为融洽。

总之，良好的公共关系，必然建立在良好的人际关系环境之上；而在良好的人际关系环境中，容易形成良好的公共关系。公共关系虽然与人际关系相互联系，但不等于人际关系。

二、公共关系与人群关系

"人群关系"(human relations)这一概念属于心理学、行为科学的范畴，主要是指群体内部活动和组织内部管理过程中人与人、人与群体和组织的关系，即从管理和领导的角度，研究群体内部人的需要、动机、态度。公共关系与人群关系的区别表现在：首先，公共关系不局限于组织和群体内部的传播、沟通、协调，还包括组织的外部关系，要面对复杂的社会公众环境；其次，公共关系的管理不局限于面对面的群体关系和个人关系，还需要关注不直接见面的潜在公众和远距离的公众间的相互沟通、联络。一句话，公共关系需要兼顾内部和外部、眼前和未来的关系。公共关系和人群关系虽同属组织管理范畴，但公共关系比人群关系内容复杂、范围广泛。

三、公共关系与庸俗关系

在现代社会中，流行着一种不成体统的"庸俗关系学"，它已成为走后门等不正之风的代名词。这种关系学随着市场经济的发展，虽然在公开场合受到人们的谴责，但私下或"幕后"却非常盛行。有的单位或个人为了小集团和个人的一时私利，常常在背后利用不正当的手段拉关系、走后门，因此，引起不少正义人士和廉洁干部的反感和不满。由于"庸俗关系"在一些人的心灵中留下的阴影颇深，在社会上尚有一定的市场，以致一些人一提到公共关系时，就不免会联系到庸俗关系，甚至把公共关系和庸俗关系混为一谈。应该说，公共关系同庸俗关系是有着原则区别的。

1. 两者产生的条件根本不同

拉关系、走后门的庸俗关系及不正之风，应该说是生产力不发达、商品经济不发达、商品供应不充分乃至严重匮乏的产物。而公共关系则是生产力发达、商品经济高度发展和市场经济激烈竞争的产物。

2. 两者的手段和目的不同

公共关系的工作，靠的是科学的、系统的、真实的、艺术的双向信息沟通与协调，以取得公众的了解和支持。因此，公共关系活动所采用的手段是公开的，有一定的透明度。开展公共关系活动的目的是促进社会组织的发展和社会的进步，使国家和社会共同受益。开展公共关系活动对于净化社会风气和加强两个文明建设都将起到促进作用。而"庸俗关系"则不同，由于其目的和

使用手段是不可告人的，因而它只能在背后或暗中进行“黑市交易”，必然损害社会和公众利益。

总之，上述三种关系都离不开人与人之间的社会关系。从一定意义上说，人群关系是人际关系在组织管理中的具体应用，强调要把人以及人与人的关系作为管理活动的重点；公共关系是人群关系的进一步扩展，发展了人际关系的范围和内容；而庸俗关系是对人际关系、人群关系、公共关系的扭曲，是发展人际关系、人群关系、公共关系的严重障碍。

四、公共关系与广告

广告是社会化大生产和商品经济发展的必然产物，它作为一种可以利用多种传播媒介的信息传播手段，反过来又推动商品生产和社会生活的发展和繁荣。公共关系与广告有着密切关系，两者都要用传播媒介和传播技术，以实现自身的目标。公共关系常以广告的形式开展工作，为组织树立良好形象，争取社会公众的合作与支持，同时广告需要公共关系思想的指导。

但是，公共关系与广告又不完全相同。第一，目的不同。公共关系的目的是让公众来“爱我”；广告的目的是让消费者来“买我”。第二，信息传播方式不同。广告信息传播强调引人注目，形成轰动效应，具有明显的倾向性、渲染性和夸张性；而公共关系信息传播强调真情实意，以客观公正的态度向公众介绍组织的情况和面貌，习惯性的做法是让第三方来说话，以提高信息的可信度。第三，着眼点不同。广告的着眼点主要在经济效益上，其主要目的是通过鼓动宣传，引起人的注意，刺激需求欲望，进而达到推销商品的目的；公共关系的着眼点主要放在社会效益上，宣传推销组织，为组织营造一种良好的社会环境。第四，主体范围不同。广告的主体多是工商企业，并属于销售经营的一部分；公共关系则在现代各类社会组织中都需要运用，它是每个组织都要面临的一项日常性工作。

五、公共关系与市场营销

由于公共关系改变了市场营销的传统观念和传统手法，并为之提供了研究市场及其消费者的技术与方法，导致有人常常将公共关系与市场营销混为一谈。而实际上，公共关系与市场营销既有密切的联系，又有独立的内涵与特征。

市场营销与公共关系都是商品经济不断发展的产物，都对组织的发展尤其是企业组织的发展起着重要的作用。市场营销主要研究市场，也即顾客的实际需求，生产出适合这种需求的产品，制定具有竞争优势的价格和销售策略，同时及时反馈市场的信息，以求不断提升产品的质量，尽可能为企业创造更大的效益。而企业公共关系的最终目的，就是通过大众传播的手段，传播组织的信息，影响企业公众的态度、意见与反应，促进企业的公众形成对企业好的认知，从而在满足公众利益的前提下实现企业赢利的目标，从这一点上看，公共关系无疑是一种更具有人情味的促销手段。

市场营销与公共关系的区别主要体现在：第一，两者的职能不同。市场营销的职能是开拓市场、销售产品、取得利润，公共关系的职能则是传播沟通、打造品牌、赢得公众。第二，两者对市场影响的程度不同。市场营销对市场的影响是迅速和短暂的，公共关系对市场的影响则是缓慢和持久的。第三，两者指向不同。市场营销的指向是具体的产品，公共关系的指向是企业的价值，是企业整体价值增值，尤其是品牌等无形资产。第四，两者运作对象不同。市场营销主要运作的是有形资产，是直接的销售，而公共关系作为营销的策略和手段，主要运作无形资产，是一种间接的促销。

第三节　公共关系学的研究对象和研究方法

公共关系学既然是一门独立学科，它的研究对象也和其他学科一样，也要研究其历史、理论和应用三个方面。

公共关系学的研究对象是社会组织的公共关系，研究社会组织与公众之间的信息传播、管理职能的一般规律。为了把握这个规律，当然要研究各种具体的“公众”关系，如媒介关系、消费者的关系、内部公众关系、外部公众关系、政府关系等。但作为完整的公共关系学，必须是对所有公共关系现象和规律的研究。

一、公共关系学的研究对象

1. 研究公共关系的历史发展

历史唯物论认为：不是人们的社会意识决定人们的社会存在，而是人们的社会存在决定人们的社会意识。公共关系学作为一门学科，是一种完整的社会意识形式；经历了从个体意识到群体意识、从社会心理到社会意识形式的历程；并且正在经历从粗浅的社会意识形式到比较精细的社会意识形式的发展阶段。

2. 研究公共关系的基本理论

公共关系的基本理论有两大主要部分：第一部分是公共关系本身的理论体系及其结构，即研究公共关系的性质、特点、职能、程序、手段、从业者、技巧

等方面的理论问题，这部分是公共关系学的主干内容；第二方面是公共关系学的外围学科的基础理论，如心理学、行为科学、新闻学、广告学、传播学、人际关系学、社会学、经济学、哲学等等，这一部分的研究为公共关系学理论的成熟提供了坚实的基础。

3. 研究公共关系的应用艺术

公共关系既是一门学问，又是一门技术、一门艺术。这是由它的软科学性质所决定的，当人们面对具体的公共关系活动和公共关系状态时，常常会出现仁者见仁、智者见智的情况。公关的技术和艺术是联结公关理论与公关实践的桥梁和中介，它所含的内容很多，例如，如何确定公关目标、如何实施公关调查、如何进行调查结果的分析处理、如何编制公关计划、如何开展公关策划、如何与传播界打交道、如何实施有效传播、如何说服公众、如何进行实务运作，等等，它是公共关系学的一个相当广阔的研究领域。

二、公共关系学的研究方法

公共关系学有自己特定的研究对象，同时也有自己的研究方法。公共关系学是一门应用性很强的学科，它的基本原理和实务技巧都是从实践中总结出来的而又被用于实践。这就决定了公共关系学的研究工作必须坚持从实际出发，实事求是，理论联系实际。常用的研究方法有以下几种。

1. 唯物辩证法是公共关系学最根本的研究方法

唯物辩证法的方法论原理为公共关系学的研究提供了科学的指导。这些基本方法包括一切从实际出发的方法、矛盾分析法、归纳与演绎辩证统一法、逻辑与历史一致法、分析与综合统一法、从抽象到具体的方法、社会存在背景分析法、生产方式状况分析法、经济基础与上层建筑关系分析法、个人与社会关系分析法、历史动力分析法等。

2. 社会调查法

社会调查法是研究者对社会主体关系进行分析的方法。具体说，社会调查法就是通过普遍调查或抽样调查，采取观察、统计、专题答卷、访问、座谈等方式，了解组织内部员工关系状况，以及组织内部与外部各种关系的发展规律，为协调内外关系提供信息、提出新观点以及作出新的理论解释。

3. 个案分析提炼法

公共关系学的诞生时间还不长，它的很多理论还不成熟。这就要求公关理论研究必须善于从实践中来，把一次次具体的公关活动作为案例，对其开展的原因、发展的过程、内在的机制、产生的效应等进行总结提炼。这一方面可以形成工作经验，另一方面可以充实学术理论。

4. 参与实践法

这种方法是根据公共关系学的基本原理和实务，以一定社会组织(公关活动的主体)为基础，通过开展有计划、有目的的公关实践，以检验和验证公共关系原理和理论，从中获得实践经验及感性认识，进一步总结概括上升到理性认识，并对公共关系活动实践中发现的各种问题给予理论指导。这是发展公共关系理论的基本方法，也是研究公共关系学的有效方法。

5. 参考借鉴法

公共关系学在其成长过程中，不仅可以学习、借鉴国外的先进经验和研究方法，而且可以从它的邻近学科，如社会学、管理学、传播学、市场学、广告学、宣传学等学科中汲取营养，参考它们的理论成果、研究方法，再加以改造，形成自己的理论特点。

无论采取何种方法，其理论研究一定要与具体实际相结合。对公共关系学的每个基本理论，不能不加分析地生搬硬套，一定要注意不同国家的政治制度、生活习惯、文化特点等因素。在研究和概括公共关系理论体系时，要结合自身的特点，如中国是个礼仪之邦，与金钱至上的社会观念有很大的区别。只有考虑到自身的特点，以客观的实际为基础，才能深化对公共关系学的研究，使公共关系学这门学科在实践中得到不断丰富、完善和发展。

本章小结

公共关系是人的社会关系的一种表现形式，是人类在自身关系发展过程中的一个阶段或环节。

公共关系，就是一个社会组织为了推进相关的内外公众对它的理解、信任、合作与支持，通过主动、有计划地采取传播、沟通等手段，以达到塑造良好的组织形象、创造自身发展的最佳社会环境目标的管理活动。其本质属性是组织与其公众之间的传播与沟通。

公共关系的基本原则是以组织领导和公关工作人员对组织形象重要性的高度自觉为前提，以公众为对象，以传播和沟通为手段，以实事求是和对公众负责为信条，以对公共关系的本质规律的认识和理解以及对公共关系的基本原理的掌握和运用为基础，以脚踏实地和追求长远为方针。

公共关系学是一门研究公共关系及其规律的学问，因而公共关系学是一门独立的学科。

公共关系学是一门应用性很强的学科，它的基本原理和实务技巧都是从

实践中总结出来的而又被用于实践。这就决定了公共关系的研究工作必须坚持从实际出发,实事求是,理论联系实际。

复习思考题

1. 简述人类社会关系的演变过程及其动力。
2. 论述公共关系的含义、本质属性和基本特征。
3. 公共关系的研究对象有哪些?

第二章　公共关系的渊源、兴起与发展

【学习目的与要求】

通过本章的学习，了解公共关系在中外历史上的发展史实；了解现代公共关系的产生条件、著名代表人物及其贡献；重点把握当代中国公共关系的发展历程。

【开篇案例】

战国时，齐王拜孟尝君为相国。此时孟尝君比以前更有钱了，手下门客最多达 3000 人。为了养活这些门客，他便向他的封地薛城的百姓放高利贷。

一年以后，由于薛城的收成不好，贷款的人都还不起利息。于是，孟尝君就问门客道："谁熟悉会计工作，能替我到薛城去收债？"

有个叫冯谖的门客说自己能去。孟尝君高兴地接见了他，叫总管把合同契据交给冯谖，让他到薛城去收账。冯谖临行前问孟尝君："债收齐后，买些什么东西回来？"孟尝君答道："看我家里缺少什么就买什么吧！"冯谖驱车到了薛城，那里的劳苦百姓听说要收利息了，一个个叫苦连天。冯谖假托孟尝君的命令，把合同契据当众烧掉，并说把那些钱赏赐给百姓了。老百姓感动得都高呼"万岁"。冯谖回来后，孟尝君问他："买了些什么回来？"冯谖答道："你说过'缺少什么就买什么'。我想，你宫中堆满了珍珠宝贝，畜栏里养满了良犬骏马，堂下站满了绝色美人，你家里所缺少的只有'义'，所以我就替你买了'义'回来。"孟尝君问："你这是什么意思？"冯谖说："借你钱的，大多是穷人，由于利上滚利，他们越来越穷，即使向他们讨债十年，可能也讨不到，再逼他们的话，他们就会逃走。烧掉无用的合同契据，主动放弃不可得的空账，就会让您封地的人民亲近您、拥护您，我认为收回民心比收回利息更有用啊！"

孟尝君无可奈何地拱拱手说："先生的目光真是远大呀。"后来齐王听信谗言，解除了孟尝君的职位。除冯谖外，孟尝君那 3000 门客全部散离了。孟尝君只得回到薛城。在离薛城还有百里远的地方，薛城的百姓就纷纷来迎接他。孟尝君对冯谖说："先生替我买的'义'，今天终于看到了。"

冯谖说："狡兔准备了三个洞穴，方能免于一死。您至少也得有三个安身的地方，才能高枕无忧。"

不久，冯谖到秦国去游说。他对秦国的昭襄王说："齐国能这样强盛，全靠相国孟尝君。现在齐王罢了他的官。如果秦国能重用孟尝君，他一定能给大王出力，那么秦国就会更加强盛。"秦王就派了 10 辆车子，准备黄金 2000 两，去迎接孟尝君。

冯谖回到齐国，对齐王说："臣下听说秦王派人来迎接孟尝君去秦国。如果孟尝君去了秦国，会使秦国如虎添翼，更加强盛了。大王还是抢在秦国使者之前，去薛城请他回来，恢复他的职位，增加他的封邑，那么就能挫败秦国的阴谋。"

齐王派人到边境去打探消息，证实了冯谖的话，就立即按照冯谖的话去恢复了孟尝君的宰相职位。这时，冯谖又提醒孟尝君说："请您向齐王要一部分祭器，在薛城建立宗庙，那么您的地位就会稳固了。"宗庙在薛城建好后，冯谖对主人说："三个洞穴都已凿好了，您可以高枕无忧了。"

此后，孟尝君在齐国当了几十年相国，没有受到丝毫的祸患。

公共关系作为一门学科和一种专门的职业在欧美出现，至今不过百年；传入中国大陆至今也只有二十来年。但是，它作为一种客观存在的关系状态和关系的活动，却是古已有之。

第一节　中外古代朴素的公共关系

自从有了人类社会以后，人们便开始了人际交往，进行对内对外的活动。他们从有利于自身的生存与发展出发，在"不自觉"地实践着"公共关系"的活动，我们把它称为"历史上朴素的公共关系"。

一、中国早期的公共关系思想

19 世纪中叶以前，中国在各种社会实践活动中表现出来的一定的公共关系意识和趋向，就其历史归属讲，它可以说是公共关系的前史或"前公共关系"，它为我国现代公共关系思想的产生奠定了基础，并为现代公共关系事业的发展创造了必要的社会历史条件。孔子、孟子、老子、韩非、董仲舒、王安石等人的安邦治国方略及其政治活动便体现了古代公共关系思想。这些思想主要表现在以下四个方面。

1. 强调重视民心所向及民本思想，不断调节施政措施

中国古代民主思想有一个核心即“以民为本”。“以民为本”思想在我国最早是由政治家管仲提出的，其本意是只有解决好人的问题，才能达到“本理国固”的目的，中国传统的民本思想基本上就是沿此传承下来的。

古人在对待如何统治、如何处理社会关系等问题时，总结出了一些具有普遍意义的规律。例如“立君为民”、“民为国(邦)本”、“政在养民”三条基本思路；“防民之口，胜于防川”，“兼爱”、“非攻”的与人为善的交往原则；“攻心为上，攻城为下”的兵家思想。这些都体现了古代对于民心的重视。在中国历史与社会的演进中，有关“民为邦本”思想的道德论说，在“人道”与“天道”交互影响中不断积淀，逐步形成人文主义思潮。

孔子主张“己所不欲，勿施于人”，“己欲立而立人，己欲达而达人”。孟子认为“善政不如善教之得民也”。在他看来，政权的巩固和统治的稳定，全取决于民。统治者要听取民众的意见，体察民众的心态，满足民众的心愿。这种重视民与官关系的开明的政治主张，对后世公共关系思想的产生影响很大。

现代的企业公关中，强调企业重视员工，视员工为最宝贵的企业财富；了解员工，承认和尊重员工的个人价值；对员工进行多种能力的培养；给予员工以充分的自由发展的空间。在政府公关中，加强政府和人民群众间的沟通，视百姓为最重要的社会组成部分，等等，道理如出一辙。这些思想古今同理，具有普遍的意义和永恒的价值。

2. 守信用，重信誉

如“朋友之交，言而有信”，“人而无信，不知其可也”。中国古代商人在门前挂着“真不二价”、“童叟无欺”的牌子，以示其诚实可信。这与现代公共关系中主张的建立信誉、取得公众信任与支持的原则一脉相承。诚实守信是人生最基本的素质与道德要求，是人与人之间关系得以维系的准绳，是我们站立大地之间的脚下基石，是茫茫大荒、漠漠古今中那“一点浩然气，千里快哉风”。孔子把信看做立身之本，“民无信不立”，强调“信”在人际关系中的作用。在处理个人与群体关系上，孔子说“君子和而不同，小人同而不和”。中国人爱和平、讲信义、与人为善、成人之美等品德均受到儒家思想的影响。

古代公共关系的基本信条是，建立信誉，处理好金钱与道德的关系，解决好知与行的一致，强调相互信任与合作，为他人着想，不损害他人利益。这与当代公共关系以公众利益为出发点的原则相一致，这种思想被视为中华民族的美德。

3. 重视人际关系，强调人和的重要作用

古代公关思想是以整体和谐观为基础的，促使社会与自然、系统与外部环

境以及组织内各种成分之间达到最佳和谐，把管理的各个要素和功能组成一个统一的有序结构。我国古代思想家对人际关系提出了不少较深刻的见解，在客观上形成了富有中国特色的“人和”思想。“和”就是调整人际关系，讲团结，上下和，左右和。例如处理上下关系时，“君使臣以礼，臣事君以忠”；处理外部关系时，“德而不孤，必有邻”，以德行事，必有众爱。对治国来说，和能兴邦；对治生来说，和气生财。故我国历来把天时、地利、人和作为事业成功的三大要素。孔子说：“礼之用，和为贵。”管子说：“上下不和，虽安必危。”“人和”讲的是人与人、组织与组织之间的和睦相处的修睦关系，追求的是一种和谐一致的境界。在人际关系处理上，以“修睦”为中心，诸如“和为贵”、“两和皆友，两斗皆仇”、“天时不如地利，地利不如人和”等观念深入人心。现代公共关系中，强调企业要处理好与员工、消费者、政府、社会各媒介的关系，要形成和谐的发展环境。这些都与重视人际关系、强调人和的重要作用相一致。但是和现代公共关系相比较，古代公共关系对人际关系处理主要偏重道德、政治范畴，对于经济等方面涉及很少；在意识层次上较发达和完备，但在具体操作层次上却缺乏规范化的技术和方法。

4. 十分强调原则的坚定性和策略的灵活性的统一

古代兵家的军事思想对于现代企业经营管理决策和公共关系理论及实践都具有一定的借鉴意义，它注重掌握信息，分析趋势，预测未来。如《孙子兵法》说“知己知彼，百战不殆”、“用兵之道，计为首”；《三国志》中也贯穿了大量的策略思想，重视决策的作用。“运筹于帷幄之中，决胜于千里之外”这句中国名言说明，在我国古代治国、治军、治生等一切竞争和对抗的活动中，都必须统筹谋划，正确研究对策，以智取胜。管子主张“以备待时”、“事无备则废”。治国必须有预见性，有备无患，凡事预则成，不预则废。现在的一些日本和美国企业在公共关系活动中也十分重视对中国古代兵家思想的研究。其中的很多军事思想都与现代的公共关系学有相通之处。企业在公共关系中提出要抓住有利时机、开展宣传攻势、捕捉市场信息、率先占领市场，讲的就是要用好灵活的策略。

5. 坚持礼仪的原则

中国被誉称为礼仪之邦，“礼”在中国人的心目中占有重要的地位。儒家从孔子开始提倡礼治，认为用德礼施政强于用刑罚统治。孔子认为：“不知礼，无以立”、“上好礼，民易使”。他一再强调：“非礼勿视，非礼勿听，非礼勿言，非礼勿动”。儒家还主张互敬、互爱、平等、友谊、和睦相处、知书达理。古代礼的范围极广，作用极大。基于上述的礼学思想，中国古代还制订和形成了许多具体的礼节，用于祭祀、丧葬、朝会、嘉庆等方面。这些礼仪代代相传，有些沿用至今，现代生活的风情礼俗和现代社会的公共关系，均受之影响。

二、外国历史上朴素的公共关系

在外国历史上，同样存在着朴素的公共关系。由于政治、经济、文化的差异，外国历史上相互的公共关系与同期中国历史上相互的公共关系相比，其表现形式上不尽相同。古希腊社会对于沟通技术是十分推崇的，一些深谙沟通技术的演说家往往就因此而被推选为首领。亚里士多德在其《修辞学》中对如何运用语言来有效地影响民众的思想与行为作了精辟的阐释。他说，一个人的修辞能力及由此决定的劝说效果，是参与政治活动的重要条件，否则，政治家的思想和见解就难以有效地传递给公众，更谈不上有效地赢得民众的理解和爱戴。据此，有的西方公共关系学者称这本书为“最早的公共关系著作”。

据记载，古罗马的独裁统治者恺撒不仅是一位沟通技术的精通者，而且还意识到舆论影响的作用。他认为要获得民众的支持，就必须以自己的思想观念去影响他们，其手段之一就是散发有关传单进行宣传、鼓动。恺撒被派往高卢去统率军队时，在率罗马军团进军的路上，他派人把军旅生活和战斗情况写成报告送往罗马，所用语言十分生动并广为流传，使得恺撒在公众心目中的威望大增，以至登上皇帝宝座。这些报道后来结集名为《高卢战记》，这本书曾被西方一些公共关系学者称为“第一流的公共关系著作”。

考古学家曾在伊拉克发现一农田告示，说的是公元前 1800 年的农民应该如何播种，如何灌溉，如何对待危害庄稼的田鼠，如何收获庄稼，类似现代社会农业部门的宣传资料。这无疑是一种传播信息、影响公众观念和行为的做法。

西方基督教的流传，在很大程度上也是靠着公共关系的“技术”。公元 1 世纪，使徒彼得和保罗通过布道演讲，发布各类函件，策划种种事件，宣传基督教的教义。特别是在耶稣逝世以后，其弟子写成《新约》，更被看成是一种公共关系的资料，它向人们广泛宣传对基督教的信仰。

英格兰的历代君主一直坚持让大法官作为国王在国务活动方面的负责人，并且要求由第三方来调整和沟通政府与人民之间的关系。这项任务后来落到教会、商人和工匠的身上，于是在 11 世纪便出现了“宣传”一词。

三、中外历史上“朴素公共关系”述评

上述事实充分说明，中外历史上确实存在着大量的类似于现代公共关系的思想和实践活动，我们把它称为“朴素的公共关系”，犹如哲学史上对古代辩证法的概括和总结那样。这是因为：

第一，古代生产力水平低下，科学不发达，社会分工极不明确，上述的中外

古代的活动事例一般都带有自发的公共关系性质，所以说是"朴素的"公共关系活动。

第二，当时人们所开展的各种沟通、协调活动，虽然不乏成功者，但由于历史的局限，带有明显的"自发性"和"盲目性"。

第二节　现代公共关系的产生与发展

公共关系作为一种全新的思想、一种新型的职业、一门系统的科学理论，发端于19世纪末20世纪初的美国。它的产生与发展，是社会历史发展的必然。

一、公共关系职业的产生

自19世纪30年代以来，美国在工业、财政及技术方面突飞猛进。铁路的修筑，轮船的接连下水，公路的开通，蒸汽机的引进，使新式工厂如雨后春笋般地纷纷建立。与经济发展相适应，美国的民主政体也在逐步建立和健全，其特点之一是倡导自由，重视舆论。公众舆论在美国的日常政治生活中变得举足轻重，成为对统治者的有效牵制力。以报纸为生力军的大众传播事业得到迅速发展，并走进了千家万户。政府部门及各类巨头们都开始认识到报纸这一舆论工具的重要性。纽约《太阳报》的创始人本杰明·戴在1833年9月30日创办《太阳报》时，提出了让《太阳报》"照耀着每一个人"的口号，为此，每份报纸只卖一便士，使日销量达到8000份。三年后报纸日销量达到30000份，形成了著名的"便士报运动"。1873年詹姆斯·戈登·贝尔特创办《纽约先驱报》时也仿效《太阳报》，取得了相当的成功。

报纸的大众化促进了报纸的商业化，发行量增大的结果使广告费猛增。一些工商企业为节省广告费，雇佣了一批记者为新闻代言人，利用报纸进行免费宣传，一些虚假消息也混杂其中。而报纸为了迎合读者，增强可读性，也照登不误。这种相互利用、相互配合的结果，导致了一场声势浩大的"报刊宣传活动"。这可以看做是现代公共关系的雏形，因为它在客观上造就了一批传播人士，积累了一些传播经验。

在报刊宣传活动的初期，宣传者主要奉行"凡宣传皆好事"的信条，为了雇主的利益，不惜使公众遭受愚弄。其中，最有代表性的是纽约马戏团的老板兼报刊代理人菲尔斯·泰勒·巴纳姆，他因制造舆论、宣传马戏团演出而闻名于世。他曾制造过这样一个"神话"：马戏团里有一个名叫海斯的黑人女奴，曾在若干年前养育过美国第一位总统乔治·华盛顿。消息一发表，立即引起轰动。

有的说，巴纳姆的故事是个骗局；有的说，巴纳姆发现了海斯是一大功劳。后来海斯死了，医学专家们鉴定说，她最多只活了80多岁。骗局被揭穿后，巴纳姆仅一耸肩膀说："我对此深感震惊。"实际上他已达到了自己真正的目的，几年中，巴纳姆每周从参观者手中赚取1500美元之多。

类似上述的愚弄公众、无视公众的事情时有发生。如铁路大王威廉·范德比尔特，当记者问他为何取消了纽约至芝加哥的一班火车时，他说那班火车赚不了钱。记者告诉他："公众需要它。"范德比尔特却伸直了脖子叫嚷："让公众见鬼去吧！"

这一时期的报刊宣传，竭尽愚弄公众之能事，因此，有人就把这一"公众受愚弄时期"称为"巴纳姆时期"，它直接引发了美国新闻界的"揭丑运动"。

1900年起，新闻记者戴维·格雷厄姆、菲利普斯等人从事揭露丑闻的报道，利用各地报纸、杂志、电台揭露愚弄公众的事件。于是大量的严厉谴责和抨击资本家暴行的文章并配以社论、漫画铺天盖地而来。首先由托马斯·劳森的《疯狂的金融》开始，继而有艾达·塔贝尔《美孚石油公司的历史》，再有厄普顿·辛克莱的《屠场》，等等，十年间共有2000多篇揭露各种丑闻的文章和漫画问世。后来，美国总统把这场新闻揭丑运动戏称为"扒粪运动"。

"揭丑运动"对美国工商界构成了巨大的公众舆论压力，迫使工商界不得不重视公众舆论和社会关系。他们纷纷向新闻界请教如何才能与公众建立良好的关系，希望新闻界帮助他们宣传企业形象，替企业说话。许多企业开始聘请懂行的人专门从事改善与新闻媒介关系的工作，这些人被称为"新闻代理"。他们为其委托人作新闻宣传，邀请记者到企业参观访问，或为公司的政策作解释或辩护，等等。于是，一种代表企业利益、促使企业与公众之间"对话"并从中获取劳务费用的新职业便应运而生了。这一时期便是公共关系的萌芽时期。美国著名学者艾伦·劳彻尔总结道："20世纪的宣传能够与过去的黑暗时期相区别的三个主要内容是：报刊宣传员的活动，广告，企业批评家和改革家。"到20世纪的头10年，被不同时代人所注意的这三个要素竟融合为一个新的复合词：公共关系。

在公共关系萌芽时期，开展公共关系活动的先驱代表人物首推美国记者、作家艾维·李。艾维·李是佐治亚州的一个牧师的儿子，毕业于普林斯顿大学，相继在《纽约时报》、《纽约世界报》当记者。由于工资太低，五年后，艾维·李辞去了工作，1903年在纽约市组织了一家公共关系公司——宣传顾问事务所。这是全世界最早的公共关系公司，它标志着公共关系职业的产生。

艾维·李的宣传思想是"说真话"、"讲实情"。他认为工商业和机关团体要获得好的声誉，就必须把真情告诉公众，如果真情的披露对组织不利，那就应该调整组织的行为。他宣称自己的工作是公开进行的，目的在于为企业或机关团体提供真实、准确的新闻传播和宣传服务，协助客户建立与维护同公众的联系。

1906 年，艾维·李受小约翰·洛克菲勒之聘，处理乔治·贝及其合伙人与无烟煤工人罢工的劳资矛盾，以改变其“强盗大王”的形象，平息罢工怒潮。他提出的措施是：一方面，请社会上有威望的劳资关系专家核实与确定导致这次罢工的原因并公布于众，请工会领袖参与解决这次劳资纠纷；另一方面，他建议洛克菲勒向慈善事业捐款，用于建立医院、学校、博物馆、研究机构等公益事业；他还建议洛克菲勒给职工增加工资，扶贫济困，对儿童度假提供方便与照顾等。洛克菲勒接受了艾维·李的上述咨询建议，并一一付诸实施。结果奇迹发生了：同是一个洛克菲勒，在工人心目中判若两人，“强盗大王”变成了慈善家。公众改变了对洛克菲勒原来的看法，洛克菲勒摆脱了困境，公司也获得了新的生机。为此，洛克菲勒本人十分感慨地说：“在科罗拉多州的大罢工中，艾维·李扮演了一个十分成功的角色，为约翰·洛克菲勒家族的历史增添了十分重要的一页。”

艾维·李对公共关系的开创性的贡献，除了表现在为洛克菲勒家族作出的贡献外，还表现在他受聘于美国电话电报公司、无烟煤公司和宾夕法尼亚州铁路公司所做出的卓越成绩上。如他创造了“利润分摊计划”，提议铁路公司美化车站，还亲自同飞行员一起进行空中飞行，以自己的行动解除人们对乘飞机的恐惧，等等。

1906 年，艾维·李发表了《原则宣言》，明确强调：“我们的工作都是公开进行的，我们的目的在于提供新闻……我们的资料是准确的，任何报道过的问题的进一步详细情况，将会被及时地提供，而且为每一位编者在随后验证任何一项陈述过的事实时，提供极其令人愉快的帮助……简而言之，我们的计划是，坦诚而公开地代表工商企业和机关团体，就有关公众有兴趣了解并对公众有价值的问题，向美国新闻界和公众提供迅速而准确的报道。”这就是企业管理的“门户开放原则”。他的信条是：“公众必须被告知。”他认为企业与其员工和社会公众必须彼此沟通，这也是公共关系的职业目标。这一原则告诉企业界，只有效力于社会公众，才能有益于企业自身，从而使企业家们从中进一步认识到公共关系工作的意义。

艾维·李是第一个向客户提供公共关系并收取费用的职业公共关系工作者，因此成为开创公共关系的先驱。他将“公众利益与诚实”带进了公关领域，大大推进了公共关系事业的发展。他的贡献远远超过了他先前的任何人，其开创之功不可抹杀，所以他被人们誉为“公共关系之父”。

二、公共关系学科的形成

受第一次世界大战政治经济发展的有力刺激，战后公共关系职业在美国迅速扩展开来。正如1924年美国《芝加哥论坛报》社论所说的那样，公共关系已经成为一种专门职业，它既是一门管理艺术，又是一门科学，社会各界都必须重视公共关系。

与艾维·李同为公共关系先驱者的爱德华·伯内斯在创立公共关系学这门新兴学科方面，有其独特的贡献。

爱德华·伯内斯1891年出生于奥地利，次年随父母移居美国，他的思想深受其舅父——心理学家弗洛伊德的影响。1913年，22岁的他当上了美国福特汽车公司的公共关系部经理，为福特公司策划并实施了一系列发展公共福利和社会服务的计划，有力促进了该公司的发展。第一次世界大战期间，他是威尔逊总统成立的官方公共关系机构"公共信息委员会"的成员之一，主要负责向国外的新闻媒体提供有关美国参战情况的背景和解释性材料。当时，他就在构思着把他所说的"操纵公众意见"变成终生工作。他于1923年出版了划时代的著作《公众舆论的形成》，首次使用"公共关系顾问"这个术语，明确肯定了公共关系不仅是向社会做宣传，很重要的一点是要求向政府和组织提供政策咨询。这是论述公共关系的第一部著作。同年，他在纽约大学讲授公共关系这门新课程。1925年他又写出了第一本公共关系教科书，为公共关系开辟了更加广阔的新天地。

伯内斯关于公共关系的一个重要思想是"投公众所好"。他认为，应该首先了解公众喜欢什么，对组织有什么期待和要求；在确定了公众态度的基础上，再有目的地着手宣传工作，以迎合公众的需要。

伯内斯对公共关系的主要贡献是，他正式将原先从属于新闻界的公共关系分离出来，为公共关系成为一门独立而有系统的科学奠定了基础；而且，他还将1897年美国《铁路文献年鉴》中出现的"公共关系"一词与艾维·李的公共关系思想结合在一起，使这一词语有了科学的含义，并很快流行开来。历史学家埃里克·戈尔德曼评价伯内斯说："他同公共关系这门学科的发展方向保持一致，并考虑得更深远、更全面。"

以爱德华·伯内斯为代表的公共关系专家，已经把公共关系的职业实践提升为公共关系的科学理论。他为公共关系学的发展做出了突出的贡献。

随着公共关系的科学化，美国公共关系教育事业发展迅速。1937年，美国公共关系学会创始人之一——哈罗博士在斯坦福大学开设公共关系学课程。1947年，波士顿大学设立了第一所公共关系学院，招收经过两年大学文科训练并具有相当技术修养的学生专修公共关系理论与业务，毕业后颁发学士和硕士学位。从此以后，美国多数高校设立了公共关系专业，或者开设了公共关系课程，其中有些高校还具有硕士或博士学位授予权。1968 年，从事公共关系学习的学生成立了“美国公共关系学生协会”，拥有 80 多所院校的 3000 多名学生会员。1997 年一项调查资料表明，全美的公共关系从业人员中已有 54％具有学士学位，20％的人具有硕士学位。20 世纪 80 年代，公共关系教育开始按企业、政府部门、新闻界等不同行业分类细划，并逐步向纵深领域发展。

在公共关系学科理论的推动下，1927 年，新闻记者约翰・希尔与唐・诺顿在克里夫兰创办了希尔-诺顿公共关系公司。1930 年，曾任美国公众咨询委员会副主席的卡尔・博雅与人合作开办了博雅公共关系公司。这都是当今世界最大的跨国公共关系公司。1939 年～1945 年，《公共关系季刊》、《公共关系杂志》在美国相继问世。在富兰克林・罗斯福执政期间，政府公共关系得到极大的发展，工商界的领袖们也越来越多地求助于公共关系公司并以此来同政府的批评和立法作斗争。1903 年产生的罗伯特和盖洛普民意测验法，由于能够更准确、更科学地测量和评价公众舆论而日益成为公共关系学、政治学、营销学的重要工具。第二次世界大战更加速了公共关系的发展，由美国政府带头，开展了一场有组织的充分显示力量的宣传活动。它由战争宣传办公室牵头，把原有 3 个人分别负责的 3 个办公室发展成为 3000 人的机构，在为战争服务的同时，为公共关系工作训练了大约 75000 名公共关系从业人员，为战后的公共关系的活动奠定了牢固的基础。

在公共关系学科发展方面做出杰出贡献的还有美国著名的公共关系学者斯科特・卡特里普和阿伦・森特。他们在伯内斯“投公众所好”指导思想的基础上，深入研究公共关系学的核心理论，于 1952 年出版了《公共关系咨询》、《当代公共关系导论》和《有效公共关系》等多部重要著作，对公共关系学原理与实务作了系统的论述，最早提出了公共关系工作原理的“四步工作法”和主张组织与公众利益并重平衡的“双向对称”公共关系模式，并被公共关系界普遍接受。《有效公共关系》一书标志着公共关系作为一门学科已基本成熟，所以被称为“公共关系圣经”。该书出版以后，已经再版了七次，被美国公共关系协会定为高等学校公共关系课程标准教材。卡特里普被人们誉为“公共关系教育之父”。

三、国际公共关系的现状、发展原因及特点

到 20 世纪 90 年代中期，美国作为公共关系的发源地，公关事业仍然最为兴旺。有 400 多所高校开设了公共关系课程，60 多所大学设置了公共关系本

科专业，37 所大学培养公共关系硕士学位研究生，13 所大学培养公共关系博士学位研究生。全国数千家各种类型的公共关系公司在为经济、政治、文化、科学等各个领域的社会组织提供调查、咨询、传播等方面的公关服务。仅美国联邦政府就雇佣了 1.2 万名公关工作人员，其经费开支达十多亿美元。一位日本金融巨头指出："公共关系的学问发源于美国，回顾当初的美国，所谓公共关系还只是企业界手中的小玩具，后来才发展成为企业家所必须采用的政策及变成企业家的重要哲学。"

第二次世界大战后，公共关系在欧美快速发展的同时，也逐渐传入世界各地。

1959 年，美国和大多数拉丁美洲国家的代表出席了墨西哥公共关系协会在墨西哥城召开的"泛美公共关系大会"。1960 年，有巴西、秘鲁、墨西哥等国参加的泛美公共关系协会成立。从此，拉丁美洲的公共关系活动一直十分活跃，并得到稳步发展。

日本人最早开展公关工作是在 1947 年，是以"二战"后盟军用命令的方式在日本政府设立公共关系室而开始的。不过，正如日本的公关专家福田亮太所说的那样，1950 年～1960 年，才是日本真正的公共关系启蒙阶段，1961 年以后才进入公共关系实践发展期。到上世纪 90 年代，日本 90％以上的企业都设有正规的公共关系部门（日本人称作"广报课"）。

1967 年，"泛亚公共关系协会"在香港成立，其会员主要来自中国的香港、台湾地区和东南亚各国。1968 年，国际公共关系协会第四届大会在伊朗举行。1982 年，第九届世界公共关系大会在印度孟买举行。从此，亚洲的公共关系逐渐进入到一个热火朝天的阶段。特别是在中国实行改革开放后，公共关系进入了中国国门，其发展规模和速度更是十分惊人。

非洲一些主要国家如毛里求斯、肯尼亚、尼日利亚等国，也在上世纪 50 年代后期，伴随欧美跨国公司开拓海外业务的影响和国际公关大潮的冲击，开始实行具有地区特色的公共关系活动。1975 年，全非洲第一届公共关系工作会议在非洲举行。不过，由于较落后的经济环境的限制，非洲的公共关系无论在理论研究上，还是在实践水平上都相对要差一些。

分析公共关系自"二战"以后在世界范围内广泛发展的现实，我们不难发现其中的主要原因除了全球经济、政治等因素的变化发展以外，以下三点因素也是很重要的：

第一，第二次世界大战后，世界进入了一个相对和平的发展时期。在这一时期，各国抓紧时机普及国民教育，提高国民素质。人的文化素质的提高，推动了人的平等观念、民主观念的发展。这为公共关系的理解、沟通意识的形成

或被接受提供了良好的前提条件。

第二，科学技术的发展为公共关系开拓了广阔的用武之地。电子技术、信息技术、计算机技术在“二战”以后突飞猛进，使传播手段日臻完善，促进了社会组织与公众的联系，世界的整体性日益明显，地球“变得越来越小”。公众的群体交流日渐活跃、广泛和深入。组织与公众交往的稳定性和不稳定性、直接性和间接性、无序性和有序性、紧密性和松散性同时发展。这种情况既为各种社会组织的发展带来了机遇，同时也带来了挑战。利用公共关系的基本观念为指导，处理组织与公众的关系，成为现代社会组织的最佳选择。

第三，伴随各种现代文明和现代观念的刺激，公众的自我独立意识、自主决策意识越来越强。谁要赢得公众，谁就必须首先尊重公众，变单向传播为双向沟通。尤其是在市场相对平稳、产品相对丰富、买方市场占主导地位时，这种要求就会更高。于是，企业以及其他社会组织自觉地或是被迫地需要接受公共关系的理论指导。

世界公共关系发展到今天，已明显地具有以下特点：

第一，有较成熟的理论基础。公共关系已由艾维·李等个别人的个人意识，逐渐发展成为比较成熟的以“公共关系学”为标志的社会意识形式。在经历了大约三代人的不懈探索之后，公共关系的学术基础已经基本趋于成熟。公共关系活动已不再是一种自发的社会行为，而是一种有理论指导的社会组织的自觉行动。不仅如此，公共关系的职业准则、职业内容等正在趋于标准化、统一化和国际化。

第二，公关工作人员已经职业化。公共关系由最早的个别新闻工作者或其他职业者的“兼职”活动，逐渐发展成为一种热门职业。各国以此为职业的人数迅速增长，组织内部的或社会上的独立的公关机构也越来越多。

第三，公共关系主体逐渐社会化。公共关系的主体最早仅限于企业，甚至仅限于企业中的工商企业，后来逐渐扩展到政府。现在，公共关系已经扩展到事业单位、群团组织、军队、宗教机构等一切有社会组织存在的领域，使公关的主体实现了多元化、全方位化、社会化。

第四，手段越来越先进，技巧越来越高超。公共关系已经成了现代传播、信息、控制、电子等技术领域的实验场。在战争年代，这些领域的发展、应用主要受军事的影响和制约。和平发展时期，公共关系为这些领域提供了良好的发展机遇；同时，它们也为公共关系的发展创造了必不可少的条件。随着公共关系从业人员的增多，公共关系领域内的竞争日趋激烈，公共关系机构已经成了人才聚集之地。为了组织的形象，为了自身的生存与发展，激烈的竞争促使公关人员高招频出，技巧运用日臻成熟，公共关系活动的有效率、成功率大为提高。

四、现代公共关系产生的条件

现代公共关系产生于20世纪的美国绝非偶然。它是当时经济背景、政治背景、文化背景及技术等多方面历史条件综合作用的结果，是时代进步的必然产物。

1. 商品经济的高度发展是现代公共关系产生的根本条件

在古代社会，虽然也有商品经济，但在整个社会经济中所占的比重有限，而压倒优势的是自给自足的自然经济，即人们通常所说的小农经济、庄园经济。小农经济的典型形象是男耕女织，几乎不需要与外界发生联系。在这种自给自足的封闭型的自然经济基础上产生的社会关系，只能局限于血缘、地缘、人缘之中，天地极其狭小。

19世纪末到20世纪初，美国已由自由资本主义向垄断资本主义发展，垄断资本间的竞争已深入、广泛地影响了整个社会，不仅使社会的生产结构与市场体系发生了重大变化，而且也使社会中的人际关系出现了深刻变化，形成了以市场为纽带的广泛的社会分工与协作，构成了一个极其活络的开放性关系网络。在此情况下，一个企业或部门的成败不仅在于产品质量的竞争，而且需要市场的竞争，能否争取到广大消费者和公众舆论的支持就显得至关重要。这种市场经济的背景为现代公共关系的产生提供了直接的现实的土壤。

2. 民主政治的高度发展是现代公共关系产生的重要条件

在资本主义之前的奴隶社会和封建社会，由于经济的原因，广大民众力量分散且缺乏共同意识，也无须关心政治和参与政治。统治者独裁和专制成为封建社会生活的核心。高压政策、愚民政策使公共关系的产生成为完全不可能的事。

资产阶级革命以后，加上《自由大宪章》、《人权宣言》、《独立宣言》等文献的传扬，民主观念逐渐深入人心。民主政治成为大工业社会的政治生活的核心。由于民主政治要求体现大多数人的意志，于是，相应的民主制度如代议制、纳税制、选举制都在美国产生了。政府官员为了争取民众支持，就必须取信于民，重视民情民意，与公众对话交流，争取公众的理解和支持。这就为现代公共关系的产生提供了重要的政治环境。

3. 人文主义的发展是现代公共关系产生的必要条件

美国作为一个由移民组成的国家，它的文化根基并不深厚，其文化体系显示出三个最基本的特征：一是个人主义，它使美国人富于自由浪漫的色彩；二是英雄主义，它使美国人崇拜巨头伟人，富于竞争的精神；三是理性主义，它使美国人注重严密的法规，崇尚教条、数据和实效。理性主义的典型代表是管理科学的创始人泰罗。他的思想和制度虽然有一定的效率，但它把人变成了机器，使劳资矛盾日趋尖锐，孕育着社会的不安。20 世纪初，由于美国经济、政治和大众传播的发展，美国的人文主义重新抬头，人们普遍接受了在管理中注重人性、注重个人的文化观念，社会生活、社会交往更加开放和开明，个人感情受到尊重，公共关系在这里找到了大显身手的天地。

4. 大众传播的兴起是现代公共关系产生的技术条件

现代公共关系的产生离不开大众传播技术的迅速发展。在生产力水平低下的自然经济社会中，科技水平落后，信息传播的手段也不可能先进，否则，古希腊人也不必要从马拉松平原跑步到雅典去传递信息了。中国帝王的传谕也最多是“烽火报讯”和“快马加鞭”。这种简陋落后的传播方式造成了信息的缓慢、失真、狭隘，从而也就造成了社会的闭塞、隔绝、落后。在这种“山高皇帝远”、“远水救不了近火”的条件下，很难想象现代公共关系的产生。

资本主义时代各种形式的传播沟通技术和理论迅速发展。印刷技术的提高使报刊遍及千家万户，电子技术的进步使广播、电影、电话、电视家喻户晓，人造通讯卫星和电脑网络所带来的现代信息社会，更使世界变成了“地球村”，人们真的是“天涯若比邻”了。这就为现代公共关系的产生创造了得天独厚的技术条件。

由于 20 世纪初的美国首先具备了现代公共关系产生所需要的经济、政治、文化、技术等条件，因此公共关系职业和公共关系学科也就从那里应运而生并迅速传遍世界各地。

四、公共关系在世界的发展

20 世纪初，在美国崛起的现代公共关系以它特有的魅力远涉重洋，传入与之使用同一语言的国家——英国。其实，在第一次世界大战中，首创传单宣传的就是英国的坦克发明者温斯登中校。他曾别开生面地印制了德文四开报纸形式的《公告》，在西部战线用飞机从官兵头上撒下去。这些传单没有露骨地表示敌对情绪，只不过冷静地叙述事实；这种“公告”形式对习惯于遵守纪律、在权力面前显得软弱的德国人很合适，这种宣传方式起了瓦解敌人斗志的作用。因此，有人称在两次世界大战中，德国人的战时宣传是“论理派”，美国人是“报道派”，法国人是“平时派”，只有英国人是“谋略派”。英国人在十几个世纪里同世界各民族进行周旋和文武斗争中，积累了善于理解其他民族心理的特殊才能和经验，这为他们的公共关系的发展提供了很好的基础。

1924 年,被称为"政府公共关系部"原型的英国交易局开始利用大规模宣传来促进贸易。1926 年,英国成立的第一个正式的官方公共关系机构"皇家营销部",更是运用一切力量进行全方位公共关系活动,取得了惊人的成功,"买英国货"成为世界许多地区人们的口号。1948 年,英国公共关系协会宣告成立。身为英国公共关系顾问、英国公共关系学院教授、著名公共关系专家弗兰克·杰弗金斯早年曾主攻经济学,在伦托基尔公司从事公共关系工作,主要负责处理科技公共关系。1968 年,他在英国开办了公共关系学校,讲授公共关系、广告和市场等方面的课程,从而成为一位出色的公共关系教育家。他的著述甚丰,主要有《公共关系学》、《公共关系与市场管理》、《市场学、广告学和公共关系词典》等。他发展了公共关系的理论,促进了公共关系在英国和世界的发展。他先后到过比利时、埃及、肯尼亚、马来西亚、荷兰、印度尼西亚、新加坡、南非、津巴布韦等二十多个国家讲学,对发展中国家的公共关系状况有比较全面的了解。

公共关系在英国、法国、德国、意大利、荷兰、日本等地蓬勃发展,犹如雨后春笋。1955 年,国家公共关系协会(IPRA)在英国伦敦宣告成立,这标志着公共关系工作成为一种世界性的职业。

第三节 公共关系在我国的兴起与发展

现代公共关系进入我国,有着深刻的历史必然性。经济体制改革和政治体制改革需要公共关系,公共关系推动了我国改革的发展,推动了我国的物质文明和精神文明建设。如今有中国特色的现代公共关系正在逐渐走向成熟。

一、公共关系在我国兴起的客观必然性

1. 改革开放是我国引进公共关系的根本原因

现代公共关系于 20 世纪初就在美国产生了,第二次世界大战以后更是流行于欧美及世界其他地方。为何 20 世纪 80 年代以前公共关系的春风迟迟不度"玉门关"? 根本的原因是在此之前,中国还未改革开放。

1978 年底,中国共产党第十一届三中全会在北京召开,从此,中国进入进行社会主义现代化建设的新的历史时期。改革开放成了这一历史时期的基调和主流。首先,中国的改革从经济到政治,从教育到整个思想文化领域逐渐地全面展开。在改革是发展生产力又是解放生产力的思想指导下,各种新生事物不断涌现。与此同时,中国的国门也逐渐向外敞开。在这样的历史背景下,公共关系随着国外的先进技术、管理经验等一起,于上世纪 80 年代初进入我

国内地，并由南向北、自东向西，迅速在我国普及和推广开来。究其原因，是经济体制改革和政治体制改革与公共关系有着共同的契合点。改革中的经济、政治体制呼唤公共关系，公共关系在我国新的经济体制、政治体制条件下有着良好的发展环境。

首先，经济体制改革需要公共关系。改革之前，我国的经济体制以指令性计划经济为特征，从中央到地方，条块分割，统得过死。地方经济组织，例如企业，不分产业、行业的不同统统在中央和上级的指令性经济计划下"统一行动"，企业不需要考虑原料来源、产品销路、发展方向。流通领域内只有凝固不变的一级批发、二级批发、三级批发和零售商店。彼此之间谁也难以发挥主观能动性，也不需要发挥主观能动性。因为在平均主义、"大锅饭"的分配模式下，一切创造性的劳动成果都很难与社会组织或个人利益联系起来。同时，在社会组织内部，只有上下级关系，没有公共关系，上下级成员之间的关系一般是不会变动的。不要说不同所有制经济组织之间，就是相同所有制组织内的调动也是非常困难的。由于工人与领导者之间的关系不构成公共关系，因此，工人与领导者之间的利益也常常是脱节的。

经济体制改革打破了原有的经济模式，特别是社会主义市场经济体制的建立，改变了企业及其他社会组织的社会经济角色，从而改变了旧有的经济关系。以企业为主体的许多社会组织被推入市场。这些社会组织不得不遵循市场经济的自愿交换、自愿合作、自由选择和分散化决策等基本法则。企业面对市场经济条件下的客观而无情的竞争，不得不认真对待内外公众，认真利用传播媒介收集公众信息、环境信息、市场信息，同时向公众传播组织自身的各种信息，并在双向传播、双向沟通中实现对称平衡，以改善组织内部的经营管理，提高组织的决策能力，塑造自身的良好形象。

其次，政治体制改革需要公共关系。经济体制的改革要求政治体制作相应的改革。随着我国社会主义市场经济体制的逐步建立和不断完善，必须建立与之相适应的社会主义民主政治体制，以便肯定、维护、坚持在市场经济中形成的新的社会组织关系、社会群体关系和社会个体关系，把以前组织之间或组织内外的条块分割关系、上下级关系、领导与被领导关系、指挥与服从的关系认同为民主、科学、合作的公共关系。只有这样，才能维护、协调新经济体制确立的社会经济关系。各种社会组织必须学会利用公共关系的原理、法则，运用沟通技巧，履行民主责任，在尊重他人民主的同时，维护自身的民主权利。从政府的角度讲，新的经济、政治体制要求把基层的群众当作公众，而不是只当作一群只能服从、只能听命的生物个体。公众是有自身独特利益的，他们的利益与政府的利益休戚相关，不尊重公众的利益，就是不尊重政府自身。从公共关系的角度看，只有真正意义上的社会主义政府才可能真正成为人民政府。

十一届三中全会后的对外开放政策，使公共关系在我国由可能变为现实。邓小平说："社会主义要赢得与资本主义相比较的优势，就必须大胆地吸收和借鉴人类社会创造的一切文明成果，吸收和借鉴当今世界各国包括资本主义发达国家的一切反映现代社会化生产规律的先进经营方式、管理方法。"公共关系就是这种吸收和借鉴的最好成果。对外开放之前，虽然我国已经开始进入工业文明的时代，但中国的社会关系大多仍停留在乡土关系的水平。由于没有法人的存在和公众观念，改革开放前的社会关系还没有真正意义上的市场关系。开放的确使国人大开眼界。我们真正看到，在这个地球上生存的不同文化的人越来越分不开了。因此，只有在相互尊重、相互接触中才能求生存、求发展。于是，我们不仅研究国家内部的组织与公众应怎样相处，而且开始研究不同的文化之间如何实现跨文化沟通（cross-culture communication）。同时，需要研究如何从乡土关系进到市场关系，进到跨文化关系（cross-culturerelations），如何将以"礼"维持的人际关系推进到以法维持的公共关系。

2. 社会主义市场经济促使公共关系得以广泛发展

公共关系是人类社会在商品经济发展到一定历史阶段的产物，是市场经济完备条件下的产物。这一历史事实说明，公共关系只有在商品社会、在市场经济条件下，才有其生长发育的土壤。1984 年，中国共产党十二届三中全会做出了关于经济体制改革的决定。在这个决定中，明确提出要下放过于集中的权力，扩大企业的自主权，增强企业活力，使企业逐渐成为相对独立的经济主体。这个决定为我国市场经济体制的建立打下了良好的基础。1992 年，党的第十四次全国代表大会明确提出建立社会主义市场经济体制。此后，随着我国市场经济体制的孕育和发展，企业和其他社会组织开始以独立的法人资格走向市场，它们更加注重协调组织与内部职工、股东的关系，以及组织与其他相关公众（如原材料供应者、产品消费者、政府、新闻传媒）的关系，以便在激烈的市场竞争中立于不败之地。

社会主义市场经济不是传统的指令性计划经济，其运行规则和方法同资本主义市场经济具有一定的共性。邓小平说：社会主义的市场经济在方法上同资本主义基本相似。这种共性或相似性主要表现在以下几点：第一，承认个人和企业等市场主体的独立性。它们自主决策，并独立承担经济风险。第二，具有竞争性的市场体系。价格随市场供求关系而变化，由市场决定生产要求和商品的流动，让市场在调控资源配置方面发挥主要作用。第三，具有有效的宏观经济调控机制，对市场起导向和监控作用。第四，具有与一定时期经济状况相一致的较完备的经济法规，确保经济运行的法制化。第五，遵循国际经济交往中通行的规则和惯例。市场经济的这些共同特征，要求个人和企业等市场主体认真处理好组织内外的各种关系，用公共关系去增强自身的凝聚力和吸引力，使组织的发展与公众利益和社会整体利益基本一致，随市场关系的发展变化，找准组织所在的方位，并以此作为塑造自身形象的依据，提高其知名度和美誉度。

二、公共关系在我国的发展历程

20 世纪 60 年代，欧、美、日的一些跨国公司开始在我国香港、台湾地区的一些大公司内设立公共关系机构，从而推动了这些大公司生产和商贸业务的发展。70 年代，公共关系在香港迅速发展。到了 80 年代，香港的公共关系专业公司已达二十多家，此外还有许多兼营公司，各企业内部公共关系已得到普及。

在党的改革开放政策指引下，1980 年我国开始在深圳、珠海、汕头试办经济特区。1981 年，公共关系部作为经营管理的艺术手段在深圳的一些中外合资企业中出现。不过，这些合资企业主要还限于宾馆、酒店，公关工作的从业者几乎全是外表漂亮的女性。这种现象通过传媒介绍到内地后，造成人们一是感到新鲜新奇，二是由此形成了一系列先入为主的错误印象和错误观念。如“公关无学问”，“从业者一定要外表美丽”，甚至“公关就是女人攻男人的关”，“公关就是三陪”，等等。这类观念的影响是深远的，时至今日，很多人的头脑里仍然有这类观念。

1984 年 9 月，我国第一家国有企业公关部——广州白云山制药厂公共关系部正式成立。

从上世纪 80 年代初开始，我国从事人文社会科学研究和教学的专家学者，开始从理论上系统研究公共关系，他们利用翻译资料、举办讲座等手段陆续把别国的公关理论和实践经验介绍到国内。1985 年，深圳大学传播系创办了国内高校的第一个公共关系专业，并开始招收公关专业的大专学生。

随着我国对外开放步伐的加快，国外许多有名的公关公司也开始看好中国的公关市场。1984 年 10 月，美国的希尔-诺顿公司在北京设立了办事处。1985 年，世界上最有影响的两家公关公司——伟达公司和博雅公司先后进入我国。

回顾公共关系在我国的初期发展，既有“拿来主义”的影响，有照搬照抄的现象，也有人家主动上门现身说法的因素；既有对公共关系的新奇意识和探索精神，也有不求甚解、“盲人摸象”的情形。

在 1986 年到 1989 年期间，我国呈现了第一个“公关潮”。其标志是：公共关系的理论研究十分活跃,理论成果十分丰富,专著、教材、论文形式的理论成果已经遍及全国各地。公共关系专业期刊开始出现,各种培训班、学术讲座广泛开办,许多大专院校先后开设了公共关系选修课或必修课。许多国有大中型企业领导成为地方"公共关系协会"或"公共关系俱乐部"成员,并在企业内部设立公共关系部。1986 年 12 月,上海成立了全国第一家省级公共关系协会。1987 年 5 月,中国公共关系协会在北京正式成立。在此前后,全国各省、自治区、直辖市以及若干大中城市相继成立了地方性公共关系协会或学会。许多企业内部的公关机构刚刚开始工作,就取得了较大的实践成果。例如,"健力宝"等公司的公关活动就在全国范围内产生了轰动效应。此外,在此期间,国际著名公关公司抢先登陆中国市场。美国之音曾报道说"中国是一块肥沃的公关市场",这对世界上的大型公关公司无疑是一个振奋人心的好消息。捷足先登的是世界上最早诞生(1927 年)也是当今世界第二大公关公司的希尔-诺顿公关公司,1984 年率先在北京设立了办事处。1985 年 8 月,世界上最大的公共关系公司博雅公司(成立于 1930 年)和中国新华社下属的中国新闻发展公司联手成立了中国第一家公共关系公司——中国环球公共关系公司。他们带来的新思路及新的国际操作规范都极大地催发了我们本地公关公司的出现和成长。

在第一次"公关潮"期间,虽然仍有机械模仿、层次较低、良莠不齐、鱼龙混杂等情况,但是,理论上和实践上的"百家争鸣、百花齐放"局面却为后来公共关系的发展打下了较好的基础。

20 世纪 90 年代,可以说是中国的第二次"公关潮"。这次公关潮到来的标志为:第一,中国的公共关系得到党和国家领导人的关注。例如,1991 年 5 月,当中国公共关系协会在北京召开全国公共关系工作会议时,李瑞环、薄一波分别为大会写了贺词。李瑞环在贺词中写道:"中国公共关系事业的发展,是中国改革开放的必然趋势,它以新型的管理科学,协调社会各方面的关系,密切党和群众的联系,调动各种积极因素,维护安定团结,促进社会主义建设。"薄一波在贺词中希望中国的公共关系事业能"总结经验,纠正缺点,坚持真理,为建设有中国特色的社会主义公共关系继续奋斗"。第二,公共关系的实践活动从自发走向自为,从盲目走向自觉,从照搬走向自主创造,出现了以郑州亚细亚商场、广东太阳神集团公司、杭州娃哈哈集团公司等为代表的一大批公共关系工作成就显著的社会组织。第三,公共关系的理论研究日趋成熟。到 1995 年为止,我国公开出版的公共关系专著、教材、译著、工具书等已达 500 多种。其中具有代表性的有全国通用教材《公共关系学》、《中国公共关系教程》、《中国公共关系大辞典》等。1990 年,中国公共关系学会在河北省召开了全国第一届公共关系理论研讨会，1991 年和 1992 年又先后在上海市、福建省召开了第二届、第三届公共关系理论研讨会。这几次会议分别讨论了“公共关系与社会发展”、“公共关系与改革开放”、“公共关系与经济建设”等问题；以后召开的第四届、第五届全国公共关系理论研讨会分别讨论了“公共关系与市场文化”、“公共关系策划”等主题。第四，在学习、借鉴国外先进的公关理论、公关技巧的基础上，以“洋为中用”、推陈出新为指导，理论界、实践界对逐步形成中国特色的公共关系理论达成了基本的共识。这种共识简单地说就是：以马克思主义、毛泽东思想为指导，坚持党的基本路线，为建设社会主义的物质文明和精神文明服务，不断随实践发展扩展公共关系的内涵和服务领域、服务方式；树立新时代公关人才观，老中青相结合，最大限度挖掘公关人才的潜力；理顺社会主义市场经济条件下的国家、社会组织、公众之间的利益关系，以求互利互惠、共同发展；本着真诚服务的精神，为推动公益事业和促进社会整体发展多作贡献；注意公关人才培养，提高职业道德水平，提高服务层次和进服务效益，从服务中谋求自身效益，塑造自身形象；继承我国的优良文化传统，学习国外的先进经验；坚持古为今用、洋为中用，坚持理论和实践相结合的原则；公共关系的实践操作者和理论研究者互相学习，互相帮助，不断总结，升华实践经验，探索公共关系发展规律；扩展、加强和改进大专院校的公共关系教学和研究，坚持开展全国性、地方性、行业性的公关经验交流和理论研讨，以保证公共关系理论和实践活动的健康发展。1995 年，重庆市原西南师范大学招收公共关系研究方向的硕士研究生；2005 年，由中国高等教育协会公共关系专业委员会主办的中国公共关系高层论坛也在该校举行。

回顾公共关系在我国走过的道路，我们不难发现，它对我国现代化建设事业的推动作用是重大的、全方位的。

在经济建设方面，虽然是为适应改革开放和经济建设的需要将公共关系引进国门的，但是，引进的公共关系对我国市场经济体制的创立和发展的推动作用却是相当巨大的。具体来说，在由指令性计划经济向市场经济的过渡阶段，公共关系对于人们观念上的转变起了推动作用。例如：公共关系的“公众”观念帮助人们开阔了市场眼界，开阔了社会组织向外扩展市场的视野；CIS（企业形象战略）理论使许多企业开始全方位追求自己的形象，公共关系的传播理论与技巧使这种追求成为可能。在蒙牛集团、青岛双星鞋业集团、杭州娃哈哈集团公司、青岛海尔等企业集团的成长史上，甚至 2008 年北京成功举办奥运会、2010 年上海成功举办世博会、新联想的企业形象推广、微软的产品发布、迪士尼中文网站的开通，都可以明显看到公共关系起了推动作用的痕迹。

在精神文明建设方面，以社会主义市场经济为基础的道德建设和思想文化建设都与传统的精神文明建设有许多不同之处，许多东西都需要人们转变观念，转换思维方式，克服传统的思维定式，形成与社会主义市场经济的本质和规律基本一致的价值观、道德伦理观，而公共关系的互利观念、长远观念、真诚观念等有助于这种转换的实现。如果人们仅仅是停留在市场经济交换、竞争的表面，那就很容易在观念上对它产生误解，产生巧取豪夺、尔虞我诈、今朝有酒今朝醉、他人即是地狱、人对人是狼等错误观念。受这些观念的引导，人们很容易用短期行为追求短时效应，甚至为达目的不择手段，采取坑蒙拐骗等不道德行为。公共关系倡导的公众观念、合作观念、沟通观念、长远观念等无疑有助于纠正人们的认识偏差。

公共关系在促进市场经济体制建立的同时，直接或间接创造了大量的物质财富。公共关系是一种软科学，它的主要作用是在塑造组织形象的同时，为社会组织创造无形资产、为社会组织创造有形财富奠定坚实的基础和提供坚强后盾。美国著名财经杂志《商业周刊》与总部位于伦敦的国际品牌咨询公司联合发布的一份2006年度评选结果显示，微软和IBM分别以599亿美元和562亿美元排在品牌榜第二和第三位；通用电气位列第四，品牌价值为489亿美元；随后是晶片制造巨头英特尔，品牌价值为323亿美元；美国可口可乐公司以670亿美元的品牌价值，位居全球品牌排行榜之首。权威人士打过一个比方：假如世界著名软饮料巨头可口可乐公司遍及全球的工厂在一夜之间全部被烧光，那么，第二天全世界主要报刊的头条新闻就将是“各国金融巨头争先恐后向它贷款”。这就是企业形象的魅力，这就是公共关系的价值。公共关系理论虽然进入我国的时间不长，我们还没有系统的形象评估制度，但是，近年来，许许多多街头小店一跃成为全国闻名的商贸集团，不少乡镇小厂、街道作坊很快成为跨国公司的实例，无不凝结着公共关系的功劳，无不依靠企业形象的先导作用。

当代公共关系作为一门实践性很强的学科，在人类政治经济活动已进入全球化传播时代的今天，它的发展更具有包容性、广泛性的新特点。

三、公共关系发展的特点

1. 公关理论整合化

公共关系内涵的丰富性和职责的综合性，意味着公共关系必须广泛吸纳诸多社会科学和人文科学的成果，以形成一个多门类交叉型的学科群。公共关系在发展中综合了新闻传播学、广告学、社会学、管理学等众多学科的相关理论。与公关理论整合化的特点相适应的是公关工作人员专业背景的多样化。很多高级公关经理更倾向于聘用非公关专业人员，也正是基于该特点。

2. 公关实务专业化

第一,公关实务的内涵更深,操作技巧日趋成熟。从新闻发布、新闻宣传到大型活动的策划,从协调政府关系到社会公益赞助,从危机管理到上市公司的信息传播,从时尚公关到高科技公关,从环境公关到艺术(体育)活动公关,从企业公关到政府公关,公关实务内容无论在广度还是深度上都有相当的发展。而经验的积累,又相应提高了公关人员的专业水准,并使他们更熟练地掌握有关操作技巧。

第二,与专业公关公司的合作更加普遍,专业化智力劳动的价值得到尊重。市场经济体制的发展,使我国各类组织都相应改变了过去那种大而全的组织管理架构,在开展公关活动时,加强与专业化程度高、经验丰富的职业公关公司密切合作,以有效使用组织有限的传播资源,组织与专业公关公司的合作关系更加协调、稳定和长远。

上自政府,下至普通的私人公司,都日益重视与专业公关公司的合作,政府更是不惜花费重金,大规模地聘请公关公司。如北京奥运会期间,政府还专门请公关公司对政府官员进行公关培训,亚洲金融危机期间的韩国政府更是不惜拿出国库中的最后一笔银子。著名的汽车制造商福特首创了世界上第一条生产流水线,流水线的生产速度之所以快,就是因为专业化的程度高。

3. 公关手段现代化

现代公共关系活动所涉及的传播手段和传播媒介越来越讲究,除了文字媒介、印刷媒介、口语传播等,电子媒介以大众传播媒介的方式更赢得现代公关活动的青睐,随着国际互联网和多媒体的发展,计算机新技术的应用,使公关传播更为现代化。

目前,公关传播已经得到多种电脑技术的服务性支持。如:电子函件(E-mail)、编辑传送员工通讯、对外介绍企业、推出新产品和服务、标识技术、市场调查、监测媒介报道、制作发送年度报告、召开网上记者招待会、举办网上展览等,而网络和电子报刊作为一种主流媒体,它的影响也日益加大。

4. 公关教育层次化

中国的公关专业教育和人才培训已经形成了多层次的、相对完整的体系。有学历教育、也有非学历教育。有些高校已经设置了公关专业的硕士、博士学位点。目前公关教育和培训已经从量的扩张走向了质的提升,并开始在课程设置与教学方法等方面和国际接轨。

在课程设置方面,公关课程的内容设计要紧跟社会发展、科技进步的步伐,其研究要深入而且要及时更新。例如,随着公关在社会政治、经济、文化、生活等领域中的影响进一步扩大，美国各大学一般都将“法规伦理”课程列为重要的必修课程。另外，随着社会市场环境、传媒生态的变化，以及营销管理理论的发展，在过去十几年里，美国许多学校已经将广告与公关课程进一步结合，开设出“整合行销传播课程”。这些都是值得我们关注的课程调整趋向。

在教学方法方面，我们正在借鉴西方发达国家的经验，改变目前以教授课堂知识为主的教学培养模式，提倡实战型的案例教学方式。教师精心设计课堂训练，增加、强化公关专业人才培养计划上的实践训练环节。推广国外大学中的“PRlab”(公关实验室)的教学实践方式，即由毕业班的同学组织一个机构(工作室、公司等)，来为企业、组织承接公共关系业务，代理调研、策划、制作甚至执行公关业务。学生以“PRlab”的名义去拓展业务，这样不仅能够学到咨询、策划等专业业务的本领，也能学到代理项目、代理商企业内部的管理模式与作业流程。

5. 公关地位战略化

随着全球化时代的到来，中国公关的战略地位也必将逐步确立。而这种地位的确立，将成为中国公关产业化的先决条件。在未来众多的知识产业中，公关业将同信息业、咨询业、文化业等一起构成新兴知识产业的支柱性产业和主导性产业。

四、公共关系发展的趋势

1. 公关运作的国际化和本土化融合的趋势大大增强

这种趋势要求公关人员要有国际化的视野和本土化的操作。本土化具体表现为：关系本土化、利润本土化、产品本土化和人员本土化。

日本丰田汽车公司就采取了产品、利润和人员本土化的举措，生产三大类摩托车：在澳大利亚生产牧羊用的摩托车，在东南亚生产装货的摩托车，在欧洲生产载人的摩托车。丰田公司所获得的利润主要用于公司的扩建，所聘用的员工主要来自其所在国当地的居民。

【案例 2-1】

联合利华“本土化”公关

联合利华公司是世界上最大的跨国公司之一。该公司成立于 1930 年，由荷兰的尤尼麦格林公司与英国利华兄弟公司组成。目前，联合利华公司在全世界拥有 500 多家分公司，1997 年全球销售额超过 500 亿美元，在世界大型跨国工业企业中位列第 20 位左右。

联合利华公司公司与中国的渊源可追溯至20世纪20年代。早在1923年,联合利华公司就在上海开办了第一家工厂——上海制皂厂,生产“日光牌”香皂。

1986年,联合利华公司重新到中国投资建厂。截至1997年,联合利华公司在华总投资超过6.4亿美元,投资行业包括日用消费品和食品。1997年前,联合利华公司每年向中国政府交纳税收5亿元人民币。

联合利华公司在全球执行一个准则,即成为一个“本土化的跨国公司”,在中国同样遵循这一准则。1998年,当联合利华公司公司进入中国市场的第十二个年头来临的时候,“本土化”不可避免地提到了决策者的议事日程上。

为了真正实现“本土化”,1998年,联合利华公司公司针对中国市场酝酿了一系列重大的举措:

首先,调整联合利华公司公司内部的组织结构,“中国”被提升为一个业务集团,负责中国内地、香港、台湾、内蒙古地区的业务,并直接向全球总裁汇报,同时把区域性总部从新加坡转移到上海。

其次,动用大量资金,准备采取多种形式发展包括“中华牙膏”、“老蔡酱油”等多个中国民族品牌。

再次,准备对公司在华企业进行资产重组,以达到资本优化、提高市场竞争力的目的。

还有,组织有才华的中方雇员到海外接受培训,实现本地化管理,等等。

在此基础上,联合利华公司认为,在今后一段时间内,只有根据中国有关政策,实现由联合利华公司控股的公司在中国上市,其“本土化”进程才能实现阶段性的成功。基于强烈的“本土化”愿望,联合利华公司1998年在中国的各项工作都围绕这一主旨展开。优化外部环境、为“本土化”进程铺平道路,已成为联合利华公司1998年乃至今后公共关系工作中不可回避同时也是最为重要的任务。

2. 公关公司的定位从代理性发展为咨询顾问性

从简单的项目执行向高层次的整合策划和咨询方面转变,从白领向金领转变,从亲力亲为向提供咨询、充当智囊转变。

3. 公关专业服务进一步细化和深化

随着公关专业的不断发展和公关职业化的不断成熟,公关人员所能提供的服务也越来越细致、深化，能满足更多组织更多样的需求。如有的组织专门请公关人员为他们做广告，有的请公关人员担当形象顾问，还有的请公关人员为其组织量身定做全套的CIS(企业识别系统)。

公关专业服务可具体分为以下五个方面的服务。

(1) 全案代理。立足中国本土市场，密切关注现代消费理念和消费环境的变化，通过将促销、事件行销、网络互动与传统媒体有效整合，为企业、品牌提供全程专业策划服务。

(2) 整合媒体推广。通过提供精心构建的五大类媒体推广网络，囊括传统媒体、网络媒体以及新兴第五类媒体，为企业提供整合推广传播服务。整合媒体推广又可以细分为网络公关策略、媒体推广方案策划服务、媒体代理发布服务、媒体宣传效果追踪测评和媒体关系管理五个项目。

(3) 营销活动执策。专业的公关策划和执行团队，是企业公关营销策略得到最忠实体现、公关营销活动得到最到位执行的保证。营销活动执策也可以细分为专项宣传推广策划服务、活动策划及执行服务、商务会议策划及执行服务三个项目。

(4) 品牌管理服务。可细分为品牌文化发掘、品牌核心价值定位、品牌推广策略、品牌发展战略规划、企业内部公关策略及危机公关预警六个项目。

(5) CIS服务。可细分为企业文化发掘(深入挖掘企业文化内涵、提炼企业文化精髓，为企业品牌寻找最精准的诉求点)、企业识别系统策划VI / BI / MI、VI设计制作三个项目。

4. 公关人才市场的竞争日趋激烈

公关作为一种专门的职业进入中国是2000年的事情(见劳社培就司发[2000]13号《关于开展公关员职业资格国家统一鉴定试点工作的通知》)，公关作为一种管理思想传入中国也只有三十年左右的时间。年轻的公关在中国方兴未艾，年轻的公关人才在中国市场经济高速发展的今天，一方面供不应求，另一方面竞争日趋激烈。因为公关人才市场缺乏人才，所以从事公关职业的人收入颇丰。一般的公关人年薪5万元左右，高级公关人年薪都在20万元左右。丰厚的收入以及多种层次、多种方式的公关教育也培养了更多的公关人才。公关人才市场正在吸引越来越多的人，竞争将越来越激烈。

本章小结

经历了二十多年的风雨历程，中国公共关系作为一种职业和一门学科都已开始走向成熟。中国公共关系从业队伍的素质在稳定中提升，中国公共关系实践在理性发展中提高，中国公共关系理论研究在引进和总结中升华，中国公共关系教育在普及中发展，中国公共关系组织逐步走向专业化与规范化。一个视野开阔、发展理性、手段多元、人才济济的全新公共关系格局正逐步在中国形成。追寻历史脚印，探索公共关系在中外历史上的产生与发展，理解现代公共关系的产生，是市场经济、民主政治以及科学技术手段发展到一定阶段的必然结果。把握时代脉搏，介绍对公共关系职业的产生、学科的形成做出重大贡献的人物；展望当代中国，明了21世纪的公共关系发展态势，以促进中国公关业的繁荣与发展。

复习思考题

1. 如何看待和评价古代的公共关系现象？

2. 何谓“便士报运动”、“报刊宣传运动”、“揭丑运动”？这对我们从事公共关系活动有何启示？

3. 对公共关系职业的产生和学科的形成做出重大贡献的人物有哪些？

4. 如何看待当代中国公共关系的发展历程及特点？

第三章　公共关系的基本职能

【学习目的与要求】

通过本章的学习，了解公共关系的基本职能，掌握公共关系塑造形象与协调关系两大基本职能以及实现基本职能的途径，能够运用公共关系基本职能解决社会组织公共关系问题。

【开篇案例】

白兰地进军美国市场的公关妙棋

1975年10月14日，这天是美国总统艾森豪威尔的67岁生日。华盛顿街道彩旗飘扬，白宫周围人山人海，人们在等候着一个时刻的到来。

按照美国人的脾气，爱好自由、民主的公民们是不屑于为总统的生日而特意来捧场的。总统也好，国务卿也好，你过你的生日，与我何干？

可是这一天，美国人却显得异乎寻常地热情、激动，到底发生了什么事？

原来是在一个月前，法国人就在各种媒介上广为宣传，为了感谢在第二次世界大战中美军对法国人民的恩情，为了显示法美人民的友谊，法国人决定，在艾森豪威尔总统67岁寿诞之时，向美国总统敬赠两桶酿造已达67年的法国白兰地酒。这两桶极品白兰地酒将由专机运送，并在总统生日这天，举行盛大的赠酒仪式，向全世界表明法国人民对美国人民的友好之情。

法国白兰地，美国人似乎一下子想了起来，那不是扬名全世界的美酒佳酿吗？我们以前怎么就没有想起来尝一尝呢？一时之间，白兰地酒的历史、趣闻、逸事陆续出现在各种媒体上。

久盼的时刻终于到了。上午十时，四名英俊的法国青年，穿着雪白的王宫侍者礼服，驾着法国中世纪时期的典雅马车进入白宫广场，车上摆放的由法国艺术家精心设计的两个酒桶古色古香。这一情景使全场沸腾了，当四个侍者举着酒桶步入白宫时，美国人唱起了《马赛曲》，欢声雷动，掌声轰鸣，人们沉浸在欢乐的气氛中。各大新闻机构毫无例外地派出了记者，关于赠

酒仪式的报道文字、图片、影像，充斥了当天美国的各大媒体。

借白兰地酒唱法美友谊，缩短了白兰地酒与美国公众的感情距离，这是法国白兰地酒制造商们举行的极为成功的公关活动。它直接为白兰地酒进入美国市场扫清了道路。赠酒仪式不久，一向不为美国人重视的白兰地酒，迅速成为市场上的抢手货，在人人以喝上法国白兰地酒为荣的背景下，法国白兰地成为供不应求的俏销产品。

“酒香也怕巷子深”，在商品经济时代，这早已成为人们的共识。任何厂家，都怕自己的产品“藏在深闺无人识”，都在不遗余力地宣传自己的产品。

然而，在公共关系和营销艺术走俏的今天，“王婆卖瓜”式的推销已面临淘汰的命运。说千道万，卖什么的，最终还得吆喝什么。怎么样才能既吆喝自己的商品，而又不至于引起顾客的忽视甚至抵触、厌恶呢？或者，如何做才能让顾客心甘情愿地打开自己的皮夹子，买完后依然笑逐颜开呢？白兰地酒进军美国市场这一事例有许多地方值得称赞。

首先，选择巧妙的公关切入点。白兰地酒在美国市场促销的成功，就在于它巧妙地选择了法美友谊这个情感纽带。美国人在“二战”中为反法西斯战争立下了汗马功劳，特别是诺曼底登陆，直接解放了法国，扭转了战局。法国人选“二战”功臣、美国人的象征，即总统，作为表示友谊与感谢之情的对象，满足了美国人的救世主心理，在褒扬美国的同时巧妙地展示了产品，同时提高了产品的地位（友情的使者），使美国人在感情上顺利接受白兰地酒。

其次，精心设计礼品的形象。贺酒年限与艾森豪威尔年龄相同；请法国艺术家精心设计的酒桶以及侍者选择的服饰；用专机运送白兰地酒；精心设计赠酒仪式的全过程。

再次，事先以法美友谊为由头，借新闻媒介大加渲染，为新闻“创造”素材，使宣传活动可信度高且花费少。

公共关系的基本职能是指公共关系对社会组织以及对个人、对整个社会所担负的基本职责和所发挥的作用。公共关系的基本职能是由其工作性质和目的所决定的。这就是通过科学的、有计划的、有步骤的公共关系活动，树立良好的组织形象，协调组织的内外关系。公共关系之所以能在现代组织中发展起来，除了有适合它生存的社会背景之外，根本的原因是它自身的基本职能对组织的生存和发展有着极为重要的价值。公共关系的基本职能主要有塑造形象和协调关系两个方面。了解公共关系的基本职能，将有助于我们明确公共关系的本质，更科学而有效地开展公共关系活动。

第一节　塑造形象

现代社会组织既互相依赖，又彼此激烈竞争。与此同时，各类组织的产品和服务日益同质化，如何形成对公众的吸引力，如何形成组织魅力，是每个社会组织都必须认真思考和努力探索的问题。良好的组织形象，对于一个社会组织来说，是一笔无形的财富，它可以为社会组织的各种服务和产品创造出优良的营销环境，可以为社会组织吸引人才、集中人才提供优越的环境条件，也有助于社会组织寻求可靠的原材料和能源供应客户，增强投资者的信心，求得稳定的经销渠道，增进周围社区对组织的了解。

一、组织形象的含义与构成要素

"形象"一词的本义，是指人与物的形态、相貌、外观等。公共关系中的组织形象，是指组织由其内在特点所决定的外在表现在公众心目中的整体印象或评价。组织形象是由丰富的内容和多样的形式构成的，因而需要从不同的方面去塑造和维护。组织形象的外在构成要素主要有产品形象、经营形象、员工形象、领导形象、环境形象、文化符号形象、标志形象等。

产品形象，是指通过组织的产品所反映出来的组织形象。除生产型企业的产品以外，餐馆的菜肴、出版社的书籍、电视台的节目、学校培养的学生等，都是特定组织的产品。产品形象是组织形象的基本要素。公众直接通过产品了解一个组织，组织通过产品去争取公众。产品形象是整个组织形象的主要物质载体。产品形象包括产品的质量、性能、包装、商标等方面的形象。

经营形象，是指通过组织的经营管理活动所展现的形象。它与组织各方面的行为有关，例如经营作风和管理效率、财务资信和履行合同的信用、技术开发和市场拓展的业绩，以及人事制度、就业条件、职工福利、价格策略、售后服务等。

员工形象，是指通过组织成员所展现出来的形象。包括组织拥有的人才阵容以及各类人员的品行、素质、作风、能力、态度、仪表等。

环境形象，是指通过与组织相关的环境设施所展现的形象。包括组织的门面、招牌、楼宇、展览室、会客室、办公室、生产场地以及橱窗的陈设等。

文化符号形象，是指通过组织外在的文化符号展现出来的形象。组织的特定文化符号体现着组织的特定风格。文化符号形象包括以组织理念为核心的组织口号、训诫、厂歌、厂旗、厂服以及各种宣传品的形象。

标志形象，是指通过标志及其应用系统所展现的组织形象，它能够帮助公

众识别和记忆组织的形象。标志形象包括组织的名称、产品的品牌、商标或徽标、广告主题词和典型音乐、特定的字体以及色彩和包装的设计、宣传品的格调等方面的形象。

以上组织形象的要素，还可以进一步从内涵和外显两个方面去理解。例如，质量和性能是产品形象的内涵，外观和包装是产品形象的外显；素质、能力等是员工形象的内涵，作风、仪表等是员工形象的外显；情调、风格、含义等是标志形象的内涵，品牌、商标等文字和图案设计是标志形象的外显等。

二、塑造组织形象的原则与方法

1. 塑造组织形象的原则

一个社会组织要在公众中树立起良好的形象，不是一件容易的事。在塑造组织形象的过程中，一般来讲，应遵循下列基本原则：

(1) 以优质产品和优良服务为基础的原则

任何一个社会组织不开展广泛的公共关系活动，不进行必要的对外宣传，不被社会公众所了解和认识，是不可能在社会公众中塑造起良好形象的。但是，任何一个社会组织在社会公众中树立起良好的形象，必须以优质产品和优良服务为基础。如果靠虚假的宣传来掩盖自己的缺点，把不符合公众利益的情形标榜为符合公众利益，其结果只会适得其反，严重损害组织形象，给组织造成不可弥补的损失。例如，政府部门必须以为人民服务、为经济建设服务、为政清廉、办事效率高等为基础；旅游服务行业必须以提供充实的花色齐全的商品，开发优秀的旅游资源，建立对游客具有吸引力的旅游景点，提供多种服务项目、优良的服务设施和服务态度为基础；交通运输行业必须以提供安全、快捷、舒适、方便的交通工具和优良的服务态度为基础；生产型企业则必须以提供优质产品，不断开发新产品和严格遵守合同为基础，坚持“信誉第一、质量第一”的方针，以质量求生存，以质量求发展。质量关系组织的存亡，产品或服务的质量不好，必然影响组织的声誉，损害组织的形象，以致失去社会公众，失去市场，从而丧失经济效益或社会效益。所以，任何取得成功的社会组织总是非常重视服务和产品的质量，以提供优质产品和优良服务作为社会组织塑造良好形象的前提条件。

(2) 有效性和长期性原则

公共关系活动是组织生存和发展的一种策略，其目标是促进组织的发展。因此，在塑造组织形象的过程中，必须努力贯彻和坚持有效性的原则。开展公共关系活动之前，要有周密的调查，制订具有实效性的计划；在方法上要讲求实效，不摆形式、不走过场、不搞花架子；要努力提高公共关系活动的效率，使公众在与组织的互动过程中抱有良好的态度，并不断“顺向强化”。

同时，塑造组织形象是社会组织的一项持久性战略目标，任何组织良好形象的塑造都是长期努力的结果。成功的组织在开展公共关系活动时，总是着眼于未来，以长远的目光来确定目标，制定战略和策略。随着社会经济、政治、文化的发展，公众在素质、价值观和需求等方面也必然发生相应的变化，他们对组织形象的评价标准也会随之不断变化，期望值也只会越来越高。因此，社会组织必须适应公众变化着的评价标准和期望值，不断地改造和更新自身的形象。

（3）总体性和统一性原则

总体性是指把不自觉的、分散的、不连续的组织形象要素系统化、整体化和科学化。组织要对全体职工进行公共关系的基本教育，要使全体职工自觉地意识到，组织形象在公众心目中都是整体的。每个职工都在不同程度上代表着组织的形象；每个职工自身形象的好坏，都或多或少地影响着组织的形象。要在职工中树立起每个人都与组织的形象休戚相关、荣辱与共的意识。

现代组织要树立自己的形象，还必须制定统一的公共关系战略和策略，以统一和协调组织的全部公共关系活动，改变组织形象要素分散杂乱、相关部门各自为政的局面；尽量做到统一观念、全面规划、协调行动。一个组织的公共关系活动，是一种全方位的活动。大量的公共关系工作，不可能全由公共关系部门来进行，需要依靠其他职能部门分头进行，各职能部门面对的公众是不相同的，它们的活动方式也有区别。

以企业来讲，供应部门对原材料供应者，销售部门对顾客和经销商，人事劳动部门对职工，财务部门对金融、税收等机构，运输部门对交通部门等，这些部门都要有公共关系意识，都要尽力开展公共关系活动。但是，这些职能部门如果都局限于本部门的眼光和要求，有时难免会与企业内别的职能部门的公关活动相抵触。这就需要通过公共关系部门把各职能部门分头进行的公共关系活动加以统一协调，使各部门工作相互促进、相互配合；当某一职能部门的活动与整体的活动相冲突时，就要设法使该部门的活动服从全企业的活动。

同时，在塑造组织形象、设计公共关系活动所追求的工作目标时也要注意统一和协调。例如，知名度和美誉度的统一，知名度要以美誉度为基础，才能充分显示其社会价值。公众利益与组织利益的统一，满足公众利益，是提高组织利益的前提。创名牌产品与创名牌企业的统一，创名牌产品只是创名牌企业的基础，创名牌企业使组织立于不败之地才是公共关系工作的真正目的。总体形象和特殊形象的统一，一方面，组织形象应该是统一的，要讲究整体效果和系列组合，能够适应公众的整体要求；另一方面，组织形象又应该有鲜明

的个性特征，对公众要有鲜明的针对性，既要突出本组织在首要公众心目中的特殊形象，又要尽量适应其他公众的不同需求和不同视角，使组织形象具有特殊的指向性。

(4) 竞争性和新奇性原则

在激烈的竞争过程中，社会组织通过及时采集其他组织的有关信息，比较分析彼此整体形象的优劣及其原因，并博采众长，为我所用，力争赶上和超过竞争对手，力求形成自己独特的竞争优势。社会组织要使自己的形象在同业者中"捷足先登"，必须积极地寻找并抓住各种机遇，敢于竞争和善于竞争，主动地进行自我传播，在竞争中求得自我升华。

同时，组织形象的设计和塑造要防止类化倾向。要努力使自己的形象独树一帜，富于新奇和魅力，从而引起公众的注意和兴趣，增强吸引力。为此，就必须在掌握环境信息的基础上，经常与其他组织的形象建设进行广泛地比较分析；要善于把握组织形象的展示方式与出现频率，通过巧妙传播反复刺激相关公众，使组织的美好形象储存在公众的大脑中，从而提高组织的美誉度。

2. *塑造组织形象的方法*

要塑造良好的组织形象，从公共关系的角度来讲，其方法在总体上主要是把握两个方面的内容：一是扩大组织的知名度，二是提高组织的美誉度。

组织的知名度是组织的机构、产品或服务为公众所知晓的程度。一个新的社会组织在没有与社会各界建立广泛联系时，几乎没有知名度。如果一个组织的知名度太低，公众不了解它，或了解得很少，该组织要推广自己的产品和服务，并求得组织的生存与发展，是十分困难的。因此，知名度是组织开展各项活动的前提。

公共关系工作必须根据组织的发展目标和特定公众，制定出完整的计划，实施有效的传播活动，加强组织与社会各界相关公众的联系，扩大组织的影响，提高组织的知名度。

扩大知名度的方式包括扩大产品或服务的知名度、扩大组织机构的知名度和扩大组织领导者的知名度等。扩大产品的知名度，要把重点放在对产品或服务形象的宣传上，利用各种传播媒介和机会，宣传其质量、功能和特点，使之"家喻户晓"；扩大组织机构的知名度，应利用各种媒介和手段使组织的存在、性质、功用为公众所知晓；扩大组织领导者的知名度，主要是通过宣传组织领导者的特点、专长、杰出技能、模范事迹，使公众通过了解和熟悉组织的领导者而了解和熟悉组织的形象。

组织的美誉度是社会公众对一个组织的信任和赞许的程度，它反映的是社会组织在公众心目中的地位和信誉情况。而组织的知名度仅仅反映出公众对组织的了解程度和组织的影响范围。所谓名，既可以是美名，也可以是恶名。因此，扩大组织的知名度只是扩大组织影响的第一步，更为重要的是提高组织的美誉度。

组织的美誉度是社会组织最宝贵的无形财富。一个组织有较高的美誉度，就可以在困难时得到公众的帮助和支持；在失误的时候得到公众的原谅和理解；在取得发展时得到公众的赞赏和认可。因此，美誉度是组织生存和发展的重要基础。在现代社会的激烈竞争背景下，公共关系工作应将提高组织的美誉度作为其根本任务。

提高组织的美誉度包括提高产品或服务的美誉度、提高组织整体美誉度和及时消除"形象危机"三个方面，尤其重要的是提高组织的整体美誉度。提高组织的美誉度，最基本的方式是提供优质产品和优质服务。一个组织在公众心目中的地位和信誉，首先是由它的产品质量和服务质量所决定的。它是社会组织最直接、最基本的美誉基础。

组织的整体美誉度则涉及更广泛的公众，它代表的是组织整体在社会公众心目中的地位和作用，反映了组织履行社会职责的整体状况，它需要在更复杂的社会交往过程中建立，是一种较高层次的美誉度。公共关系工作应努力将提高组织的美誉度由低层次向较高层次发展，重点是放在提高组织的整体美誉度上面。

提高组织的美誉度还要做到及时消除形象危机。天有不测风云。由于社会的复杂性和事物的可变性，任何组织在其发展过程中，都难免因主观或客观的因素而出现差错和失误。当差错和失误的后果危及公众的利益、损害了组织形象时，公共关系人员应及时进行补救，积极采取具体的调整和改进措施，使事件的不良影响降到最低限度；并且通过认真而巧妙的努力，化危险为机遇，借此传播和提升组织形象。

塑造组织形象的具体方法是多种多样的。不同类型的组织机构，或一个组织在其不同的发展阶段，或在同一阶段针对不同类型的公众，或对不同的公共关系任务，其运用方法都会有所不同。因此，成功的公共关系方法必须对症下药、有的放矢；必须根据组织的特点和组织发展的特定要求、社会环境所提供的具体条件以及公众的不同类型和不同要求，选用有针对性的方式方法。根据工作方式的特点，可将塑造组织形象的具体方法归结为以下几种：

(1) 优质服务

这种方法是以提供各种优质而实惠的服务为主要手段，以获取公众的了解与好评，从而建立良好组织形象的方法。其具体方式如下：工业企业的售后服务、免费保修，服务企业的各种消费教育与培训指导，公用事业单位提供优质而完善的服务，政府部门为基层组织和民众热情而周到的服务，等等。任何一种类型的组织都能够以自己独特的方式为公众提供必要的服务。服务的目的在于满足公众需要，塑造和维护良好的组织形象。公共关系需要以行动来证实诚意，无数事实证明，优质服务的方法是最容易打动公众、密切组织与公众之间关系的方法。

(2) 加强传播

这种方法是组织以各种传播媒介为工具，围绕某个特定主题向公众有意识地传播有关信息；是组织向公众介绍自己，表白自身，以加强社会公众对组织机构的了解，从而创造于己有利的社会舆论环境的方法。为达此目的，可综合运用各种传播方式。例如，召开新闻发布会，发布公共关系广告，制作板报，发表演讲，举行记者招待会、新产品展览会、经验或技术交流会、信息发布会，实施社会赞助，印刷发行公共关系刊物和制作各种视听资料，等等。

(3) 提供咨询

这种方法是指公关人员以采集信息、舆论调查、民意测验等为主要手段，收集信息，为组织机构的管理决策提供参谋，从而为组织的经营者、决策者提供组织形象决策咨询的方法。运用这种方法能起到“智囊”的作用，能为组织发展出谋献策。随着现代组织决策科学化的不断发展，提供咨询在组织与社会中的影响及地位正日益重要和显著。其主要形式有：开办各种咨询业务，建立来信来访制度和相应的接待机构，开展有奖测验活动，制作调查问卷收集用户意见，开通消费者热线电话以接受和处理投诉，等等。

反映公众意愿、按公众的意愿办事，是公共关系的天职。在咨询活动中，公共关系人员作为组织机构和公众之间的中介者，应以民意代表的姿态出现，成为组织和公众的耳目，及时、广泛、准确地采集一切有关组织形象的建议和意见，为决策做参谋。

(4) 公益赞助

这种方法是以组织举办或承办各种社会性、文化性、公益性赞助活动为主要手段，塑造组织的文化形象和社区公民形象，从而提高组织整体美誉度的方法。具体形式诸如赞助文化、教育、体育、卫生事业，支持社区福利事业和社会慈善事业，扶持新生事物，参与国家、社区重大活动并提供费用。一个组织的形象是多方面的，公共关系人员必须导演好组织在社会舞台上扮演的不同角色，使组织具备较完整的社会形象。

(5) 增进社交

这种方法是以无媒介的人际交往为主要手段，通过人和人的直接接触，从而为组织建立广泛的社会关系网络的方法。其方式包括社团交际和个人交际，诸如各式各样的招待会、座谈会、宴会、茶话会、接待应酬，以及电话沟通、亲笔信函、短信息、电子邮件等。中华民族自古以来就重视人与人之间的往来和联系，特别注重人情味。社交是一种很常见又很实用的交往方式，社会组织的很多信息都可以在人与人的接触和交谈中交换和传播。这种交往不仅在服务性行业可以如此，而且在工业企业也可以如此。

(6) 处理危机

这种方法是指在组织的公共关系遭遇突发性严重失调、组织形象受到严重损害的时候，公共关系部门采取一系列有效措施，做好善后处理工作，配合组织其他部门改造被损害的形象，挽回组织声誉，重建组织形象的方法。

公关危机的原因一般有两种。一是由于外在的某种误解、谣言或者人为的破坏，损害了组织的形象。面对这种情况，公共关系部门应该迅速查清原因，公布真相，澄清事实，配合法律部门及舆论部门采取措施，纠正或消除损害组织形象的因素；同时也应表明自己的工作还存在某些不周到之处，恳求公众谅解，并进一步表明组织对公众的诚意与合作精神。二是由于组织内在的责任造成组织形象受损。例如，因产品质量下降、服务不周、工作失误、污染环境、管理失控等而引起公众对组织的不满。面对这种情况，公共关系部门应主动出面承担责任，向有关公众讲明真相，赔礼道歉；同时，尽量控制影响面，迅速地将外界舆论反馈给决策层和有关部门，准确分析公共关系失调的原因和影响，提出纠正的措施；协助有关部门解决实际问题，并利用各种公共关系方式，通过有效的传播活动向相关公众公布事件的进展情况和组织真诚采取纠正错误的具体措施，争取尽可能快地平息风波，恢复公众信任。

三、组织形象的重要性

对于任何一个社会组织来说，在现代市场经济激烈竞争的条件下，良好的形象是最重要的无形资产，它关系着社会组织的生存与发展。一个组织要想在市场竞争中站稳脚跟，就必须提高自己的信誉，树立良好的组织形象。良好的组织形象将使社会组织受益无穷。

首先，良好的组织形象能使社会组织得到公众的肯定和支持，使公众对组织的产品和服务产生好感和信任感。由于科学技术的进步，随着市场经济的发展，商品更新换代非常迅速，昔日走俏一时的商品，今天可能变得无人问津；而对新产品的性能、质量等，消费者又往往心存疑虑。因此，一个组织仅仅凭借其一成不变的产品和服务，在激烈竞争的市场中是很难保持不败的。而一个树立了良好形象的社会组织，当它向市场推出新产品和提供新的服务时，公众会更愿意选择该组织的产品和服务；当众多的组织推出同一种产品和服务

时，公众也会更容易接受和选择该组织的产品和服务。

其次，良好的组织形象可以使社会组织获得更多更好的投资条件和其他支持。在现代社会中，组织的社会关系日益复杂，社会组织的相互联系和协调不断增加。组织作为社会整体中的一个基本单位，在经营和发展过程中，必然要与整个社会发生千丝万缕的联系。有了良好的组织形象，不仅会使银行、财团或政府乐意向组织提供优惠贷款和财政支持，使股东愿意购买该组织的股票，保险公司也乐意作保，而且能使供应和销售渠道稳定、畅通，从而在竞争中占据优势和得到有力支持。

再次，良好的组织形象能够增强职工的向心力和归属感，增强组织对人才的吸引力。良好的组织形象为保留和吸引人才创造了优越的条件。职工往往会为自己在一个优越的组织中工作而感到满意和自豪，其他的人才也会慕名而来，使组织招揽到更多的优秀人才。

最后，良好的组织形象能使组织获得社区的好感、谅解和政府的帮助与扶持。由于社会分工和社会地位的不同，组织在复杂的社会关系网络中不可避免地会与其他社会组织形成横向或纵向的联系，互依互存、互为补充。面对众多的公众群体，组织必须谨慎地处理各种社会关系和利益关系，而良好的组织形象将会使社区把组织当成好邻居、好朋友，从而减少、避免许多不必要的摩擦和纠葛，使组织得到所在社区的配合。同时，它还能争取到政府对组织的赞许和扶持，使组织在遇到困难时能迅速渡过难关，求得发展。

总之，一个社会组织如果有良好的形象，就能得到公众的信任和支持，增强生存能力、发展能力和竞争能力，从而兴旺发达。所以社会上有“百金买名，千金买誉”之说。公共关系工作的基本职能之一就是树立和维护组织的良好声誉，而公共关系人员就是组织形象的设计师。

第二节　协调关系

协调关系是公共关系的基本职能之一。现代组织是一个个内部信息密集，同时又与环境发生物质、能量和信息交流的系统。任何组织都必然面临众多复杂的社会矛盾和发展障碍。这些矛盾和障碍对于组织的发展均有一定的影响和约束力，并且各种矛盾和障碍总是处在不断的变化之中。为此，现代组织必须开展广泛多样的社会交往活动，处理好各种关系，增进与公众之间的感情，创造一个宽松、融洽、友爱的环境，减少产生误会的可能性；即使发生矛盾，由于双方原来有比较融洽的关系，也容易使矛盾得到比较妥善的解决。因此，现代公共关系学应当研究和揭示组织内外关系形成、发展的规律，研究改善和协调关系的方法、原则、内容和技巧。

一、协调关系的含义与内容

所谓协调，就是“协”与“调”的统一。“协”就是协商，遇事不能一方说了算，要相关双方或多方坐下来协商讨论一番，以寻求一致的利益；“调”就是调和，即坚持互惠互利的原则，相关双方或多方都放弃一部分属于自己的利益。协调关系就是在沟通的基础上，经过调整，达到组织与公众互惠互利的目的。协调关系分为广义协调和狭义协调。广义协调不仅包括组织内部的协调，而且包括组织对外的协调，即组织与环境的协调，如组织与政府、社区、消费者等的协调活动。狭义协调主要是指组织内部的协调，如组织内部上下级之间的关系协调，组织内部同一层次中的各部门、各单位之间的关系协调等。

协调关系作为公共关系的基本职能，应该从广义上理解。它一方面包括创造一个亲密合作、团结一致的内部环境；另一方面包括争取一个共同发展的外部环境，使组织与它面临的内部和外部公众之间的关系处于一个和谐的状态，让组织在与公众的沟通、协调中建立和发展良好的形象。

公共关系协调关系的内容主要包括以下几个方面：

（1）协调组织领导与群众的关系

在组织内部，领导与群众的根本目标应该是一致的。但是，由于领导和群众因工作分工、生活方式、文化素质、价值观念等方面的差异，难免会产生一些意见分歧或误解，如果处理不好，势必影响组织内部的团结和群众的积极性，给正常的工作带来消极影响，甚至产生内耗现象。因此，公共关系必须努力发挥承上启下的作用。一方面，公共关系工作人员要经常向领导者反映下级员工的情绪、意见和要求，并提出如何根据下级员工的实际情况调动其积极性的建议，从而使上级领导不断地了解和把握下级员工的实际情况，及时地调整自己与下级员工之间的关系。另一方面，公共关系工作人员要积极做好上情下达的工作，要及时向组织员工介绍、宣传组织的目标和方针政策，传达领导层的意见和决定等，消除可能产生的误会，使上级领导的意向和组织的现状、发展方向能随时为广大群众所了解，使他们自觉地与上级领导搞好配合，保持领导与群众关系的和谐状态。

（2）协调组织内部各部门之间的关系

一个有一定规模的组织，总是由若干个职能部门所控制的，如生产部门、销售部门、人事部门等。各部门的关系配合是否默契，对于它们的工作效率具有极大的影响。组织内部各部门只有在协调一致的基础上，才能使整个组织发挥整体效应。但是组织的各部门由于工作内容不同、出发点不同，互相不了

解情况，在工作中往往从局部利益出发，不能照顾全局或其他部门的工作，这样就有可能造成工作步调不一致的状况。如果顺其发展，会影响组织内部的团结，产生内耗，危及整个组织的正常运行。因此，公共关系人员应积极地提供有利于各部门协调合作的信息，加强互相联系与了解，增强组织的凝聚力，形成一个相互理解、信任、团结、合作的内部环境。

（3）协调组织与外部公众的关系

社会组织是一个开放系统，它在自己的运行过程中，必然要与许多外部因素发生联系，与各种相关公众发生联系。社会组织的生命力不仅在于拥有广泛的外部公众，而且还在于与外部公众的关系随时处于良好状态。社会组织的外部公众主要包括上级主管部门、政府部门、新闻媒介、业务往来单位、社区、竞争者、顾客等。在组织与外部公众之间，常因各自的利益不同、心理需要不同等原因，出现误解或矛盾。公共关系人员应尽量做好协调工作，避免误解和矛盾的发生；一旦发生就应及时了解情况，进行沟通协调，在互相理解的基础上缓解矛盾，为组织广结良缘、发展关系、创造良好的外部环境。

二、协调内外关系的重要性

现代社会组织高度分化、高度融通和整合发展的趋势，使社会关系网络中的各个组织之间以及人与人之间都存在着互为条件、互为因果的功能耦合关系。一个社会组织如果没有良好的内外关系，得不到其他组织和个人的支持与合作，就无以生存和发展。因此，一个组织的生存和发展，与其能否处理好同组织内外公众的关系休戚相关。因此，国外有些学者认为，公共关系就是一种“内求团结、外求发展”的管理艺术。

“内求团结”就是创造组织内部团结和谐的气氛，使整个组织的员工互相协作，共同奋斗。在现代社会里，一个具有强大竞争力的组织的形成，不仅仅依靠组织中各种要素的数量递增，更重要的是依靠组织内部全体成员目标一致的共同努力。员工的团结协作是一个组织取得出色成就和理想效益的坚实基础。

组织在本质上是全体内部公众作为一个整体进行活动的。在这个整体内部，组织又有各个部门、岗位，从而形成错综复杂的分工、协作关系。组织目标的实现，有赖于众多的部门、环节、岗位的人们相互协作和共同努力。组织风气好，团体意识强，员工协作配合好，不仅能产生较高的工作效率，保质保量完成工作任务，减少事故，而且能更好地实现组织目标，提高组织在市场竞争中的生存和发展能力。反过来，如果员工之间矛盾冲突太多，不能很好协作配合，遇事推诿扯皮，不仅会影响工作效率，而且会影响组织目标的实现，甚至危及组织的生存。

公共关系部门在组织内扮演着“中间人”角色。一般来说，它超然于管理阶层和被管理阶层之外，超然于各部门的业务矛盾之外，超然于各部门的人事和个人矛盾之外，也应超然于人际矛盾和个人纠纷之外。因此，它可以利用自己这一“中间人”的地位，当好组织内部的协调者，在组织内部开展广泛的公共关系活动，活跃组织的民主气氛，提高管理民主化的程度。

“外求发展”就是通过积极开展对外传播和沟通活动，促进组织与外界的密切联系和广泛合作，为组织的生存与发展创造良好的外部环境。在现代社会，任何社会组织的活动都不可能是封闭的，都具有全球化属性，必然要与整个社会甚至整个世界发生千丝万缕的联系。在这些外部关系中，有的公众为组织提供资金，有的提供原料，有的提供信息，另外一些则接受组织的服务和产品。组织必须面对包括消费者、供应者、协作者、投资者、经销者以及社区、新闻界和教育界在内的众多社会公众。组织不过是社会活动链条上的有机一环而已。组织活动状态的好坏与这种外部联系是休戚相关的。如果组织与外部关系处于良好状态，外部关系就能为组织提供方便和支持，给予合作和谅解，组织的运行就有可能达到最佳状态，从而更好地生存、发展。反过来，如果组织与外部关系处于对立、紧张状态，不论哪一环节出现问题，组织的困难和窘境是可想而知的。因此，外部公众的理解和支持是组织发展的条件。

三、协调关系的原则与方法

1. 协调关系的原则

(1) 利益原则

利益原则是指公共关系人员在处理组织与公众关系时应保持组织与公众利益的一致性。组织在制订计划与确定目标、谋求利益和协调关系的活动中，必须以公众利益为出发点，在实现组织利益的同时，努力满足公众利益，提高社会整体效益。

利益原则所涉及的一个根本问题是如何摆正组织利益与公众利益的关系问题。解决利益纠纷的基本要求是协调利益关系，使利益均沾，诸方接受。

利益原则不仅要求组织在处理与公众关系的一切活动中尊重公众利益，它还要求组织承担社会责任。组织在完成自身计划，满足公众和市场需要时，还必须关注组织计划实施过程中可能引起的问题。如果这些问题有害于公众，有害于其他组织，就应努力加以解决。保持环境和谐，注意生态平衡，应当成为组织不可推卸的责任。此外，支持科学、教育、文化事业，赞助社会福利事业，也应是组织通过表现社会责任感以塑造组织形象的明智行为。

（2）及时原则

及时原则是指组织的领导者和公共关系人员要能及时发现和解决组织之间、部门之间、人员之间、组织与其他公众之间的矛盾和问题。因为这样既能防止组织与公众之间矛盾激化，也便于解决问题。

如果公关机构和公关工作人员对出现的问题和矛盾视而不见、听而不闻，或拖延解决的时间，以致造成严重后果才着手处理，不仅会扩大组织的损失，而且问题也可能变得复杂化，增加解决矛盾和问题的难度。因此，及时原则要求公共关系人员要具有较强的收集和处理信息的能力，能够及时、准确、适当地发现问题和解决问题，为组织科学决策提供咨询和依据。

（3）平等原则

平等原则是指公共关系部门对组织与公众的关系的协调要公平合理。在组织与公众关系失调的时候，不平等所产生的副作用是突出的，例如竞争的不平等、参与的不平等、物质利益的不平等，都会形成消极作用，影响组织与公众的正常关系。

平等原则当然不是平均原则。平等原则要求公关工作者坚持组织利益与公众利益在同等的原则下参与协调。公共关系部门只要能在这一原则指导下工作，就一定能协调好各方面的关系。

（4）公开原则

公开原则是指组织要公开接受社会监督，使自己的利益追求让公众了解。在造成组织与公众关系紧张的诸因素中，神秘性、封闭性与随意性是主要因素。

为了增加协调关系的透明度，遵循公开性原则是极为重要的。对内部公众而言，公开性原则通常要求人事制度公开，组织权限、管理程序、决策政策等的公开。公开性是减少猜疑与内耗的有效办法。当然，公开性并不意味着什么都公开，如财务、情报、机密等就需要保守秘密。

2. 协调关系的方法

公共关系的协调工作主要是依赖传播信息来增进组织与公众的了解和感情，以建立起相互信任与合作的融洽关系。在社会组织的运行中，由于各种关系状态不同，公共关系要沟通、协调的重点和运用方法也不一样。

（1）当双方关系处于和谐状态时，沟通、协调的重点就应当是通过不断传播社会组织方面的业绩来保持和强化公众方面的良好印象。由于这方面的工作有着比较好的社会基础，因此，如果开展得法，持续一贯地进行下去，往往能取得事半功倍的效果。不少声誉卓著的社会组织都深谙此道，常常开展诸如周年纪念、联谊会等活动来加强自己的形象地位。

(2) 当双方关系处于不和谐状态时,沟通、协调的重点应该首先是解剖组织自己,反省自己的表现和责任,严于律己,实行自我监督,发现问题自行纠正;其次才是客观地分析双方关系的状态,并提出改进关系的具体意见和措施。

与公众的关系不和,一般由内外两方面的原因造成。内部原因一般是由于组织自身工作没有做好,危及公众利益。遇到这种情况,组织首先要自责,然后根据关系状态的现状,改进自身的运行机制,同时把自己的改进情况尽力向社会做出通报,以期扭转被动局面。外部原因往往是由于公众的误解或他人的谣言、陷害等造成对组织形象的损害。面对这样的情况,社会组织也应当首先检查自己哪些方面的工作存在不足,然后在此前提下向公众进行必要的解释,以澄清误会,或对他人的谣言中伤、有意陷害加以公开揭露。

(3) 当双方关系处于不明状态时,沟通、协调的原则首先是用善意的态度表达自己的明确主张,竭力使对方消除紧张戒备等逆向性心理倾向,为双方的信息交流创造正常的、平衡的心理条件,这样就可以避免发生误会和偏见。

在此基础上,还应当把双方关系格局中含有的双方利益关系交代清楚,使双方对关系状态的实质有个“预存立场”,做到心中有数,这样就有可能减少问题发生后的摩擦。总之,在这种关系状态下,作为公共关系主体的社会组织,一要向公众(客体)交心,二要向公众交底,努力使他们明了双方关系的基础和未来前景,以利于今后关系的进一步确立和发展。

四、公共关系实现基本职能的途径

社会组织围绕实现塑造形象和协调关系的两大基本职能,必然产生一系列的具体公共关系活动,这实际上就构成了实现公共关系基本职能的途径。它具体包括以下几个方面的环节和方式。

1. 收集信息

任何组织都是在与一定的公众交互作用中存在和活动的。只有及时准确地收集信息,了解社会环境,才能使组织了解问题,获得反馈,评价成果,进行决策,才有助于组织塑造形象和协调关系,保持组织的生存和正常发展。公共关系所收集的信息主要是与组织塑造形象和协调关系有关的各种信息。它至少应该包括以下内容:

(1) 组织管理及人员状况信息

公众对社会组织在运行中所显示的行为特征和精神面貌的反应就是组织形象信息。组织管理及人员状况信息是组织形象信息中较为重要的一部分,它一般包括这样一些具体内容:

① 公众对组织领导机构的评价。例如领导能力、创新意识、办事效率以及组织机构的设置是否合理、完善,运转是否灵活等。

② 公众对组织管理水平的评价。例如,决策经营是否符合社会实际情况,生产节奏是否紧凑,内部分工是否合理,对市场的预测、变化是否准确和灵敏等。

③ 公众对组织人员素质的评价。例如他们的工作能力、道德修养、文化程度等的整体水平如何。

④ 公众对组织服务质量的评价。它不仅包括企业的销前售后服务及其项目,还包括企业的服务设施的先进性、科学性,更重要的是服务态度和对客户的责任感。

(2) 产品形象信息

这方面的信息一般包括消费公众对产品和服务的价格、性能、质量及用途等主要指标的反映,同时也包括对产品的优点和缺点两个方面的反映和建议。产品和服务与社会组织的生存、发展直接相关,因此,在实现公共关系基本职能的途径中,必须最优先地注意这一方面信息的收集。

(3) 组织运行状态及其发展趋势信息

这类信息包括内外两个方面:就内部来说,主要是指组织自身运行情况及其与组织预定总目标的要求之间的距离以及它可能发展的趋势;就外部而言,包括所有对社会组织运行及其发展趋势发生或将要发生影响的情况。这类信息反映的是组织运行状况和将来状况,对于组织及时调整运行机制极为重要,是社会组织形象重建的主要依据材料。

收集信息的方式和手段必须通过多种渠道,并运用各种传播媒介。首先,应当加强社会调查,重视公众的反映。公共关系人员要运用科学的手段和方法,对有关社会现象进行有目的、有系统的考察,以此来收集大量资料,并对这些资料进行定性和定量分析。同时,还要注意直接听取公众的反映,主要有接待来访者和投诉者、现场面谈、专题采访、追踪调查等形式。其次,是借助传播媒介,重视新闻媒介的社会舆论,注意听取有关专家、政府有关部门、上级有关部门及同行的建议和意见。最后,要充分利用各种活动、会议,例如利用新闻发布会、学术交流会、演讲会、展览会、纪念会、重大庆典、座谈会、宴会等会议与活动收集信息。尤其应当注意的是,在收集信息时一要注意信息的完整、准确,不能支离破碎或含糊不清;二要注意鉴别和剔除虚假信息,保证信息的信度和质量。

2. 咨询建议

现代组织管理是一项极其复杂的科学和艺术,需要各方面的专业人员来为组织领导的决策提供情况咨询和决策建议。公共关系咨询建议，就是指公共关系专业人员向领导提供有关公众方面的可靠情况和说明意见，从而为实现塑造形象和协调关系的基本职能服务。咨询建议是实现公共关系基本职能的一个重要环节。

公共关系工作部门的工作性质有别于组织的其他部门，受组织的具体业务和利润指标的影响较小，比其他部门更关注公众利益。因此，公关部门在领导决策时提供公众需要、心理和舆论方面的信息以及相关见解和意见，敦促领导关注公众利益，是公关部门为塑造组织形象和协调关系服务的主要方式。由于工作需要，公共关系部门广泛接触内外公众，必然掌握和积累大量公众信息，比较清楚组织面临的公众问题，了解公众的愿望和要求；为了帮助领导全面掌握情况，充分发挥这些信息的作用，为领导提供咨询和建议，就能够有效地促进组织形象决策的科学化，促进组织形象的提升，让组织与公众的关系更加和谐、协调。

收集信息是咨询建议的前提。没有足够的信息，一切咨询建议都只能是空谈；收集的信息只有通过咨询建议被组织的管理者采纳，才能发挥其功能，实现其价值。

为了完成咨询建议的任务，公共关系人员必须对收集来的信息进行处理，即整理、选择、分类、归档，建立信息库。信息处理既是信息收集的结尾工作，又是咨询建议的准备工作。咨询建议实际上是公共关系人员有选择、有分析地向社会组织的领导层转送有关公众信息的过程。

公共关系人员为领导层和各主管部门提供的咨询信息不应该是原始的、粗糙的，而应该是经过分类整理和分析处理过的，最好是在此基础上制定出多种可提供领导和主管部门选择的方案和建议。

公关部门的咨询建议通常包括以下三个方面：

(1) 组织与公众关系的一般情况

这类咨询主要提供社会组织与公众关系状态的说明。例如，内部员工的归属感、本组织在社会上的一般印象、消费公众对组织产品或服务的反映、新闻媒介对本组织的社会舆论、同行竞争者对本组织的评估等。

根据不同需要，这类咨询可以是定期的，也可以是不定期的。这类咨询的目的是要让社会组织的领导及时了解和掌握公众的一般情况，以便适时调节本组织的公关策略或战略，为实现塑造形象和协调关系的基本职能创造有利条件。

(2) 公众的专门性情况

这类咨询通常是社会组织以实现塑造形象和协调关系的基本职能而意欲

举办某个专题活动为背景的情况下出现的。

公共关系人员提供与该活动直接的情况说明和意见，是为了使本组织的专题活动能更有效地开展，更完满地达到目的。例如，某一组织拟举办新闻发布会，公共关系专业人员就应当专此提供关于新闻事件的背景材料、各类媒体对本新闻的关注程度等情况。

(3) 公众心理变化及其趋势

这类咨询是公关人员将其在长期观察和积累的基础上形成的对公众心理变化及其发展趋势的分析，结合社会组织的中长期规划，向决策层所作的通报。

公众的心理变化对于社会组织的运行影响极大，如果在公众的心理已经发生变化的情况下，社会组织仍然按照旧的模式运行，那么就会破坏组织与公众的关系，从而损害组织的形象。因此，公共关系人员必须在对公众信息的长期收集和积累的基础上，对公众的心理变化及时进行分析并做出预测，同时向组织的决策层通报。这类咨询常常能为社会组织较长时期地保持良好形象并且和谐地协调关系提供可靠的根据。

3. 参与决策

决策是社会组织对自身条件和外界环境经过缜密考虑、比较后所做出的决定性选择。在社会组织的决策过程中，公共关系的参与是理所当然的，并且它还发挥着相对独立的作用。公共关系直接参与决策，在以下三个方面为塑造形象和协调关系服务：

(1) 为决策提供信息服务

公共关系部门利用它与社会各界广泛联系的优势，充分完善各种公众咨询渠道，扩大各种信息来源，包括广泛的外源信息和及时的内源信息，并根据决策目标将各种信息整理、归类、分析、概括，提供给最高管理层或各个专业部门，作为决策的客观依据，从而促进决策的科学化、民主化，使组织的目标更符合公众的利益。

(2) 帮助组织确定决策目标

决策的第一步是确立决策目标。公共关系参与决策的作用突出地表现在为制定决策目标提供帮助。这种帮助就是以一种相对超脱的、客观的角度，即从公众的角度去评价决策目标的社会制约因素和社会影响效果，努力使决策目标与公众利益和环境因素相协同。

现代组织的决策日益复杂化，整体的目标往往会分解成各个职能部门的专门目标，如生产目标、技术开发目标、财务目标、市场营销目标等。各职能部门的决策人员往往把决策的焦点高度集中在本部门的专业目标上，容易疏于从全局和社会的角度去考虑决策可能导致的社会效果，使本部门的决策目标与整体决策目标产生偏移。因此，公共关系部门应站在公众和社会的立场上，对各职能部门的决策目标进行综合评估，建议和忠告有关部门或决策者，依据公众需要和社会价值，及时修正可能导致不良社会后果、有损组织形象和公众关系的决策目标，使组织的决策目标既反映组织发展的需要，又反映社会公众的需求和利益。

(3) 协助组织拟定和选择决策方案

公共关系人员参与决策的作用还表现在运用各种公关手段为决策者拟定、选择和协助实施与公共关系有关的决策方案，特别是关注这些决策方案在经济效益和社会效益方面的统一与协调，促使决策者重视决策行为的社会影响和社会效果。

(4) 从公众关系的角度评价决策效果

公共关系要求本社会组织在决策中必须考虑公众利益，必须在决策方案中反映公众的利益需求，从而有效地避免本组织决策中单纯地考虑自身利益的片面性倾向。因此，公共关系参与决策还表现在分析、评价决策实施的公众影响和社会后果，以及这种后果对决策目标的制约作用。公共关系人员要充分运用公众网络和其他公共关系渠道，对那些付诸实施的决策方案进行追踪并收集反馈意见，使组织能够及时发现问题，并根据公众反馈的情况调整决策目标，完善决策方案。

4. 传播沟通

塑造形象和协调关系是公共关系的基本职能，也是一个组织追求的长期目标。社会组织要在公众中树立良好的形象，就必须努力创造和提高组织的信誉。珍视信誉，就是保护和美化组织形象。无论任何组织，要协调好内外关系，在公众中树立良好的形象，促进事业的发展，就必须与内外公众保持良好的信息沟通。一方面要及时、全面地收集信息，为改善组织的决策和行动提供依据；另一方面还要迅速、有效地把组织各方面的信息传播给相关公众，争取公众的知晓、理解和支持。

5. 策划专题活动

在社会组织运行过程中，常常会出现需要社会组织来安排某种非日常事务类的专门活动来达到一定目的的情况，这种专门活动在公共关系中就是专题活动。利用和策划专题活动也是实现塑造形象和协调关系基本职能的有效途径。专题活动的种类很多，例如各种庆典活动、推销活动、信息发布活动、联谊活动等。

本章小结

公共关系的基本职能是指公共关系对社会组织以及对个人、对整个社会所担负的基本职责和所发挥的作用。

公共关系的基本职能主要有塑造形象和协调关系两个方面。良好的组织形象,对于一个社会组织来说,是一笔无形的财富,它可以为社会组织的发展创造出好的软环境,形成软实力,这也是公共关系工作的最终目标。协调关系作为公共关系的另一个基本职能,它一方面是创造一个亲密合作、团结一致的内部环境;另一方面是争取一个共同发展的外部环境,使组织与它面临的内部和外部公众之间的关系处于一个和谐的状态,让组织在与公众的沟通、协调中建立和发展良好的形象。

社会组织围绕塑造形象和协调关系的两大基本职能,必然产生诸如收集信息、参与决策、咨询建议、传播沟通、策划专题活动等具体公共关系职能,以促进公共关系基本职能的实现。

复习思考题

1. 公共关系的基本职能是什么?
2. 组织形象的构成要素有哪些?如何塑造良好的组织形象?
3. 协调关系的内容与原则有哪些?
4. 实现公共关系基本职能的途径是什么?

第四章　公共关系主体

【学习目的与要求】

通过本章的学习，理解公共关系主体的含义和构成；理解社会组织的概念、构成与特征；掌握社会组织的类型和社会组织的运行情况；了解公共关系机构的构成情况。

【开篇案例】

巨能公司，公关不当尝苦果

2004年11月16日下午，河南商报告知巨能公司河南办事处，将有一篇关于巨能钙的批评报道于第二日见报。巨能公司河南办事处负责人即刻前往该报社进行沟通，表示只要该报社不刊发该报道，一切都可以商量。11月17日，《河南商报》以"消费者当心，巨能钙有毒"为题，披露巨能公司所销售的巨能钙含有致癌的工业用双氧水，引起舆论哗然，国内各大媒体和网络纷纷于当日进行了转载，不少药店也将巨能钙撤下柜台。危机从河南迅速扩散到全国。11月18日，巨能公司发布声明，承认巨能钙含有微量双氧水，但不会对人体有危害。11月19日，巨能公司在北京召开新闻发布会，强调巨能钙虽含有微量双氧水，但属于安全范围之内，要求国家权威部门就巨能钙"有毒"、"无毒"进行检测，同时指出这起事件缘起于恶意攻击，并将追究河南商报社不实报道之责。11月19日下午，巨能公司发布致全国媒体和消费者的一封公开信。当晚，河南商报社予以回应，称巨能公司销售受损是咎由自取。在巨能公司与河南商报社就巨能钙安全性进行争辩时，巨能钙在全国的销售则几乎限于停顿状态。12月3日，卫生部的检测报告称"巨能钙过氧化氢含量在安全范围内"，巨能钙立即通过各地媒体通告了卫生部的评判意见及再致消费者的公开信。

在卫生部检测结果公布后，巨能公司副总裁认为整个事件是北京某竞争对手策划的，而河南商报社代总编辑则驳斥此种说法，认为并非纯属造谣。

社会组织形形色色，种类繁多，特点各异。各种不同类型的组织都应该而且必须按照自己的既定目标主动开展公共关系活动，以便适应环境，与环境取得协调与平衡。开展公共关系活动是公共关系主体的主导行为，主要是依赖于组织内部或外部的公共关系机构。我们必须了解这些组织是如何分类的，了解组织内部公共关系机构是如何运作的，了解公共关系公司是如何服务的，了解公共关系人员需要何种条件及如何工作的。本章将介绍这几个方面的内容。

第一节　公共关系主体概述

公共关系是由公共关系主体、公共关系客体和传播三大要素构成的。其中公共关系活动的发动机是公共关系主体。公共关系主体的性质不同、需要不同，公共关系活动的基本模式就不尽相同。理解公共关系主体的含义与类型，对于提高公共关系活动的策划水平具有重要的意义。

一、广义的公共关系主体

广义的公共关系主体是社会组织。

社会组织为了在所处的环境中生存和发展，就必须适应环境，与环境的变化取得协调和平衡。

社会组织必须具有明确的目标。目标是组建社会组织的前提。任何社会组织的诞生都有特定的使命，追求特定的社会效益、经济效益或者其他效益。

社会组织必须建立分工与协作机制。如果某项活动依靠个人就能够完成，是无须组建社会组织的。组建社会组织就是需要把大家的力量整合起来，共同完成个人无法完成的使命。

社会组织必须建立权力与责任制度。权力和责任是社会组织实现目标的基本保障。社会组织的正常运行离不开科学的权力和责任制度。赋予有关部门特定的权力，是为了有关员工在合理的范围内围绕目标能够自主地配置各种资源。明确有关部门的责任，是为了引导员工的权力行为服务于社会组织总体目标的实现，防止滥用权力进而破坏社会组织的正常运行。

社会组织必须具有健全的组织活动。没有健全的组织活动，社会组织仅仅是一个“外壳”而已，不可能产生实质作用。组织活动是为了实现职能目标，围绕社会组织的运行而形成的。

二、狭义的公共关系主体

狭义的公共关系主体是公共关系机构与公共关系人员，具体地讲就是执行公共关系职能的部门和工作人员。

1. 公共关系机构

公共关系机构主要有三种，即公共关系部门、公共关系公司和公共关系社团。

公共关系部门是社会组织内部设置专门策划、组织公共关系活动的传播性、沟通性职能部门。公共关系部门对内主要是发挥上情下达、下情上达和部门协调的作用，对外而言主要是发挥传递信息、协调关系网络的作用。

公共关系公司是专门为其他各种社会组织提供公共关系业务服务并从中获取商业利益的法人组织，市场调查、项目策划与运作、礼宾服务、新闻代理、广告代理、会议服务、宣传作品设计与制作等都是公共关系公司的经营范围。

公共关系社团是公共关系人员基于推动公共关系事业发展、进行业务交流、提高公共关系策划和运作技能而组建起来的群众性民间团体组织。公共关系社团的成立对于规范公共关系职业标准、提高公共关系策划运作水准起到了积极作用。

2. 公共关系人员

公共关系人员是从事公共关系职业的专业人员，是公共关系活动的策划者、组织者和执行者，俗称公关先生、公关小姐。由于公共关系职业的特殊性，公共关系人员应该具备科学的职业观念、良好的职业道德和合理的能力结构。在观念方面，公共关系人员应该树立科学的信息意识、形象意识、公众意识、双赢意识、传播意识、协调意识、服务意识、创新意识、情感意识、文化意识等，在公共关系活动中高度重视收集与开发信息，自觉维护和发展形象，尊重公众人格与需求，追求社会组织与公众之间的互利互惠，重视传播宣传，注重协调各种关系网络，主动提供各种服务，不断推动公共关系事业的发展。在职业道德方面，公共关系人员应该养成诚实、守法、公正、正派和负责任等品质。在能力方面，公共关系人员应该具备良好的观察能力、谋划分析能力、法规政策理解执行能力、文字与口头表达能力、指挥组织能力、随机应变能力和社交能力。

第二节 社会组织

一、社会组织的概念与特征

1. 社会组织的概念

社会组织可以简称为组织。“组织”一词有多种含义，它既可以用来表述整合、组合，也可以用来表述系统、关系，还可以用来表述上级领导。在我们日常生活中，实际是在三种意义上使用这个词。

第一种是从社会学的意义上把组织理解为人们为了实现自己的目标，按照一定的目的、领属关系、任务和形式，有计划、有意识地建立起来的具有相对独立性的社会群体。它包括一定的组织成员，明确而相对稳定的组织目标，规范性的组织章程，以权威性的领导体系为核心的组织机构，以及与其相适应的物质技术设备。第二种是从行为活动的意义上，把组织理解为对人、财、物的管理。第三种是根据约定俗成的习惯，把组织理解为特定的政治组织、群众团体组织。公共关系中所讲的组织，是社会学意义上的组织，是构成宏观大社会的个人的特定集合。

2. 社会组织的特征

作为公共关系主体重要组成的社会组织，一般具有以下特征：

（1）目的性

任何组织的形成，都是为了实现一定的目的，无目的或无目标的组织是不存在的。组织的成员和部门以共同目标作为结合的基础，组织目标是构成组织的核心要素。如：政府的目的是为人民服务，学校的目的是培养人才，工厂的目的是生产产品。组织内部的种种活动和外部的种种交往联系，无一不是围绕组织的目的进行的。

（2）整体性

组织的整体性是指组织的成员和部门都是组织的构成部分，都与组织整体具有不可分离的密切联系。社会组织是一个统一体，有统一的名称、统一的行为目标、统一的编制、统一的规章制度和具有权威的领导体系、甚至有统一的服装，将本组织中人们的各种活动组合起来，使之有序、高效地发挥作用，成为一个“命运共同体”，从而达到组织目标。

（3）系统性

任何一个社会组织都是由许多次级系统所组成的社会团体，而这些团体又包含在更大的社会系统中。整个社会是一个大系统，各个社会组织就是这个大系统中的子系统或要素。个人是社会系统中的要素，由个人组成社会群体与社会组织，再进一步构成整个社会。

(4)结构性

为实现目标，社会组织有自己的分工合作体系。这种分工合作体系是通过一定的权力划分和责任制来加以保证的。比如企业各工种、工序的分工合作，以及相应的管理权限的划分、目标的分解等。

(5) 功能性

为实现目标而有计划、有组织建立起来的社会机构有自己的功能，社会组织的功能在于计划、组织、指挥、调节和控制。如企业为了实现其产品目标，就必须对生产经营进行认真的计划与组织，安排好各种生产要素，对它们的运行加以指挥和调度，并控制生产进度使各种活动互相配合，实现预定目标。在组织功能中，协调和调节是社会组织最基本的功能。

(6) 适应性

组织的适应性是指组织成员之间、部门之间、成员与部门之间、部门与整体之间必须相互适应，组织与外部环境也必须相互适应，组织才能生存和发展。组织是一个有机的"生长体"，应随社会环境的变化而不断调整自身的行为，既要有适应性和应变能力，又要积极主动地去创造条件、改善环境。例如，过去大学毕业生由国家统一分配，实行"三包"，现在要自谋职业、自寻出路。因此高等学校在培养人才的总目标不变的前提下，在毕业生如何适应市场需要的分目标上就应有所变革，以适应环境的变化。

(7) 自主性

社会组织虽然包含在更大的社会系统中，但也是一个相对独立的实体单位，可以以自己的名义对内、对外行使自己的职能权力，可以独立自主地与内部公众、外部公众开展公共关系活动。

(8) 竞争性

竞争性普遍存在于组织与组织之间，还存在于组织内部各次级系统之间。各社会组织应清楚认识竞争性，通过提升自身的组织形象获取公众的好感、谅解和持久的支持，不断增强竞争力。

(9) 多样性

社会组织的多样性是指不同的社会组织与组织之间具有性质、特点、类别、结构、职能、目的、规模、构成方式和活动方式等多种因素的差别。

二、社会组织的分类

为了通过对社会组织的研究，掌握某些对我们具有价值的规律，需要依据一定的标准将组织分成若干种类。根据不同的划分标准，我们可以对社会组织作不同的分类。

1. 根据组织成立的依据和内部关系状态分类

根据组织成立的依据和内部关系状态，可以将组织划分为正式社会组织和非正式社会组织。

正式社会组织依据法律的许可和规定而成立，组织的性质、目标、宗旨、职能、结构都有比较明确的要求和规定，组织成员之间的责、权、利关系明确，是一个相对稳定的社会实体。如政府、军队、学校、企业集团等。

非正式社会组织是依据其成员的兴趣、特长自愿组成的，组织的目标、职能、结构具有随意性，组织约束力弱，组织成员关系比较松散自由。如各种协会、学会、沙龙、俱乐部等。

2. 根据组织的性质、功能和目标分类

根据组织的性质、功能、目标，可以将组织划分为经济组织、政治组织、文化组织、群众组织和宗教组织。

经济组织是最基本的社会组织，担负着社会经济领域中生产、交换、流通、分配等经济职能。无论是生产组织、商业组织、金融组织、交通运输组织，还是第三产业服务性组织，其公共关系的任务在大目标上是一致的，就是要塑造一个良好的生产经营者形象，争取顾客、消费者和其他公众的支持，以便在市场竞争中增强生存和发展的能力。

政治组织具有社会政治职能和社会管理职能，集中代表和反映社会统治阶级的整体利益或某一阶层利益。如政党组织、政权组织、武装力量、司法机关等。政治组织的公共关系任务在于：在人民心目中树立一个良好的领导者、管理者、保卫者和服务者的形象，以便得到多数人民群众的拥护、理解和支持，完成其政治职能。

文化组织具有传播与研究文化、教育、科学技术的职能，满足人们的文化需求是它的基本任务。所有的文化艺术团体、教育科研单位、医疗卫生部门都属于这个范畴。文化组织的公共关系任务主要是塑造优秀的文化事业建设者、传播者、服务者的形象，争取更多的社会各界公众的关心、参与和支持。

群众组织是代表某一社会阶层或领域公众利益的社会组织。在我国，工会、妇联、科协、文联、工商联合会和各专业学会都属此列。这类组织的公共关系任务主要是广泛团结社会各阶层、各领域群众，组织他们开展各种社会活动，维护社会利益与群众利益，帮助政府树立威信。

宗教组织是以某种宗教信仰为宗旨而形成的组织。它的任务是：根据宪法代表宗教界的合法权益，办好正常的教务活动、宗教活动。我国现有佛教、道教、伊斯兰教、天主教、基督教等教会组织。宗教组织的公共关系任务是:在信教群众和宗教界人士心目中树立一个宽和的组织者的形象,与不同信仰者和平共处,帮助信教群众和宗教界人士提高社会责任感并得到他们的拥护和爱戴。

3. 根据组织的性质、功能是否营利分类

根据组织的性质、功能是否营利,可以将组织划分为公益性组织、互益性组织、服务性组织和营利性组织。

公益性组织关注的不是本组织的利益,而是以全社会公众的利益为出发点,属于非营利性组织。前面所说的政治组织,即政党组织、国家政权组织、国家武装力量和国家司法机关等,都是公益性组织。此外,公用事业单位如煤气公司、自来水公司、电力公司等,大众传播媒介如报纸、广播电台、电视台等,也属公益性组织。公益性组织一般都掌握一定的权力,通常被其他社会公众作为公共关系的重点对象,因此它们作为公共关系客体的时候比作为公共关系主体的时候多。

互益性组织是以本组织利益为目标的非营利性组织。前面所说的群众组织,即工会、妇联、科协、文联、工商联合会以及各类协会、学会都是互益性组织。这类组织通常以公共关系主体出现。

服务性组织是以全社会公众为服务对象的非营利性组织,如医院、学校等文化组织。它们以公共关系主体身份出现的时候比较多。

营利性组织是以本组织利益为目标的组织,包括生产组织、商业组织、金融组织、交通运输组织、第三产业服务组织等所有经济组织。这类组织最大的公众是消费者。又因为这类组织是非权力型的组织,因此它们主要是以公共关系主体的身份出现。

此外,根据组织的规模不同,还可以把组织分为小型组织、中型组织、大型组织和巨型组织;根据组织的地域,又可以把组织分为地方性组织、区域性组织、全国性组织和国际性组织;根据组织的权力,则可把组织分为非权力型组织、准权力型组织和权力型组织。

三、社会组织的运行

目标是相对过程而言的,社会组织完成工作目标的过程就是通常所说的社会组织的运行,社会组织只有通过运行才能实现工作目标,运行是社会组织的本质属性。

社会组织的运行是在一定现实环境下进行的,它要涉及多方面的因素,其运行过程也必然就是它不断地与现实环境诸因素发生种种联系的过程。比如，公司在运行过程中必然要涉及员工、政府有关管理部门、消费者、行业协会、社会媒介、所在社区等因素并与之发生联系；学校在运行过程中，则同样会涉及教职工、学生、政府主管部门等因素并与之发生联系。

社会组织在行为过程中要发生联系的因素虽然是多方面的，但概括起来，不外乎物的因素和人的因素两大类。物的因素包括材料、设备、能源、自然环境等等；人的因素包括人力（智力和体力）、人情、民意等等。此外，在知识和信息社会时代，信息也是一个很重要的因素。

对公共关系来说，社会组织运行过程中涉及的因素还可以作另一种划分，即可把它们分为外部环境因素和内部组织因素。这是与上述物的因素和人的因素的划分相互交叉的一种划分。物的因素有一部分是外部环境因素，如自然环境，另一部分则是内部组织因素，如设备；同样，人的因素也可以划分为内部组织因素（如员工）和外部环境因素（如公众意向）。公共关系就是要协助处理好这种内外关系因素。因此，公共关系是“内求团结，外求发展”的一门艺术。

物的因素和人的因素、外部环境因素和内部组织因素的相互联系、相互作用，就构成了社会组织运行的社会环境。从一定意义上说，社会组织的运行是由其环境决定的。但是，这并不意味着社会组织在其环境面前是无能为力、消极被动的社会实体，也并不意味着社会组织的运行完全是消极适应环境的活动。事实上，社会组织的工作目标就是在与环境的适应过程中同时改变环境，社会组织为实现目标而进行的运行是它与现实环境关系状态发生变化的根本动力和原因，这正如人的实践活动是人与环境的关系状态发生变化的根本原因一样。社会组织要保持良性运行，就必须在各种物的因素和人的因素、外部环境因素和内部组织因素之间维持某种均衡或平衡状态，否则，如果彼此的关系恶化，就会使社会组织的运行受阻。

第三节　公共关系机构

公共关系机构是具体承担和实施公共关系活动的部门或组织。常见的公共关系机构有组织内的公共关系部门、社会上独立的公共关系公司和公共关系社会团体。

一、公共关系部门

1. 公共关系部门的概念

公共关系部门是指组织内部针对一定的目标而设置的以专门从事公共关

系工作为职能的机构。这种机构多数叫做公共关系部，也有的叫做公共关系信息部、公共关系销售部或公共关系广告部等。

公共关系部是一个社会组织中具体负责筹划、组织和实施本组织公共关系活动的独立职能部门，是社会组织开展公共关系工作的行为主体。

2. 公共关系部门的地位和作用

1908 年，亨利·福特率先在美国福特汽车公司设立专门机构，进行公开宣传，以实现超越同行、一路繁荣的目标。这使许多社会组织认识到设立专门机构从事公共关系的重要性。此后，公共关系部日益成为现代社会组织的一种独立职能部门。公共关系部与组织内的其他管理部门一样，是组织顺利实现目标的重要结构要素。

(1) 公共关系部门的地位

公共关系部作为组织的一个职能部门，在组织内部与人事部门、业务部门、财务部门等具有相同重要的地位。随着市场经济和国际贸易的迅速发展，公共关系部在组织中的地位将会越来越重要，是其他部门无法替代的。公共关系部的特殊地位体现在内部和外部两个方面：

① 在组织内部管理中，公共关系部的地位介于领导部门与职能部门之间，负责沟通和协调领导决策人员与其他职能部门之间的关系，同时沟通和协调各个职能部门之间的关系，并负责向相关领导部门提供信息并协助分析、判断和决策。

② 在组织外部经营中，公共关系部的地位介于本组织与其公众之间，对外代表组织，对内代表公众，通过传播沟通活动，保持组织与公众之间的双向沟通。

处于理想地位的公共关系部应该具有以下特点：第一，能够与组织最高领导层的主管人员直接联系并对其负责；第二，能够与各个部门保持密切联系但不存在命令和指挥关系；第三，能够迅速向最高领导层或其他相关部门传递和反馈信息；第四，能够成为领导决策层的智囊并参与公共关系问题的决策。

(2) 公共关系部门的作用

概括地说，公共关系部的作用就是通过开展有针对性的、各种形式的公共关系活动来贯彻组织的公共关系思想，实现组织的公共关系目标。具体说来，公共关系部在组织中的作用如下：

① 搜集信息。搜集信息是公共关系工作的首要任务。任何涉及组织生存和发展的内部、外部信息，公共关系人员都应该注意搜集，通过对这些信息的搜集和整理，能够了解和分析现状，预测发展趋势，适应情况变化。公共关系部在搜集信息的问题上，应该发挥“耳目”的作用。

② 参谋决策。公共关系工作直接涉及组织与公众的关系，影响组织的信誉和形象，制约组织战略目标的实现。因此，公共关系部不同于一般的管理部门，而应该成为组织的“智囊团”和“思想库”，也不同于一线指挥部门和最后的决策部门，它的任务只是在搜集、整理、分析信息的基础上，提供可选择的决策方案，协助决策层作出决策。

③ 宣传外交。组织为了获得公众的了解、信任、支持与配合，需要由公共关系部门负责与公众建立经常性的联系，不间断地向公众宣传组织的政策，解释组织的行为，报告组织的现状。公共关系部门在这些工作中应该充当组织的“喉舌”。

④ 协调关系。疏通组织与公众之间的传播渠道，处理组织与公众之间的冲突，化解组织与公众之间的误解，协调组织与内外公众的关系，都是公共关系部门的重要工作。组织内部的气氛是否融洽，部门之间的运转是否协调，直接影响着组织的效率、声誉和形象。公共关系部门在协调员工与领导、部门与部门、内部与外部之间的关系问题时，应该体现出“桥梁”和“中介”的作用。

3. 公共关系部门的组建原则

组建公共关系部门是组织内部机构建设的重要内容，应当遵循以下原则：

(1) 精简性原则

精简的关键是“精”，即投入人力少，工作效率高，应变能力强。精简的主要标准是：配备的人员数量与所承担的任务相适应；机构内部分工明确清晰、职责分明；每个成员都应该有饱满的工作任务。公共关系部门的规模一般根据组织本身的规模、最高领导的重视、实际工作的需求等三种情况确定。

(2) 专业性原则

公共关系部门是专门开展公共关系工作的组织内部机构。公共关系部门的工作质量、效率以及专业水平和创新程度都对组织的其他工作具有重要影响，也会直接或间接地影响组织的声誉和形象。因此，在机构设置、人员安排和工作内容方面都要充分考虑其专业特点。公共关系部门的工作人员应该具有强烈的公共关系意识，接受过公共关系专业教育，具有与其工作相适应的专业水准和能力。

(3) 协同性原则

公共关系部门在组织内部既不是生产部门、领导部门，也不直接从事经营管理，可以说它是具有服务性质的高层次的管理部门。它的具体工作任务是实现组织的公共关系目标。但是，组织公共关系目标的实现，不能仅仅依靠公共关系部门，还需要依靠其他各个部门的相互配合。公共关系部门在实现组织公共关系目标的问题上主要应该起到统筹规划、组织安排、协调指导的作用。组织设置公共关系部门时，必须考虑到以上情况，注意公共关系部门与组织其他部门之间的相互协调。

(4) 针对性原则

不同性质、不同规模、不同领域、不同行业的社会组织在不同的历史时期、不同的发展阶段，开展不同的工作会面临着不同数量、不同类别、不同态度的社会公众。组建公共关系部的目的是更好地开展公共关系工作，因此，应该根据不同的工作任务、不同的公众对象来设置机构，安排人员。

(5) 独立性原则

公共关系工作的性质要求公共关系机构或人员在开展活动的过程中必须具有相对的独立性。在组建公共关系部的过程中，应该在机构和人员的地位与权力方面体现出独立性的特点，以便公共关系部能够在确定的工作范围内独立自主地履行职责，积极主动地开展工作、处理问题，以适应客观环境的发展变化。

4. 公共关系部门的模类型及其结构式

西方管理学理论认为，所谓最佳机构，就是能完成所担负的任务而又是最简单的机构。公共关系部的人员通常是按组织的规模或组织的工作量与营业额两个变量来确定的。以企业为例，公共关系部的人数一般不能超过各管理机构的平均人数。表4-1是美国一家公共关系协会对公共关系部人数调查的数据和英国公共关系专家弗兰克·杰弗金斯在他的《实用公共关系学》一书中所附的数据。

表4-1　公共关系部门人数的确定

定期销售额	公共关系部人数	
	美国公关协会数据	英国专家数据
10亿美元以上	40～60人	65人
50～10亿美元	20人	20人
2.5～5亿美元	13～15人	13人
1～2.5亿美元	10～13人	12人
0.5～1亿美元	5～6人	6人
0.5亿美元以下	2～4人	4人

每个社会组织都具有不同于其他组织的特定公共关系目标，每个社会组织都面临着与其他组织不完全相同的公众，因此，以开展公共关系工作作为专门职能的公共关系部门也没有千篇一律的固定模式。根据国内外组织内部公共关系职能部门的设置情况，比较常见并可供借鉴的类型及其结构模式如下。

(1)按公共关系部门的工作特点分类

根据公共关系部门的工作特点和工作方式，可将公共关系部划分为以下几种类型：

① 公共关系工作对象型

即根据公共关系部的工作对象设立所属机构。其机构模式如图 4－1 所示。

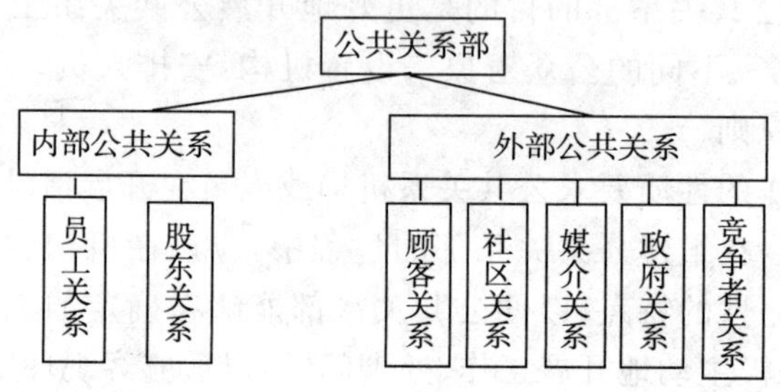

图 4－1　工作对象型公共关系部门

② 公共关系工作过程型

即根据公共关系活动的程序来设立工作机构。其机构模式如图 4－2 所示。

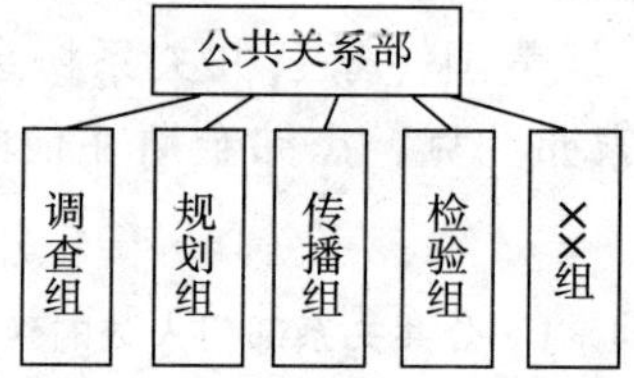

图 4－2　工作过程型公共关系部门

③ 公共关系工作手段型

即根据开展公共关系活动所应用的技术手段来设立机构。其机构模式如图 4－3 所示。

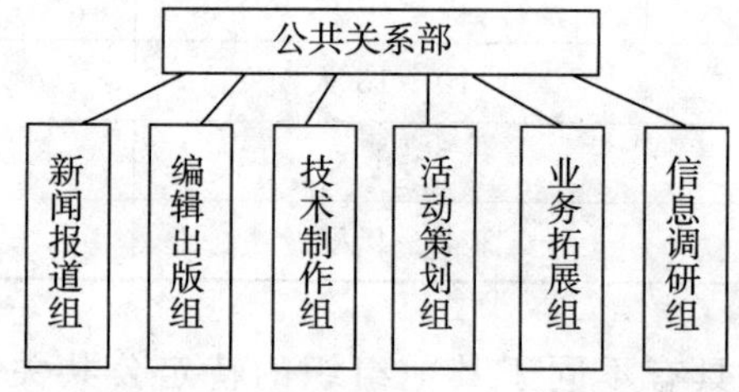

图 4－3　工作手段型公共关系部门

④ 公共关系工作区域型

即根据开展公共关系工作所涉及的空间区域设立机构。其机构模式如图4-4所示。

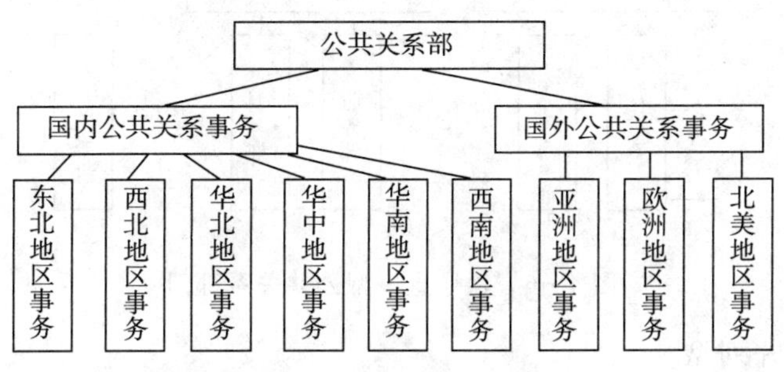

图4-4 工作区域型公共关系部门

⑤ 开展工作实际需要型

即按照开展公共关系工作的实际需要来设立机构。其机构模式如图4-5所示。

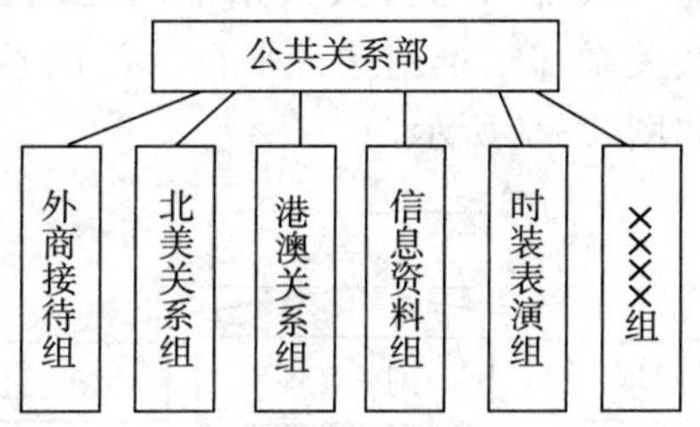

图4-5 工作需要型公共关系部门

(2)按公共关系部门的隶属关系分类

① 领导直属型

领导直属型是指公共关系部直接属于组织的最高决策层领导，通常由组织的最高负责人(一般由总经理或副总经理)担任公共关系部负责人，公共关系部成为介于最高决策层与二级职能部门之间的相对独立性机构。这种类型的特点是公共关系部门与组织的最高领导人可以直接联系，开展工作具有权威性并能够着眼于组织的各个经营环节，便于全面地、有针对性地开展工作，能够融会贯通组织的公共关系思想和政策。其机构模式如图4-6所示。

这是一种较为理想的设置模式，它使公共关系部能够较为全面地体现其自身的职能，充分地参与组织的决策，有效地协调各部门之间的关系，统筹安排组织的各项公共关系活动。

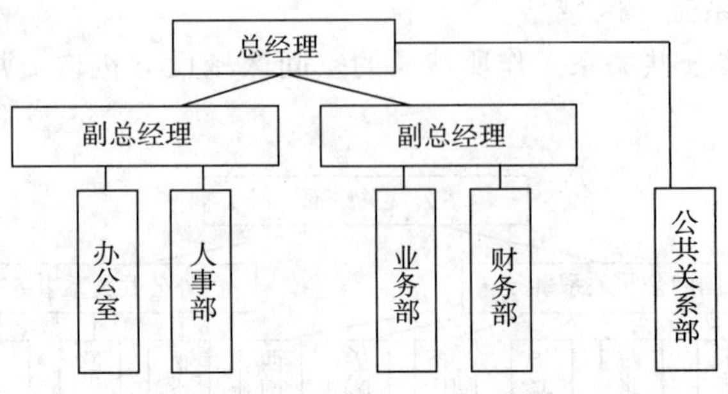

图 4-6　领导直属型公共关系部门

② 部门并列型

部门并列型是指公共关系部与组织的其他职能部门平行设置，共处于二级职能部门的位置，对组织的最高领导人负责。有时，公共关系部负责人在对外活动中全权代表本组织的最高负责人。部门并列型比部门所属型的公共关系部的地位高了一级，可以参与最高层决策，能相对独立和较为全面地开展公共关系活动。但当其他二级部门与公共关系部门之间发生矛盾需要协调时，同属于二级部门的公共关系部很难用这种平行部门的角色去开展“内求团结”的工作。其机构模式如图 4-7 所示。

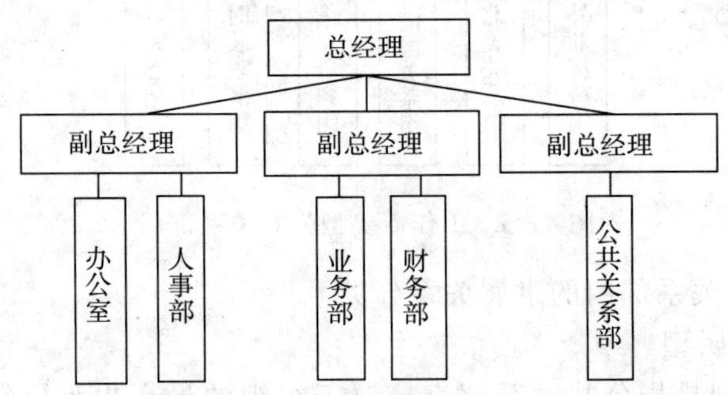

图 4-7　部门并列型公共关系部门

③ 部门所属型

作为组织的第三级机构，公共关系部门隶属于组织的某一部门，如生产经营部、广告部、推销部、行政办公室或总务部、外事接待部等。不同的归属可以体现其工作的侧重点，对中小型组织比较适用，但这种模式不能全面体现公共关系的职能。其机构模式如图 4-8 所示。

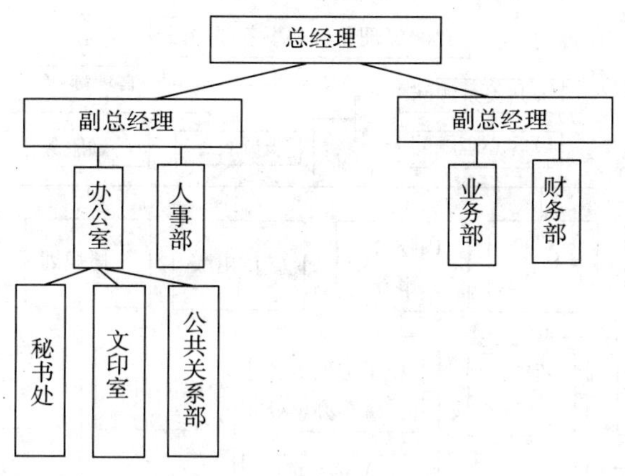

图 4－8　部门所属型公共关系部门

④ 公共关系委员会型

公共关系委员会由组织的最高负责人和各个部门的主管人员所组成。公共关系委员会的任务是统筹、指导、协调本组织的全局性公共关系工作，其下设的公共关系部门负责具体的日常公共关系工作。公共关系委员会的优点是可以使公共关系工作更具有权威性，便于公共关系部门与其他部门互相配合。其缺点是组织机构多了一个层次，成员之间的关系变得更为复杂。规模比较大的组织适合于采用公共关系委员会的机构模式。

此外，还可以根据组织的规模大小来划分。规模越大，分工越细，对公共关系人员的专业性要求就越高；规模较小，分工则粗，对公共关系人员的综合能力要求也就越高。美国第一花旗银行公共关系部和米德纸业公司公共关系部的机构设置被公共关系研究者认为比较理想，且分别为大型企业和中型企业内部公共关系部门设立的典范。其公共关系部门设置如图 4－9 和图 4－10 所示。

5. 公共关系部门的内部分工

(1) 按工作对象分工

公共关系部的内部分工主要是根据组织机构的实际需要，由组织面对的公众对象和主要职能所决定。一般可分为对内关系、对外关系和专　　业技术制作三个方面：

① 对内关系

主要负责职工关系、部门关系、干群关系、股东关系等。组织内部的公共关系是公共关系的基础，而且需要与领导部门、财务部门、人事部门、工会组织等相互配合。对内关系的主要工作是通过编制组织内部刊物、年度报告、员工调查与沟通、股东年会等活动增强员工的归宿感，调动员工的积极性，增强员

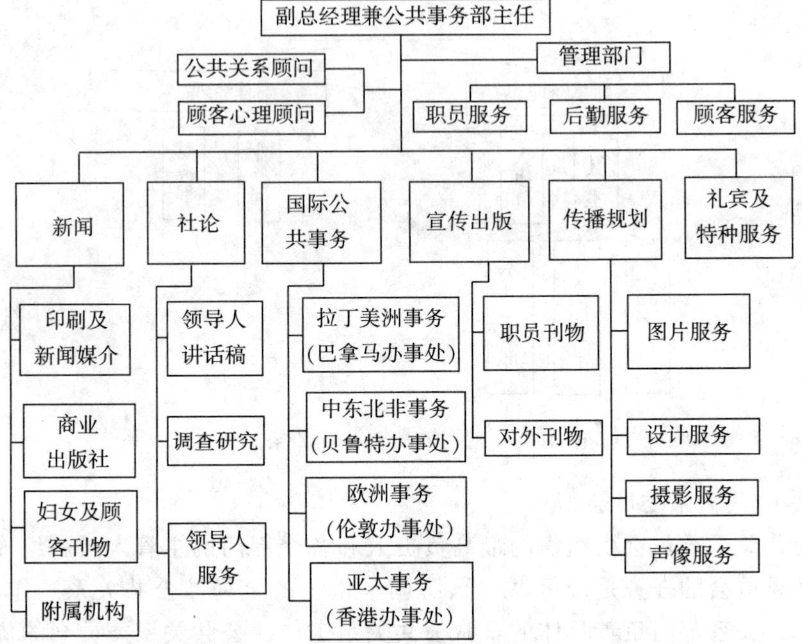

图 4－9　美国第一花旗银行公共关系部门

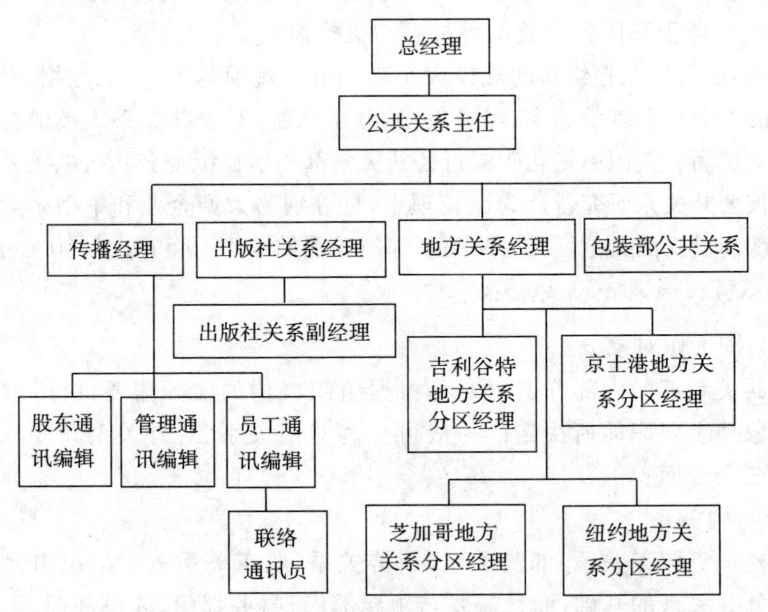

图 4－10　美国米德纸业公司公共关系部门

工的公共关系意识，创造和谐的内部环境。

② 对外关系

主要负责顾客关系、媒介关系、政府关系、社区关系等。对外关系的主要工作内容是运用新闻媒介进行传播、沟通，参与协调、洽谈工作，处理危机或突发事件等。对外关系应该设专人分类负责，以便随时与各类公众沟通联络，有利于取得相关公众的支持和谅解。

③ 专业技术制作

公共关系活动中有许多工作的专业性、技术性、操作性很强，如编辑印刷、广告制作、美术装饰、摄影照相等。公共关系部门按工作手段和专业技术进行分工，有利于保证并提高工作的质量水平。

（2）按工作内容分工

根据公共关系部所涉及的日常工作内容，对其工作人员可作以下分工：

① 编辑、撰稿人员

其主要任务是采写本单位新闻，编辑内刊、年鉴、年度报表以及撰写发言稿、演讲稿等。

② 调查分析人员

其主要任务是研究公众心理，调查公众意见，分析公众态度，制定与公众进行传播沟通的方案。

③ 策划人员

其主要任务是进行公共关系活动策划，制定公共关系活动计划。

④ 实施人员

其主要任务是实施公共关系活动计划，全面执行公共关系活动的任务。

⑤ 技术人员

如摄影师、印刷设计人员、美工设计、法律顾问等。

⑥ 领导人员

公共关系部门的领导人、管理者或决策者，一般叫做公共关系部主任，其基本职责如下：确立公共关系目标，选择公共关系工作方案；合理安排人力、物力、财力、时间以及其他有关资源；团结和组织全体成员，按原订计划和实际情况，积极主动地开展公共关系活动，完成各项任务；负责对外联络，对内协调；负责向组织领导人报告和请示工作。

除此之外，公共关系部主任还可能肩负以下特殊任务：其一，充当组织的“外交大臣”，主持各种社交活动；其二，充当组织的“发言人”，主持新闻发布会、记者招待会；其三，充当组织的“友善使者”，协助领导处理内外纠纷；其四，充当组织的“推销员”，向公众推销本组织的形象。

6. 公共关系部门的特点

组织内部设立的公共关系部门，就其开展活动的角度与公共关系公司比较，具有以下优势和不足：

（1）公共关系部门的优势

① 了解内部情况

组织内部的公共关系部门对本组织的经营状况、机构人员以及规章制度等方面的情况比较熟悉。因此，开展公共关系活动比较方便并且能够做到有的放矢，切合实际，具有较强的针对性和实用性。

② 便于协调关系

内部设立的公共关系部门与本组织具有隶属关系，受本组织上级相关部门的直接领导，能够在相关部门的指导下开展工作，便于相互协调和配合。

③ 工作成效显著

公共关系部作为组织内部的常设、专门机构，遇事能够"招之即来，来之能战"，并且具有处理公共关系问题方面的专业特长，应付突发事件效率较高，因此具有比较突出的工作成效。

④ 投入成本较低

这是与由公共关系公司来开展活动相比较而表现出来的特点，由公共关系部门开展活动便于控制经费预算和节约开支。

（2）公共关系部门的不足

① 不够客观公正

开展工作受到组织内部人际关系、群体利益、从众行为、心理定势等各方面因素的制约和影响，难以做到实事求是、客观公正。为了弥补这一缺点，组织内部的公共关系工作往往需要求助于外界专家的协助，如聘请公共关系顾问或公共关系公司。

② 易被误解

由于公共关系部门隶属于各组织，外部公众将其视为服从于组织的部分，在组织与外部公众利益发生冲突时易被公众误解。

③ 水准受限

大多数工作在组织内部开展，实践范围有限，致使公共关系部门处理各项事务的专业水平较低。

公共关系部的特殊角度是其他部门无法替代的，它使组织的公共关系工作事有专属，减轻了领导的负担，有利于发挥"整体大于部分之和"的功能效应。

二、专业的公共关系公司

1. 公共关系公司的概念

公共关系公司是指由受过专门训练、具有公共关系专长或经验的专家和各类专业人员所组成,以提供公共关系技术性和创造性劳动为工作内容并收取费用的信息型、智力型、传播型的服务性机构。

2. 公共关系公司的特征

公共关系公司诞生于20世纪初的美国,被西方人称为“现代公共关系之父”的艾维·李于1903年首创了具有公共关系公司性质的新闻顾问事务所。1920年N. W. 艾尔正式开办了公共关系公司。公共关系公司是伴随着公共关系作为一种社会职业的出现而逐渐产生和发展起来的。就目前的情况来看,公共关系公司具有以下基本特征:

(1) 社会性

公共关系公司是一个职业化的机构,不同于比较松散的公共关系社团,是一个社会经济实体。它要求有明确的组织目标,严格的组织机构,受过专业训练的专门人才,有共同遵守的规章制度,有周密的发展规划,能够向客户提供高质量、高效率的服务。

(2) 服务性

公共关系公司是服务性行业。它通过具有较高知识素质、专业素质的从业人员所掌握的知识和经验,以现代化的技术手段,为客户提供市场、形象、信誉等多功能的服务。

(3) 营利性

公共关系公司是营利性的经济组织。它以提供信息、咨询策划以及中介服务为主要经营范围,按照一定的标准取得报酬或利润。

公共关系公司与社会上的广告公司、市场调研公司、市场拓展公司既有联系,又有区别。公共关系公司、广告公司、市场调研公司的服务对象都是社会组织,但服务范围不同。公共关系公司的服务范围是提供信息咨询服务、中介服务、活动策划;广告公司的服务范围是广告创意、广告设计、广告制作、广告代理;市场调研公司的服务范围是采集市场信息、分析市场行情、调查顾客心理、营销等。

3. 公共关系公司的类型

公共关系公司是公共关系咨询公司、公共关系顾问公司、公共关系事务所、公共关系服务公司等独立的公共关系服务机构的统称。根据不同的标准可以将公共关系公司划分为不同的种类。常见的划分标准有工作性质、经营方式和人员多少。

(1) 按工作性质划分

根据工作性质的区别可将公共关系公司划分为综合性服务的公共关系公司和专门性服务的公共关系公司。

综合性服务的公共关系公司即为客户提供综合性服务,该类型公司业务范围广泛,经济实力雄厚,集中的人力齐全,能够满足各类企业的各种业务方面的服务需要。

专门性服务的公共关系公司,其服务包括三个方面内容:第一,为顾客提供公共关系专门技能服务,如为客户制订和实施公共关系计划,策划公共关系形象广告,提供厂标、商标、招牌、门面设计,制作公共关系录像片等。第二,为顾客提供单项服务,如专门为客户提供进行民意测验、形象调查、信息反馈方面的业务服务。第三,为特定行业或企业提供专项服务,如专门为工商企业筹措资金,从资金来源、形式、成本、风险、渠道等多方面,为企业提供咨询服务。

(2) 按经营方式划分

以经营方式作为划分标准,可以将公共关系公司分为中外合资、中外合作、民办、私营公共关系公司等类型。中外合资的公共关系公司往往实力雄厚,主要客户是国外企业,多从事外向型、国际性的公关策划。民间组织、社会团体主办的公共关系公司,目前分布广泛,在我国公共关系市场上占据主导地位。私营的公共关系公司一般规模较小,但经营方式灵活,已显示出旺盛的生命力,对中国公共关系职业化的发展起到了积极的促进作用。

(3) 按人员数目划分

按组成人员多少划分,有大型和小型公共关系公司的区别。据美国 20 世纪 70 年代的调查,平均为 7～25 人的公共关系公司为小型;25 人以上的为大型。至于像美国的伟达公司、纳德芬公司、海尔-诺顿公司、博雅公司拥有工作人员数百名乃至数千名,这样的公司为国际性的大型公共关系公司。

4. 公共关系公司的机构

公共关系公司的内部组织机构往往按照公司的规模和性质而设立,但就一般情况来看,公共关系公司的内部结构主要由四个部分组成:

(1) 行政部门

包括公司总经理、副总经理和一定数量的业务经理。它的主要职责是行政领导,由业务经理对外接洽业务并具体组织、制定和实施为客户服务的公共关系项目。

（2）审计部门

一般由业务经理人员、业务部门负责人及高级公共关系专家组成。职责是在公司承办的各项业务开始时或实施过程中，审查项目的可行性和监督其实施情况，并统一安排人力、物力、财力，及时为各个项目提供指导及建议，保证项目的质量。

（3）业务部门

比较大的公共关系公司都是根据公司的业务范围和专业特长来设置业务部门的，每个部门都配备一定数量的精通本部门业务的公共关系专家。

（4）其他部门

一些公共关系公司由于特殊需要可能设置相关机构，如一些大型国际公共关系公司就设有地区部门和国际部门，以提供地区性和国际性的服务。

总之，公共关系公司的内部机构根据需要而设立。大型的国际性公共关系公司机构庞大、复杂，只提供单项服务的公司或小型公司其机构无疑简单得多，其工作人员多数身兼数职。

5. 公共关系公司的业务

公共关系公司的主要业务大致分为两种类型：一种是专门提供公共关系咨询；另一种是接受客户委托，为其开展公共关系工作。具体来说，其业务内容主要有：

（1）咨询诊断

即总体的公共关系顾问咨询，如为客户进行企业或产品形象研究，做公共关系诊断，制定公共关系规划，为客户设计公众形象，为经营决策做参谋，提供专业化的公关顾问服务。

（2）联络沟通

协助客户与有关的公众或组织联络沟通，建立和维持良好关系，如与政府的关系、与社区的关系、与名流的关系等。

（3）搜集信息

为客户搜集和汇编有关的信息、情报资料，如新闻剪报、市场信息、民意测验资料，以及各种政治、经济、金融、文化、科技等社会情报。

（4）新闻代理

为客户策划新闻传播，包括为客户撰写和制作新闻稿件，选择新闻媒介，建立新闻界联系，组织新闻发布会。

（5）广告代理

为客户设计、制作公共关系广告、企业广告，做广告投资计划，做效果检测分析。

(6) 推介产品

协助客户推广产品，制造有利的市场气氛。

(7) 会议服务

为客户策划、组织大型会议，如信息交流会、经验研讨会、产品展销会、专题展览会、公众对话会等。

(8) 策划活动

为客户策划、组织各种专题公关活动，如剪彩仪式、周年庆典、联谊活动，以及与社区、文化、体育、慈善、福利等有关的大型公众活动。

(9) 礼宾服务

为客户安排、组织重要的外交活动，如贵宾和主要人物的访问参观、大型宴会等。

(10) 印刷制作

为客户设计、编制、印刷各种文字宣传资料和纪念品，如介绍性书籍、公共关系杂志、宣传画册或活页、宣传招贴、产品或服务介绍以及代表企业标志的徽记、商标、招牌、纪念品等。

(11) 音像制作

为客户制作影片、录像带、录音带等视听材料。

(12) 培训服务

举办公共关系相关传播人员的技术培训班，培训公共关系人员或特定的传播人员。

6. 公共关系公司的工作原则和收费方式

(1) 公共关系公司的工作原则

① 维护客户利益

公共关系公司应当努力完成客户委托的业务、维护其合法权益。除非客户的要求与国家利益和社会公众的利益相矛盾时，才主动放弃合作，以对社会公众和客户负责。

② 不干涉客户内务

公共关系公司在一定程度上了解客户的内部情况，甚至掌握了客户的沟通网络，但不能因此对客户施加影响，不能试图去控制客户，要用职业道德自律。

③ 不得透露客户秘密

公共关系公司由于业务需要有可能了解客户的一些秘密，合作过程中和合作结束后，都应该为客户保守秘密。

④ 不浪费客户费用

公共关系公司必须事前向客户介绍清楚自己公司的收费标准，从客户利益出发制定预算，尽可能为客户节约费用。

⑤ 不得隐瞒自己的真实客户

公共关系公司应该对社会公开自己的客户，以便社会公众进行监督，同时给客户的对手一个平等竞争的机会。

⑥ 不得在没有限制的条件下为相互竞争的两个客户同时服务

如果不加限制地同时服务于两个竞争的客户，不好处理"矛"和"盾"的关系，很容易造成误解和纠纷，损害客户利益，也有损于公共关系公司的形象。出现两个竞争的客户都来委托的情况时，可以主动将有关业务介绍给同类公共关系公司。

(2) 公共关系公司的收费方式

公共关系公司的收费方式主要有两种：第一种是服务项目收费，包括咨询服务费、顾问的行政管理费、顾问的报酬、顾问的项目开支等。第二种是服务时间收费，有时又采用项目、计时混合收费方式。计时收费一般每小时收费标准为该人员每小时基本工资的2～3倍。在我国，目前多数采用服务项目收费方式，专项咨询、专家讲学、礼仪服务等则采用服务时间收费，费用标准也因人、因地而不同。不论哪种收费方式，都应根据这几个因素来制定收费标准：第一，咨询服务人员在项目中所花的成本费；第二，执行和监督方案实施所花费的时间；第三，涵盖公共关系活动的总成本水平；第四，公共关系项目的预期效益；第五，公共关系服务市场的状况。

有时，由于客户的费用限制，同一种活动也可以有不同的收费标准。如新闻发布会，由于级别不同，所花费用差别很大；礼仪服务的费用亦如此。

7. 公共关系公司的特点

(1) 公共关系公司的优势

专业公共关系公司与组织内公共关系部比较，具有以下优势：

① 比较客观公正

公共关系公司以外部公众的身份去处理客户的公共关系问题，与客户没有直接利益关系，不受客户主观因素的影响，从而"旁观者清"，可以独立、客观、冷静、清醒地分析问题，特别是为客户处理危机公共关系时尤为突出。

② 职业水准较高

公共关系公司拥有一批专业技能高、工作经验丰富的公共关系专家，能为客户提供较高水准的专业服务。由于是"吃这碗饭"，他们的建议也容易被公众重视和采纳。

③ 信息比较灵通

公共关系公司要为大量的各类客户服务，因此占有的信息量特别大，一般

都拥有先进的信息收集与储存系统，能迅速获取政治、经济、文化、政策、法律等各种信息并提供给客户。

④ 社会联系广泛

公共关系公司与社会各界都有广泛联系，特别是与各种传播媒介关系密切，能比较方便地开展公共关系工作。

(2) 公共关系公司的不足

公共关系公司与公共关系部相比，也存在一些不足之处：

① 不熟悉客户内情

对委托客户的内部关系不能深入了解，难免提出一些不切实际或较难实施的对策。

② 难以持久稳定

由于客户是遇到问题才委托公共关系公司，公共关系公司又同时要为多家客户服务，因此对客户的公共关系工作难以“用情专一”，难以做到持久稳定。

③ 运作成本较高

公共关系公司从事业务的经费开支比本组织公共关系部自己处理公共关系事务的经费高，同时它也需要维持自己的生存和发展，因此它不可能像客户自身那样精打细算。当然，组织如能与公共关系公司长期合作，得到高水平的服务，合理利用公共关系资源，花适当费用也是值得的。

公共关系公司与公共关系部的优势与不足正好形成一种互补关系。组织开展公共关系活动时应使两者扬长避短，共创佳绩。

三、公共关系社会团体

1. 公共关系社会团体的概念

公共关系社会团体泛指从事公共关系理论研究和公共关系实践活动的非官方、非营利性的群众组织或社会团体，主要包括公共关系协会、公共关系学会、公共关系研究会、公共关系专业委员会、公共关系联谊会和公共关系俱乐部等。有的公共关系社团的成员来自不同的组织，有的公共关系社团的成员属于同一个组织。

美国是公共关系的发源地，在世界各国中它的公共关系事业也最兴旺。目前世界上最大的公共关系社会团体是“美国公共关系协会”(PRSA)，它是1948年在“美国公共关系理事会”和“全美公共关系理事协会”合并的基础上成立的，由世界著名的公共关系专家莱克斯·哈罗博士任第一届主席。这个协会拥有近百个分支机构，12000多名会员，出版有多种公共关系刊物。

欧洲最大的公共关系社会团体是1948在伦敦成立的“英国公共关系协

会”(IPR)和1959年在比利时成立的欧洲公共关系联盟(CEPR)。英国公共关系协会拥有来自50多个国家和地区的5000多名会员;欧洲公共关系联盟现有14个成员国和数百名个人会员。

成员最广泛的是1955年在英国伦敦成立的国际性公共关系社会团体——国际公共关系协会(IPRA)。其总部设在日内瓦,有56个成员国,1000多名会员,属于联合国教科文组织的B级(层次较高的)咨询服务机构。

中国内地主要的公共关系社会团体有:1987年6月成立的中国公共关系协会,1991年4月成立的中国国际公共关系协会和1995年6月成立的中国高等教育公共关系专业委员会等。

2. 公共关系社团的类型

公共关系社团有多种不同的类型,根据我国公共关系社团的现状,可概括为以下几种类型:

(1) 综合型社团

综合型社团主要指其成员来自不同地区或不同领域的公共关系协会。如中国公共关系协会,中国国际公共关系协会,北京、上海、天津、湖北、广东、武汉、南京等省市或地区性的公共关系协会。综合性社团的职能主要是服务、指导、协调、监督。

(2) 学术型社团

学术型社团主要指公共关系学会、研究会、研究所等学术性团体。这类社团通过举办理论研讨会、学术交流会的形式开展活动,以探讨基础理论、总结实践经验、分析学术动态、把握发展趋势、引导发展方向为主要活动内容。

(3) 行业型社团

行业型社团是指由来自相同行业的公共关系从业人员组成的群众组织。不同行业的公共关系工作既有相同的特点,也有不同的特点,而相同行业的公共关系工作的特点则基本相同。公共关系社团组织的行业化在国际上已经成为一种发展趋势。如1935年成立的美国公立学校公共关系协会(NSPRA)、1939年成立的美国图书馆公共关系理事会(LPRC)、1946年成立的美国妇女公共关系主管人协会(WEPR)、1952年成立的美国铁路公共关系协会(RPRA)等。目前我国的一些行业或部门也成立了类似的组织,如中国煤炭公共关系专业委员会、安徽省商业公共关系协会、浙江省新闻界公共关系学会等。行业型社团可以为公共关系事业在本行业的发展创造有利条件,是一种大有前途的公共关系社团组织形式。

(4) 联谊型社团

联谊型社团的特点是形式松散,一般没有固定的活动方式,没有严格的会

员条例，组织名称各异。如“公共关系俱乐部”、“公共关系沙龙”、“公共关系联谊会”、“PR 同学会”等。联谊型社团的主要作用是在成员之间沟通信息，联络感情，建立良好的人际关系。

(5) 媒介型社团

媒介型社团是通过创办报纸、刊物等传播媒介，并以此为依托组建起来的公共关系社团。这类社团可以直接利用媒介，以探讨公共关系理论，普及公共关系知识，交流公共关系经验，传播公共关系信息为主要活动内容。

3. 公共关系社团的特征

公共关系社团作为非营利性的群众组织或团体，它具有以下主要特征：

(1) 组成人员的多样性

公共关系社团的组织成员，可能来自不同地区、不同领域，从事不同职业、不同工作。成员分布具有广泛性，成员构成具有多样性，成员素质具有差异性。

(2)组织结构的松散性

公共关系社团作为群众组织，与企业、事业单位等实体组织相比其结构比较松散，它与其他组织之间没有明确的隶属关系，组织内部的机构设置比较灵活，组织成员参与组织活动比较自由。

(3) 工作内容的服务性

为社会服务、为其成员服务是公共关系社团的宗旨。公共关系社团只有通过提供及时、实用、优质、高效的服务，才能具有存在的价值。服务的质量决定其是否具有生命力。

4. 公共关系社团的工作内容

公共关系社团的工作内容大致包括以下几项：

(1) 联络会员

社团与成员之间建立经常性的联系，把社团办成“会员之家”。同时与其他公共关系社团建立横向联系，形成同业网络系统。

(2) 制定准则

制定、宣传公共关系从业人员的职业道德和行为准则并检查执行情况是社团的一项基本工作。这也是衡量公共关系社团正规化程度的重要标准。

(3) 专业培训

专业培训是公共关系社团的一项经常性工作。有的公共关系社团本身就是一所培训学校。例如，英国公共关系协会经常举办 CAM 证书和文凭两个层次的考核。

(4) 普及知识

公共关系社团有义务向社会公众宣传和介绍公共关系的基本知识，并且有义务为会员和公众提供学习或深造的机会。

（5）编印书刊

公共关系社团应该积极组织会员编辑出版公共关系方面的书籍、报刊以及其他相关资料。

本章小结

广义的公共关系是各种类型的社会组织。社会组织是指人们为了合理、有效地达到自己的目标，而有计划、有条理地建立起来的一种社会机构。社会组织具有一定的组织成员、组织章程(制度)、组织机构以及物质技术条件。社会组织的种类繁多，但不管何种组织，都处于社会大系统之中，其生存和发展毫无例外地受到社会公众体系的制约和影响。公共关系正是以本组织为主体，从维护公众利益出发，协调与公众的关系，塑造良好的形象。

狭义的公共关系主体是指公共关系机构与公共关系人员，即执行公共关系职能的部门和工作人员，专业从事公共关系工作，开展公共关系活动，为不同的组织树立形象、创造和谐的生存和发展环境。

复习思考题

1. 公共关系的主体是谁？
2. 社会组织的特征是什么？如何分类？
3. 公共关系部门的类型主要有哪些？
4. 公共关系部门、专业的公共关系公司和公共关系社会团体各自的优点、缺点分别是什么？
5. 公共关系部门有哪些模式？

第五章　公共关系客体

【学习目的与要求】

通过本章学习，掌握公众的概念、公众的特征、公众的类型；懂得如何进行公众心理分析和心理沟通以及如何分析组织的目标公众的方法。

【开篇案例】

南京冠生园重出江湖

据《鲁中晨报》2005年5月17日报道，因4年前的"陈馅事件"而一蹶不振、进而宣告破产的南京冠生园，最近又将重出"江湖"。在南京的多处闹市地段，冠生园将陆续开出12家南京冠生园食品门店，7月份正式营业以后，将会有50家冠生园门店遍布南京的大街小巷。

但离开市场4年的南京冠生园能否重获消费者的"芳心"？记者认为，要让"顾客买账"，重要的还是要拿出百倍的认真和诚信来，能够表里如一，能够名实相符。更要防止一种"大哥情怀"，即不能迷恋于以往的业绩和旧时的风光，而要放稳心态，敢于从头再来。

品牌价值是无形的，更是不可估量的，"海尔"的品牌价值就超过海尔集团资产总值好几倍。要树一个品牌不是件容易的事，百年老店更是百年辛苦耕耘历史的积淀。要让老树发新芽，诚信求实、视质量如生命的宗旨不可少，针对目标公众的公关宣传意识更不能或缺！它关系着冠生园能否再次成功踏入"江湖"。

公共关系也称公众关系，因公共关系的工作对象即公共关系客体就是公众。公共关系的实际内容就是用各种不同的方法，维持一个组织与社会公众之间的良好关系。因此，要开展好公共关系工作，就必须对公共关系的对象——社会公众的含义、特征、类别等作充分的了解与研究。本章将主要论述公众及其特点、分类，公众的心理以及目标公众的选择。

第一节 公众及其分类

一、公众的概念

公众(public)是公共关系学的一个基本概念,正确地理解公众的含义对于把握公共关系的真谛意义重大。

公共关系中的公众与我们通常所理解的大众、群众的概念不同,它是指与某一特定的组织机构即公共关系主体相互联系、相互作用的,所处地位相似或相同,有着共同目的、共同利益、共同问题、共同兴趣、共同意识或共同文化心理等"合群意识"的社会个人、组织或群体的总和,是公共关系对象的总称。对特定的公共关系主体即某一组织的目标和发展而言,公众具有现实或潜在的利益关系或影响力和制约力;同时,该特定组织的政策、目标和发展对其公众也具有现实或潜在的利益关系或影响力和制约力。

二、公众的特征

公众构成组织的环境,公众环境是指组织运行过程中必须面对的社会关系和社会舆论的总和。任何组织的生存和发展都离不开一定的公众环境,但公众又是可变的。因此,公共关系工作者必须努力把握公众的特征,处理好与公众环境的关系,促进组织目标的实现。我们可以根据公众的下列特征,来进一步理解公众的内涵。

1. 同质性

公众的内部不是毫不相干、一盘散沙的,而是具有某种共同的目的、或共同的意识、或共同的利益、或共同的文化心理、或共同的愿望、或共同关心的问题的群体。通过利益的互动关系,该组织和公众紧密地联系起来,使一群人或一些团体与组织具有相同或类似的态度与行为,从而构成组织所面临的一类公众。因此,对一个组织而言,了解和分析自己的公众,必须了解和分析其内在的共同性质,找出其内在联系,这样才有可能在纷繁复杂的公众环境中区分出不同的对象来。

2. 广泛性

首先,每个组织不管其性质、特点、规模、实力以及功能有何不同,都无法孤立地存在,都必须因面临共同问题而与其他组织发生联系,相互影响、相互作用,因此自觉或不自觉地成为其他组织即公共关系主体的公众。其次,任何个人,无论他的年龄、性别、种族、国籍、地位、职业有什么区别,只要在某一共同问题上与某一组织产生相互联系、相互影响和相互作用,他就是这一组织的公众。再次,作为公共关系主体的社会组织为了生存和发展,在运行过程中必然存在着对组织的内部成员和外部公众产生影响和作用的各种问题,必须与各种各样的服务对象建立关系。由此可见,任何个人、群体或组织都会因为这样或那样的问题而与某个社会组织发生联系,成为其公众对象。

3. 整体性

整体性是针对作为社会关系和社会舆论总和的公众环境而言的。公众不是单一的群体,而是与某一组织运行有关的整体环境。这些社会关系和公众舆论范围很广,涉及组织内部和外部、社会方方面面,而且相互关联,构成复杂。公关工作不可以只关注公众环境中的某一部分,而忽视其他公众。对任何一种特定对象的忽视,都可能不同程度地影响整体公众环境的质量,甚至导致公众环境的恶化,从而影响组织的正常生存和发展。因此,必须用整体性的观点来对待组织的公众环境、将其视为一个有机系统,注意组织与它之间的整体平衡与协调。

4. 多样性

任何一个组织所面对的公众均不是单一的,而是由社会各方面公众所组成的复杂多样的群体环境。对于一个特定的组织来说,其具体的公众对象可以是个人、群体,还可以是团体或组织。其日常的公共关系工作对象,包括多种多样的个人关系、群体关系、团体关系、组织关系等等。对于一类特定的公众对象而言,其存在形式也是多种多样的。如顾客关系,既可以表现为松散的个体,还可以是特殊的利益团体,也可以是一个严密的组织,如此等等。“公众”具体形式的多样性,决定了公共关系沟通方式和传播媒介的多样性,认识公众就必须认识公众的具体存在方式。

5. 相关性

公众不是抽象的,而是具体的,与某一特定的组织利益相关,是相对于一定的公共关系行为主体而存在的。这种相关性主要体现在两个方面:其一是公众总是与一定的公共关系主体对应存在,即公众的观点、态度和行为对该主体具有实际或潜在的影响力和制约力;同样,该主体的决策和行为也对公众具有实际或潜在的影响力和制约力。这种相关性是组织与公众形成公共关系的关键。其二是本不相关的组织、群体和个人,因为某一组织所造成的共同问题而成为该组织的公众。这样就在该组织与其公众之间形成了一种相连关系。寻找并确定公众的重要环节就是寻找这种相关性,并对其进行具体分析、研究,才能确定准确的公关目标。

6. 变化性

公众不是封闭僵化、一成不变的对象，而是一个开放的动态系统，随着时间的推移以及组织与公众的目标、需要等主客观条件的变化而变化。这种变化表现在两个方面：一是公众与组织的联系程度的不断变化；二是公众成分在不断变化。由于人们的需求随着社会的进步、科技的发展、生活水平的提高而不断向高层次发展，与之相关的公共关系活动也必然处于动态的变化之中。公众环境的变化，必将导致公共关系工作目标、方针、策略、手段的变化；反过来，组织自身的变化也会导致公众环境的变化。如组织的政策、行为、产品的变化，使公众的意见、评价、态度或行为发生相应的变化，这种变化和结果又可能倒过来对组织产生影响、制约作用。组织与其公众联系的动态变化给公关活动的开展增加了难度，这就要求我们用辩证发展的眼光来认识公众。

7. 层次性

首先，公众的构成具有不同层次。公众包括个人、群体和组织，也就是说，公众可以是个体，可以是团体，也可以是社会单位或部门。其次，公众具有不同的需求层次。作为公众的个人、群体或组织，其性质和作用各不相同。虽然它们面临着某一共同问题，但对于解决这一共同问题的利益追求和价值取向是不一样的，即目的和需求不同。最后，公众具有不同的联系方式，即公众与公共关系主体的联系方式各不相同。

8. 文化性

人区别于动物的重要标志就在于社会性，而社会性的主要内容就是文化性。人在生活历程中，一直接受着文化的教育和熏陶，所以人不仅拥有相对体系化的文化准则，而且养成了文化性心态。文化成为人们理解事物、判断事物的基本准则。公众的文化性特点，要求公共关系活动不仅要适应公众的文化体系，满足公众的文化需要，而且要善于进行文化包装和文化导向，代表先进文化的前进方向，唱响优秀文化主旋律，以便有效地影响公众的文化性心态，提高公共关系活动的文化品位。

9. 心理性

公众都是有心态、有情绪、有情感生活的人，其心理状态经常影响公众的判断与行为，使之表现出强烈的心理色彩。公众心理是公众社会经历、需要、动机、态度、情感、兴趣、个性的综合反映，从根本上支配着公众的行为。良好、愉快的心理状态，可以促使公众采取合作、友善的行为；而愤怒的心理状态，即使社会组织与引发愤怒心态的因素无关，公众也很难给予合作和支持。从某种意义上讲，公众的行为举止都是心理思维外化的结果。公众的心理性特点，

要求我们策划公共关系活动时,必须着眼于公众的心理活动过程。公共关系工作就是要争取公众的认知,联络公众的感情,改变公众的印象,促发公众的行为。这对于公众而言,实质上是一个前后衔接、上下贯通的心理活动过程。

三、公众的分类及其意义

一个组织赖以生存和发展的基础是各种不同类型的公众。对公众进行分类,可以便于掌握公众的特点、需求、变化规律等,这是制定公共关系活动计划、实现公共关系目标的必要前提。对公众进行划分可以根据不同的需要,采用不同的标准。以下介绍的是常用的划分方法以及各类公众的特点。

1. 公众的分类

(1) 公众的横向分类

① 按公众与组织的关系划分

按照公众与组织有无归属关系,可以将公众分为两大类:内部公众与外部公众。

a. 内部公众

内部公众是指归属于本组织的内部成员,主要指组织内部的员工,如一家工厂中的工人、干部、技术人员、股东、董事都是其内部公众。内部公众是组织的构成部分,与组织具有最直接、最密切的利益关系,是实现"内求团结"目标需要协调的重要对象。

针对内部公众开展公共关系活动,主要是为了增强成员的凝聚力和向心力,提高员工满意度。美国学者调查发现,员工满意度提高 5%,能连带提升 1.3%的顾客满意度,并使企业效益提高 0.5%。

b. 外部公众

外部公众是指与作为公共关系主体的社会组织不具有隶属关系的其他组织、群体或个人,如新闻媒介、政府机构、社区居民、服务对象、竞争对手、合作伙伴、社会名流等。外部公众是实现"外求发展"目标需要协调的重要对象。

② 按公众对组织的态度划分

根据公众对组织的态度,可将公众划分为顺意公众、逆意公众、独立公众三种。

a. 顺意公众

顺意公众是指对一个组织奉行的政策和采取的行为持赞赏、支持、合作态度的公众。协调并改善与顺意公众的关系,保持和扩大顺意公众的数量,是公共关系工作的重要内容。

b. 逆意公众

逆意公众也叫做反对公众，是指对组织奉行的政策或采取的行为持反对态度的公众。逆意公众的形成通常有两种原因：一种是在利益上与组织发生了冲突；另一种是对组织的政策或行为产生了误解。转化逆意公众的态度也是一项重要的公共关系工作。

c. 独立公众

独立公众也叫做中立公众或不确定公众，是指对组织奉行的政策和采取的行为持中立态度、或尚未明确表示态度的公众。独立公众是组织需要争取的重要对象。

扩大顺意公众的数量，转化逆意公众的态度，努力争取独立公众，都是开展公共关系活动的具体任务。

③ 按组织对公众的态度划分

根据组织对公众的态度，可以将公众分为受欢迎的公众、不受欢迎的公众和被追求的公众。

a. 受欢迎的公众

受欢迎的公众是指那些主动接近组织、支持组织、对组织有浓厚兴趣，而组织对他们也很感兴趣并十分重视的公众。形象地说，就是指那些与组织两相情愿的公众，如股东、赞助者、捐赠者等。这类公众和组织间相互感兴趣，相互重视，关系密切。

b. 不受欢迎的公众

不受欢迎的公众是指那些为了达到自己的既定目的来接近和讨好组织、却有可能损害组织利益的公众，也可以说，是指那些对组织一相情愿地追求而组织又力图回避的公众。如某些挖空心思索取赞助、有意向组织提出无理要求的团体和个人，便是不受组织欢迎的公众。

c. 被追求的公众

被追求的公众是指那些对所有组织的生存和发展都具有重要作用、需要组织主动接近并与其建立良好关系的公众，也可以说是指组织对其一相情愿的公众。如新闻媒介、政府部门，对任何组织都具有重要影响，但新闻媒介和政府部门却不一定对任何组织都感兴趣。如果组织需要赢得这些公众的好感，那么，就应该通过开展公共关系活动主动与其建立和改善关系。

④ 按公众的重要程度划分

根据公众对组织的重要程度，可以将公众分为首要公众、次要公众和边缘公众。

a. 首要公众

首要公众是指对一个组织的生存和发展具有重要影响力或决定性作用的公众。这类公众一般对组织信誉、形象的好坏和各项工作的成败具有举足轻重的影响作用。所有组织的员工和股东、商店的顾客、宾馆的旅客、铁路的乘客、报纸的读者、演出的观众、学校的学生等都是相关主体的首要公众。首要公众是组织生存和发展的基础,作为主体的组织应该投入最多的人力和物力来协调、维持和改善同这类公众的关系。

b. 次要公众

次要公众是指对一个组织的生存和发展虽然具有一定的影响、但这种影响尚不具有决定性作用的公众。如社区公众、新闻界公众等。

c. 边缘公众

边缘公众是指与组织有一定的联系、但不影响组织的生存与发展的公众。也可以说,边缘公众是在同一组织的各类公众中重要性最小的那类公众。例如同行业的其他组织与本组织某些次要部门有关系的机构或单位。

对于一个组织来说,它的首要公众、次要公众和边缘公众只是相对而言的。公众处在不断地发展变化之中,因此,在不同的条件下和不同的时期内,这三类公众可以互相转化。也就是说,一个组织在不同的时期,面对不同的问题,具有不同的首要公众,组织的公共关系人员应该根据组织的具体需要和形势发展变化来确定公共关系的重点对象——首要公众。

⑤ 按公众的稳定性程度划分

根据某类公众的稳定性程度可将公众划分为流散性公众、临时性公众、周期性公众和稳定性公众四种类型。

a. 流散性公众

这是非组织公众中稳定性最差的一类公众,如某一城市流动人口中的外地出差者、探亲访友者、旅游观光者等。

b. 临时性公众

这是由于临时性的问题或事件聚集起来的一类公众,也叫做聚散性公众。如展销会、运动会、研讨会的参加者,某次列车的乘客、某个商场的顾客、某个节目的观众等。

c. 周期性公众

这是指有规律性地聚集和分散的公众,又称规律性公众。这类公众的形成一般与季节、假期、节庆相关。如交通部门春运期间的乘客、旅游景点黄金周的游客、清明节的扫墓者等。

d. 稳定性公众

这是指与组织有长期的业务、隶属关系或经常发生联系的公众。这类公众的形成一般与隶属、邻近、同业、兴趣、习惯等因素相关。如,在一般情况下,辖区内的民众就是当地政府的稳定性公众;所在地附近的企业、学校、医院、政府、驻军及其内部成员就是该组织的稳定性公众;产品加工厂家是原料生产厂家的稳定性公众;患有某种特殊病症经常到某医院体检、看病的人便是该医院的稳定性公众;长期使用"中华"牙膏的人,便是中华牙膏生产厂家的稳定性公众。

⑥ 按公众扮演的社会角色划分

按公众扮演的社会角色,公众分为社区公众、政府公众、顾客公众、媒介公众和国际公众等。

a. 社区公众

社区公众就是社会组织所在区域内的公众,包括附近的居民、民间机构和其他社会组织,具有"准自家人"的特点。俗话说,远亲不如近邻,搞好社区公众关系对于社会组织来说具有特殊意义。社区公共关系的目的主要是争取社区公众的支持,塑造良好的社区形象。

b. 政府公众

政府公众是指各级政府机构及其工作人员(主要是公务员)。政府拥有制定社会管理政策的权力,是各种外部公众中最具有权威性的公众。争取政府公众的支持、谋取良好的政策环境是企业开展政府公共关系活动的基本意图。

c. 顾客公众

顾客公众是指购买、消费企业提供的物质商品、精神商品和服务业务的公众,与企业的利益关系最明显。企业的生命线是顾客公众,企业如果拥有广泛的顾客公众,就意味着拥有巨大的市场。因此顾客公众成为企业外部公共关系最重要的工作对象。搞好顾客关系的目标就是在顾客心目中塑造良好的企业形象,提高知名度、美誉度和认可度,引导顾客反复购买商品,并主动向其他顾客进行宣传。

d. 媒介公众

媒介公众是指新闻传播机构、新闻业务工作人员、报社、电视台、电台、网站和记者、编辑等。媒介公众具有双重性,既是公共关系工作的客体,同时又是传播企业信息、影响其他公众的主体。媒介公众拥有大众传播媒介,是公共关系的重要对象。尤其是社会组织遭遇危机事件时,媒介公众一般都是目标公众。搞好媒介公众关系的目的是争取新闻媒介给予正面报道、反复报道,借助大众传播媒介扩大企业的影响。

e. 国际公众

国际公众是企业的产品、人员进入国际市场后所面临的公众。加入 WTO 后，我国企业将大量参与国际市场竞争，面临的国际公众将越来越多。从国际市场看，发达国家的公众自然是我国企业的首要国际公众，但是第三世界国家的公众也是我国企业的国际公众。策划国际公共关系活动，开展国际市场经营，应该特别考虑目标市场国的经济发展水平问题。国际公众的经济差距太大，而文化特性更是不同。面对不同的国际公众进行策划时，应该高度重视跨文化传播理论。根据市场目标国的经济水平和文化特性，搞好国际公共关系活动，塑造我国企业良好的国际形象，已成为新世纪需要探讨的新问题。

(2) 公众的纵向分类

① 按公众发展的过程划分

这种划分方法是以公众的态度、行为的发展变化为标准的。美国公共关系学研究人员格鲁尼格和亨特按照一般公众的发展过程，把公众分为非公众、潜在公众、知晓公众和行动公众四类。

a. 非公众

非公众是指在特定的社会环境中或时空条件下，某些既不受组织行为的影响、也不对组织产生任何后果的社会成员。例如，在一般条件下，摩托车商店可以将七八十岁的老年人看做是自己的非公众。把“非公众”排除在组织的公共关系工作范围之外，有利于减少工作的盲目性，增强针对性。

b. 潜在公众

潜在公众是指那些已经面临由组织行为引起的共同问题、但他们自己尚未意识或觉察到这一问题存在的公众。如：一家洗衣机厂由于质量管理不严，在一段时间内生产了1万台导水管质量存在问题的洗衣机，但等到发现问题时，1万台洗衣机早已上市卖完。这批当时从表面上看来质量合格的洗衣机，在几个月后将会出现导水管开裂的现象。这1万台洗衣机的买主已经面临“导水管将在几个月后开裂”的共同问题，但他们暂时还不知道，这1万名买主便成了该洗衣机厂的潜在公众。由于潜在公众暂时尚未意识到问题的存在，因此，在一个时期内，他们不会采取任何行动，也不会对组织构成威胁。但一旦问题显现，他们就会改变态度。作为公共关系主体，明智的做法是知道哪些人是潜在公众并着手开展有针对性的工作。

c. 知晓公众

知晓公众是由潜在公众发展而来的。知晓公众是指那些不仅面临着共同问题、而且本身也意识到问题存在的公众。知晓公众一旦形成，一般会急切地了解问题的真相、原因和解决办法。仍以上述洗衣机厂为例，如果该厂在潜在公众形成时抱着某种侥幸心理，并未开展挽回影响的公共关系活动，那么，现在面对着 1 万名买主形成的知晓公众，则应该迅速采取有效措施，妥善解决问题。否则，知晓公众进一步发展，可能会引起更为严重的后果。

d. 行动公众

行动公众是由知晓公众发展而来的。行动公众是指那些不仅意识到了问题的存在、而且准备或者已经采取某种行动以求解决问题的公众。仍以上述洗衣机厂为例，如果该厂公共关系部门对已经形成的知晓公众无动于衷，那么，有的买主就可能会拿着已经破裂的导水管找到工厂或商店要求解决问题，甚至指责或宣扬该洗衣机厂不讲信誉。该厂的信誉和形象就可能受到不良影响，社会效益、经济效益就可能遭受损失。

总之，从非公众到行动公众是由组织行为引起的公众态度、行为连续发展的过程，这个发展过程如图 5-1 所示。

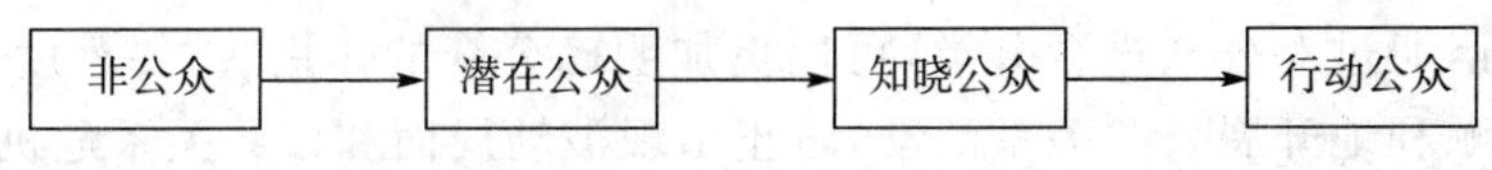

图 5-1　非公众行为公众的发展过程

公众的类型不同，公共关系的基本对策也不相同。对于企业来说，一般无须针对非公众策划公共关系活动。针对潜在公众，企业应该策划、组织宣传品牌形象、提高知名度的公共关系活动，引导潜在公众向知晓公众发展。针对知晓公众，企业需要策划和组织宣传商品信息、提高美誉度及认可度的公共关系活动，如售前服务、促销，引导它们发展成为行动公众。针对行动公众，企业应该策划、组织巩固美誉度的服务型公共关系活动，包括售中服务和售后服务，提高公众的品牌忠诚度。

② 按其成为公众的时间划分

根据这一标准可将公众分为未来公众与现时公众两类。

a. 未来公众

未来公众是指即将与组织发生或建立关系的公众。如幼儿园的小朋友是小学的未来公众；小学生是初级中学的未来公众；在一种新产品尚未上市时，这种新产品未来的使用者就是该产品生产厂家的未来公众。

b. 现时公众

现时公众是指目前已经或正在与组织发生并建立关系的公众。如已经被录取并入学报到的学生，正在乘坐某次列车的乘客，正在接受某项服务的顾客。现时公众中既包括稳定公众也包括临时公众。

这种分类以公众具有变化性的特点作为基础。对公众进行此种划分，有利于公共关系人员根据公众的发展变化情况，分别制定具有针对性的活动计

划，开展富有成效的公共关系活动。

2. 对公众进行划分的意义

针对不同的目的，可以根据不同的标准对公众进行多种划分。从总体来说，对公众进行划分具有以下意义：

第一，确定公众的数量和范围、公众与组织的相关程度以及关系的密切程度，以便制定科学的公共关系活动计划或活动方案。

第二，深入细致地了解、熟悉各类公众，掌握公众的共同利益和特殊利益，有利于通过公共关系活动控制组织的公共关系状态。

第三，便于通过某种特定类型的公众，搜集与利用具有实际价值的公众信息，有选择、有重点地开展公共关系工作。

第四，通过分类，对公众进行深入分析，可以做到知己知彼，通过现时预测未来，以便确定组织公共关系工作的首要任务或主攻方向。

第五，通过对公众进行分类，可以更加明确公众的作用、重要程度、利害关系，以便顺利地开展公共关系活动，防止出现被动局面和公共关系危机。

总之，对公众进行划分是开展公共关系活动的前提条件。只有通过对公众进行划分，才能认清不同公众的特点，从而制定出目标明确、针对性强的活动计划，使公共关系工作成效显著，取得良好的预期效果。

第二节　公众的心理

在公共关系活动中，组织与公众在双向沟通与交流中相互作用、相互影响。公众的舆论和意向左右着组织，使组织不断完善自己的形象；组织则不但要辨认自己的公众，而且要塑造公众。要做到这一点，组织的公共关系工作人员就必须进行公众心理分析，了解和掌握公众的心理需求和心理活动，预测公众的行为趋向，从而使组织的公共关系实务工作有的放矢，充分发挥组织影响公众的积极作用。

一、现代公众的心理特征

早在19世纪末，法国的社会学家加布里尔·塔德就对公众心理现象进行了研究。他在《舆论与大众》(1901)一书中曾对当时的由印刷、铁路、电信这三大发明互为补充的结合而产生的新闻威力及其对公众的影响作了专门的论述。后来塔德与法国另一位社会学家黎朋专门研究了模仿和暗示这类社会心理现象。他们意识到尽管通过直接接触交往的群众更易受到相互间的模仿与暗示的影响，但公众凭借传播媒介会使模仿与暗示的范围更广。应该说，这类研究已开始触及现代社会的流行与时尚这一独特的公众心理现象。20 世纪 30 年代，由于世界经济的萧条和社会生活的动荡不安，许多社会心理学家开始关注公众舆论（民意）、恐慌、流言等特殊的舆论形式。

随着现代社会生产力的高度发展，物质产品和精神文化产品越来越丰富，使人类各种需求的满足成为可能，由此也使人与物的关系日益带有临时性。这种社会环境中的公众已然不同于传统社会的公众，他们表现出鲜明的现代心理特征。

1. 变迁性

公众的变迁性不但表现在公众的构成上，更主要地表现在其心理状态上。心理的变迁性亦称为不确定性，是现代社会飞速发展、人们生活动荡不定的反映，也是每一个个体或群体在社会生活中角色变化的结果。首先，从公众群体角度而言，心理变迁性最突出地表现为时尚的大规模交替出现，如流行的观点、流行的服饰、流行的歌曲和言论乃至流行的婚姻模式等。这种时尚现象的增多反映了公众心理的变迁。同时，每一种时尚自身存在时间的不断缩短也从另一方面说明了这种心理变迁的迅速。其次，从公众个体角度而言，由于现代社会生活日趋纷繁复杂，个体社会角色也日趋多样化，这也增强了个体心理的变迁性，主要体现在个体角色行为的紧张冲突上。比如有的人在买书时，希望书籍的价格能尽量低一些，而当为自己所写的书定价时，又希望将价格定得稍高一些，这种作者（销售者）与消费者的角色行为冲突，就是个体心理变迁的一种表现。

2. 趋同性

首先，由于现代社会的高度发展，人们的社会流动日趋频繁，信息传播速率不断加快，国家行政权力日益强化，公民现代民主意识不断增强，从而使现代公众经常面临着共同的社会事件。而为了应付这些共同的社会事件，现代公众必然会形成共同的心态，并采取基本一致的反应方式。这是现代公众心理趋同性的一个来源。其次，公众心理趋同性的另一个重要来源在于现代社会生活本身的标准化和同质化。随着社会化大生产的发展，社会分工越来越细，大规模的生产流水线生产出大量标准的社会物质财富，在满足人们各种社会需求的同时，也使其需求相对趋同化。发达的大众传播媒介使世界变成了一个“地球村”，人们有可能超越社区、民族甚至国家的差异和界限，形成相同或相似的欲望和社会价值观念。

3. 从众性

从心理学的角度来看，从众是群体压力的产物。群体压力不一定都具有强制执行的性质,但使个体在心理上很难违抗。当个体面临众多的选择无所适从时,为求得心理平衡,通过比较,最好的办法是模仿大多数;当处于群体规范之中,个体若独自行事便有被人视为“不合群”的可能。因此,为了保持和群体多数人的正常关系,个体往往放弃自己的意见和想法,采取“顺从”或“从众”行为。这时,个体表现出的言行同个体单独自主活动时所表现出的言行是不同的。虽说这种反应是群体压力的产物、但也是个体适应环境、减轻压力、满足某种需要的方式。

二、公众心理形成的三种机制

在现代社会,公众所具有的共同的社会心态主要表现为观念、行为和情绪,这三种心态主要是社会生活中由信息传播而发生于公众间的暗示、模仿和感染所形成的。暗示、模仿、感染是人际影响的重要方式,是公众心理形成的主要机制。暗示是观点、意见的传播,模仿主要是行为的传播,感染则是情绪的传递。

1. 暗示

(1) 暗示的概念

暗示是在无对抗的条件下,通过语言、行为、表情或某种符号,对公众的心理和行为发生影响,使其接受暗示者的某一观点、意见,或按暗示的一定方式活动。暗示只要求受暗示者接受现在的信息,并以无批判的接受为基础;在许多情况下,暗示采用比较含蓄、间接的方式;暗示只能触动公众简单的思想和行为,对于深刻的思想、复杂的道理如信念、价值观等,暗示对公众就无能为力了;暗示可以以语言的、行动的、表情的方式影响公众,也可以是某种符号,如商店中的时装模特,对于看到它的公众而言就是符号暗示。

(2) 暗示的类型

暗示一般有他人暗示与自我暗示两种。自我暗示是指受暗示者依靠自己的思想、语言等向自己发出刺激,从而影响自己心理或行为的过程。组织对公众的暗示为他人暗示。他人暗示又可具体划分为以下三种:

① 直接暗示。直接暗示是指有意识地向公众发出刺激,使之迅速地无须思索地接受。这种暗示传播的信息迅速,不易产生误解,如“望梅止渴”。

② 间接暗示。间接暗示是指向公众发出刺激,使之接受,但是又不显露动机,或者不明确指明意义,需要公众从事物和行为本身来了解。间接暗示发出的信息比较含蓄,一旦被公众接受,产生的体验却比较深刻。

③ 反暗示。反暗示是指发出刺激后,却引起公众性质相反的反应,无论这种刺激是直接的还是间接的,都可能引起这样的结果。“激将法”是一种有

意的反暗示，而“此地无银三百两”则是一种无意的反暗示。

（3）针对暗示的公关策略

通过对暗示进行心理分析，我们可以得出以下结论：在一般情况下，暗示者是主动的、自觉的，而受暗示的公众相对而言是被动的。暗示者使受暗示公众按照他所期望的方向行动，从而达到引导和操纵对方的目的；暗示者具有一定的社会地位、一定的学识专长，甚至一定的年龄等，往往会产生较好的暗示效果；公众在情况不明时，或在困难和焦虑时，最容易接受暗示；年龄较小、独立性差或身体衰弱的公众群体也比较容易接受暗示。

对于一个组织而言，了解并掌握公众心理形成的暗示机制，可以使组织更好地开展公关实务工作。在公众与组织的双向交流和沟通过程中，组织应该依据不同的公众类型接受暗示程度的不同特点，自觉地创设一定的暗示环境，运用直接、间接的暗示方式，甚至利用反暗示，就能在一定程度上左右公众的观念，并由此控制公众的行为和活动。当然，我们坚决反对为了达到不可告人的目的，而将暗示作为左右甚至玩弄公众的一种手段。

2. 模仿

（1）模仿的概念

模仿也是公众心理形成的一种基本机制，它是指在没有外界控制的条件下，个体受他人行为的刺激影响，仿照他人的行为，使自己的行为与之相同或相似。模仿是普遍存在的一种社会现象，从个体对他人的无意识的动作到衣、食、住、行，到对他人的风度、性格、工作方法、生活方式，乃至于对整个社会生活有关的风俗、习惯、礼节、时尚等等，都存在着模仿。

（2）模仿的特点

模仿主要是一种行为的传播，它具有下列特点：一是模仿者模仿他人的行为总是他自己所倾向的、所希望达到目的的行为，最低限度是对自己无害的。公众模仿了这种行为，一般能使自己适应环境、得到好处或是产生满足感。二是模仿只能是对于外显行为的模仿，而不能模仿他人的内隐心理。所谓模仿他人的气质、性格，也是公众通过模仿他人的一系列行为，而体现出一个人所具有的性格爱好等个性心理特征。三是模仿达到内在的更深层次时，就表现为认同，此时被模仿的对象已被抽象化。四是在模仿过程中，作为模仿者的公众是主动的，在许多场合下是有意识的、自觉的，并且不受外界其他人的控制。与模仿者相比较，被模仿者一般是被动的、无意的，但是模仿一般存在着无意识的模仿和有意识的模仿两种。无意识的模仿是指公众不考虑行为的原因和意义，在不知不觉中仿照别人的样子。有意识的模仿是指公众自觉地仿照他人的样子，有期望、有动机，存在着一定的理性，这也是组织公共关系工作所要

达到的效果之一。

(3) 模仿的动机

一般而言，无意识的模仿无所谓动机，但是有意识的模仿却存在着各种强度不同的动机。公众最常见的模仿动机有以下几种：

① 好奇。因好奇而模仿的现象十分普遍，但公众不一定对行为的意义有清楚的了解，所以有可能模仿消极的甚至是完全错误的行为。

② 消除焦虑，适应环境。公众在面临着共同的社会问题时，有时会感到困难、焦虑，当这种心理达到一定强度的时候，就会产生摆脱困难、消除焦虑的动机。此时，如果某个人的行为能使人摆脱这种困难，他就会成为所有公众模仿的楷模。

③ 追求进步，追求时尚。具有高尚的品德、渊博的学识、过人的能力的人，可以成为其他人敬慕的对象，他的性格、风度、生活方式及举止行为也往往成为公众模仿的对象。这是公众谋求取得与被模仿者一样的成就的动机使然。而走红娱乐明星的衣着举止经大众传播的渲染有可能形成时尚，因此，明星们也往往成为追求时尚的公众模仿对象。

(4) 针对模仿的公关策略

组织的公共关系工作应该从对公众模仿心理的分析中得到许多有益的启示。比如，就时尚而言，组织的公共关系部门及广告部门都应十分注意顺应公众的心理需求，适时地"制造"出某种社会时尚，并促使公众感到"这是大家都追求的"而加以模仿，从而大大有利于组织的生产经营活动。又如针对由外在行为模仿到内在情感认同的过程，每个社会组织都应该为自己的公众提供符合社会利益的良好形象，使公众从对这些形象的外在模仿中达到内在认同，从而使公众形成有利于组织进步发展的共同价值观和行为规范。

3. 感染

(1) 感染的概念

感染是指通过语言、表情、动作及其他方式引起他人相同的情绪和行动。感染的最基本表现，是相似的情绪在群体成员中的传播。

(2) 感染的特点

发生在公众之间的相互感染具有如下特点：

① 感染是在无压力的条件下产生的。在发生感染的时候不能有强迫，如果有人强迫他人接受某种快乐情绪的感染，只会使这个人产生一种反感、讨厌或者惧怕的心情。

② 感染是无意识的和不由自主的屈从，这一点和自我暗示有区别。自我暗示是有意识地向自己发出刺激，调节自己的认知、情感、意志和行为，而感染

则是在不知不觉中发生了情感的变化。

③ 感染者产生与发出刺激者相同的情绪，并可能产生相同情绪控制下的行为。之所以是“可能产生”，是因为人的行为不单单是受情绪的控制，它还受各种因素的影响。

④ 感染的“循环效应”。这是产生于开放公众群体中感染的显著特点，即一个人的情绪可以引起他人相同情绪的发生，而他人的情绪又反过来加剧这个人原有的情绪，反复振荡，在公众的间接交往中多次地相互强化，从而实现公众对一般心理状态的共同感受，甚至在公众中激起更强烈的情绪爆发，最终有可能导致某种非理智的行为发生。但由于发生在公众中的感染是在间接交往的基础上实现的，故而随着传播途径的越加宽广，情绪的走样程度也越大。

(3) 针对感染的公关策略

通过对感染的心理机制分析，可以发现主要有两种因素制约着感染这种情绪的传播。一是背景的相似性，主要指受感染者与发出刺激者要有相近的背景。主要包括情境相近（指物理的、社会的和个体的心理状态等相近），态度、价值观相近，社会地位相差无几，等等。二是理智的制约性。个体理智水平高低，是决定是否受他人感染或者受多大程度感染的重要因素。一个人自我意识的水平越高，越有理智，就越有能力控制自己的感情，也就会较少地受他人情绪的感染。在社会生活中，感染这一心理机制对个体而言可起到调整个体心理状态、使个体适应一定的环境气氛的作用；对于公众群体则可以起到一定的整合作用。因此，善于运用合理的感染手段，有利于社会组织树立良好的公众形象，形成有利于组织生存、发展的社会心理氛围。

三、基本公众心理现象分析

1. 时尚与公关策略

(1) 时尚的概念

时尚是指社会生活的某一时期中，相当多数的人对特定的思想、行为、语言、生活情趣、消遣方式等各种行为模式的遵从或追求，如流行时装、流行发型、流行歌曲、流行家具等都是从这个意义上说的。时尚往往反映人们在精神上、物质上多方面的追求。

(2) 时尚的特点

时尚作为一种社会心理现象，具有以下几个方面的特点：

① 迅速性。时尚是一种短暂爆发、涉及面广、影响力惊人的大众心理现象。人们通常所说的“风靡一时”就反映了这个特点。

② 下行性。时尚的发生、发展往往是自上而下的。时尚的倡导者多半是

社会上有地位、有影响的人物；时尚的发源地往往是政治、经济以及文化较为发达的城市。

③ 时代性。时尚这种公众的流行心理现象总是同社会文明的发展息息相关的。不同的时代，由于社会的物质和精神生活水平不同，就会导致流行不同的东西。一般来讲，时尚更替速度越快，说明人们的思想越开放，生活越充实。

(3) 针对时尚的公共策略

时尚作为现代公众的一种普通心理现象，对公众行为的影响及其产生的后果很大。为此，公关人员应该顺应公众的这种心理特征，因势利导，根据时尚的特点及形成原因有针对性地开展公关工作，即必须做到以下几点：

① 根据时尚迅速性的特点，有意识地对社会组织的形象与产品进行集中性的公关宣传，使组织的形象与产品(包括物质与精神文化产品)能在较短的时间内"风靡"起来，为公众所崇尚。

② 根据时尚下行性的特点，社会组织在一定时期内，应设计制造出既符合时代精神又符合民族心理的"时尚"性产品，并首先在政治、经济和文化比较发达的地区或较有地位、有影响的社会公众中进行"试销"。这样做往往容易激发起众人的追逐热情，一时间蔚然成风，这就是所谓"引导消费"。例如，日本索尼公司将小型录音机与当时的健身跑相结合，推出"健身伴侣机"，并广泛赠送给社会名流以扩大影响，且在公园及大街上举行携带伴侣机的千人长跑活动，引起了公众的购买欲望，从而掀起了一股流行浪潮。

③ 根据时尚时代性的特点，公关人员应根据社会发展的趋势预测流行，并进一步通过有效的公关手段制造流行、领导流行。但遗憾的是，目前这种情况在我国还很少见。通常人们对时尚的关注往往只是在时尚形成之后而不是在时尚将起之前，所以往往处于被动。

2. 流言与公关策略

(1) 流言的概念

流言是提不出任何信得过的确切根据、由人们相互传播并强烈影响公众心理行为的消息。

(2) 流言的特点

流言具有如下特点：

① 煽动性。流言能使人们本来关心的问题变得更加被关心，使本来不关心的问题也成为被关心的问题。

② 破坏性。中国历来有"流言伤人、流言杀人"之说。流言如果指向个人，可以置其于死地；流言如果指向群体，可以动摇军心；经济领域中的流言，

可以引起抢购、挤兑或企业和公司的倒闭;政治领域中的流言,可以引起风潮和暴动。

(3) 针对流言的公关策略

为了有效地制止和控制对社会组织形象与声誉不利的流言,每一个公关人员都必须了解流言产生的条件与流言传播的心路历程,并采取相应的公关策略。一般来讲,以下情况容易导致流言增多:

① 情况模糊或正常信息渠道受阻。公众通常都希望就某一问题得到真实的信息,而通过正常渠道得到的消息不足时,好奇心促使人们急于了解真相,于是猜测、想象、捕风捉影、道听途说的流言就会起到一种补偿作用。相应的公关策略是要及时建立双向交流渠道和完善信息网络,增加社会组织的透明度,抓住公众的需要和兴趣点,提供尽可能翔实的背景材料。另外,加强反馈,使公众有机会充分发表意见,广开言路,让流言的"秘密传播通道"无用武之地。

② 公众感到不平或憎恶的人或事也容易成为流言的内容。公关人员必须设法改善组织和公众的关系,形成感情融洽、彼此信任、互相关心、协调一致的群体气氛和社会环境。

流言传播的心路历程是:个别人制造流言,大多数人贸然接受,不假思索地扩大传播圈。在流言传播过程中,因受传播者自身心理的影响,往往对消息进行再加工——根据自己的兴趣与口味对原有的信息断章取义,或根据自己的日常生活经验"添油加醋"。流言常常会扩张和变形,越传越离谱,越传越离奇;反过来,离奇的内容又容易吸引人。要控制流言以减少其对社会组织的消极作用,其根本在于提高公众乃至国民的素质,因为高素质的人具有积极主动的生活态度以及强烈变革与协调社会的意识,对流言有较强的识别能力。

3. 逆反心理与公关策略

(1) 逆反心理的概念

逆反心理指作用于个体的同类事物,超过了个体感官所能接受的限度而产生的一种相反的体验,使个体有意识地脱离了习惯的思维轨道,向相反的思维方向探索。公众的逆反心理会造成其逆反行为、抵触行为,从而会对组织的公共关系工作造成影响。

(2) 针对逆反心理的公关策略

逆反心理形成的原因往往是出于好奇心、好胜心和抵触心。但在现实社会生活中,形成公众逆反心理的因素是十分复杂的,因而公共关系工作必须善于引导并注意利用公众的逆反心理及行为。

首先,实事求是,讲求信誉。"讲真话"是公共关系工作的准则之一,弄虚作假只会使公众对组织的活动产生逆反心理，从而导致组织的形象一落千丈。

其次，讲求创新，不落俗套。从横向比较的角度来看，任何组织都要有自己的鲜明特色，绝不可简单地模仿他人，否则势必落入俗套而导致公众的逆反行为；从纵向比较的角度来看，组织不可故步自封，倚老卖老，而应不断创新，以组织日新月异的发展来吸引越来越多的公众。

再次，利用公众的逆反心理，出奇制胜。虽然公众的逆反心理变化难测，但通过对公众舆论和行为的认识分析，还是可以找出其中一些规律的。组织的公关工作人员要善于分析和掌握公众的逆反心理，抓住时机，对其加以引导和利用，往往会起到意想不到的好效果。

4. 恐慌与公关策略

(1) 恐慌的概念

恐慌是在一定的社会状态下，公众面对现实的或想象中的威胁所做出的不合作或不合理的心理与行动反应。

(2) 恐慌的特征

不合作与不合理是恐慌的两个基本特征。不合作指的是恐慌打破了社会生活中公众群体间正常的合作关系，结果人为地使情境更增加了对人们的威胁；不合理指的是在恐慌状态下，公众的行为与他们期望达到的目的正好相反。实质上恐慌是公众在非正常状态或危机状态下的一种心理和行为表现形式，往往会带来种种不可思议的灾害性后果，如银行挤兑事件、市场抢购风等。由于受现代传媒及交通运输日益发达的影响，恐慌心理及行为的传播比传统社会更为迅速、也更为引人注目。恐慌极易发生于出现火灾、水灾、沉船、地震、军事入侵和经济被动等自然和社会事件而引起的社会危机状态下，在现代社会，由经济因素造成的恐慌最为常见。

(3) 针对恐慌的公关策略

对于政治、行政组织而言，在社会转型期，一定要密切关注社会公众的心理变化，及时发现并疏导公众的不安心理，及时果断地处理各种足以引起社会震动的突发事件，大力维持社会稳定，构建健康的公众心理氛围。

5. 舆论与公关策略

(1) 舆论的概念

在社会生活中的每个人对于遇到的社会现象必然会产生不同的主观反映。起先，这些反映是零散的、不系统的、不一致的。但经过彼此间相互作用之后，逐渐加以汇集，最后形成一致的看法，这就是舆论。因此，所谓舆论是指一群人在相互交流或沟通之后，以明确的语言和态度表现出来的对某一事物的意见和看法。

(2) 针对舆论的公关策略

公众舆论对公众行为有重大影响力，对社会组织的公关工作有重大意义。美国著名政治家林肯说过："得到民意的支持、任何事情都不会失败；得不到它的支持，任何事情都不能成功。"对于一个社会组织来讲，必须注意制造良好的社会舆论，形成一种良好的社会舆论氛围。具体来说必须做到以下几点：

① 倾听舆论。社会组织要全面、及时地了解公众对自身的印象和反映，就必须认真倾听代表大多数公众意愿的舆论，并以此作为决策的依据。

② 顺应舆论。任何社会组织和个人，如果不顾舆论的向背，一意孤行，不但难以与公众形成良好关系，而且会破坏自身的生存环境。

③ 引导舆论。社会组织还必须通过宣传、解释和劝导，及时引导公众的舆论，使其朝着有利于组织的目标发展。

四、公众的心理倾向

在公关活动中，公众并不是被动的客体，他们具有主观能动性，即一般总有一个思考的过程，这种思考是同以下五个问题相联系：喜欢与否、需要与否、值得与否、能够与否、实行与否。这五个方面的问题都或多或少地同兴趣、需要、价值取向、自我意识及决策特点有关。心理学中把后者称为公众的心理倾向。掌握公众的心理倾向对于开展公共关系工作具有重要意义。

1. 公众的兴趣倾向

兴趣是人们力求认识某种事物或爱好某种活动的倾向。它表现为某个人渴望深入探究某种事物、并力求参与该种活动的意向。兴趣与一个人的年龄、职业和需要有关，此外还受社会条件、实践活动等因素的制约和影响。所以，一个人的兴趣并非一成不变，随着某些因素的发展变化，其兴趣也会不断变化。

兴趣是推动人行动的一种巨大动力。爱因斯坦曾说过："兴趣是最好的老师。"孔子也曾说过："知之者不如好之者，好之者不如乐之者。"可见，兴趣在人们活动中所占的重要地位。人们常说"乐此不疲"，换言之，有了兴趣就不会感到疲劳。公关人员如果能够设法使公众对自己的工作产生浓厚的兴趣，那么，该组织必定能够兴旺发达。

公众的兴趣是一种重要的信息资源。任何公关的具体目标只有在适合公众兴趣的前提下才有实际的价值，否则只是一纸空文。从事公关工作的人员必须善于观察了解各种不同公众的兴趣与爱好，并充分利用这种信息资源。

2. 公众的需要倾向

需要是人们对某种目标的渴求和欲望。人们为了生存与发展，有各种各

样的需要，按照马斯洛的“需要层次理论”，可以将其概括为以下五个方面：

（1）生理需要，包括衣、食、住、行、性爱等生理需要。这是人类得以生存繁衍的基本前提，也是人类最原始、最优先的需要。

（2）安全需要，如人身安全、劳动安全、职业安全等。

（3）社交需要，如友谊、爱情、被接受、有所归属等。

（4）尊重需要，如希望有独立人格、有地位、有名誉、被人尊重和被人依赖等。

（5）自我实现需要，指寻求自我成就和发挥个人的潜力等。

这五个方面的需要是一种从低到高的等级关系。由于每个人的地位、经历、所受教育等不同，其主要需要也不一样。所以就存在以某方面的需要为主导的五种需要的结构模式。

按照马斯洛的观点，整个人生的历程就是：需要—新需要。这是一个不断循环上升的过程，欲之不足，动机永存。也就是说需要是个体积极性的源泉，是人性发展的基础。社会组织无论是要调动内部公众的积极性，或是为了更广泛地赢得外部公众的信任、支持，都必须了解和设法满足公众的不同层次的需要。此外，根据需要的层次具有从低到高发展的趋势，在不能满足低层次需要的时候，可以考虑从引导高层次需要来弥补；具有高层次需要的公众也还有低层次的需要，在满足高层次需要的时候注意防止忽视低层次需要而激化矛盾。

3. 公众的价值倾向

心理学中讲的价值，是指周围事物以及人和社会的关系在人的心目中的轻重、主次的地位。因此，所谓价值观就是指人对事物的是非、善恶及其重要性的判断和评价。价值观是人生观的核心，它最能体现人们对人生目的和人生意义的看法和态度。认识不同个体或群体的价值观，对于有效地开展公关活动是不无裨益的。因此，我们不妨把人们的价值取向分为以下六种类型：

（1）功名型。其价值取向是以获取功名为特征，时间观念较强，常为功名割舍其他的兴趣爱好，对金钱、享受、家庭、健康等关心较少。功名型价值取向往往容易转化为事业型价值取向。

（2）安稳型。其价值取向是以维持安稳太平的生活为目的，要求不多也不高，平衡性好。

（3）享乐型。其价值取向是追求物质享受和精神享受，不大有进取心，精力主要放在个人享乐方面。

（4）储蓄型。其价值取向是以迷恋和积敛金钱为特点，保守和固执，把金钱视同生命，甚至可为金钱而死。

（5）事业型。其价值取向是服从某一事业，一心扑在工作上，对个人利益考虑较少。这种人往往成为生产、科研方面的骨干。

(6) 模糊型。其价值取向是以综合和多变为特征。这种人见风使舵,什么都想获取,又缺乏动力和毅力,情绪不稳,无信仰,自己也不清楚自己到底追求什么。

在公关活动中,价值倾向是影响人们动机和行为的一个主要因素。不同的国家和民族,因社会制度、民族传统、社会风尚、风俗习惯等不同,社会价值倾向往往不同,而价值倾向不同,往往会使人们的行为发生很大的差别。因此,需要了解人们的价值倾向,才能解释和引导人们的行为,以此作为进行公关工作的依据。

4. 公众的自我倾向

自我又称自我意识,它是指个体对自身及其与外部环境关系的认识、评价、态度等心理。自我由以下三个基本要素构成:

(1) 生理自我。它是对自身的生理属性、物质属性以及外部世界中属于自己的那一部分的认识。如:认为自己长得漂亮、身材好,具有高消费能力等。

(2) 社会自我。即对社会关系中的自我地位和作用的认识、评价和态度等。如认为自己有力量改变周围环境,能得到别人的信任和尊重等。

(3) 精神自我。即对自身心理活动的状况、过程、特征的认识。如认识到自己说话、做事容易冲动,缺乏坚强的毅力等。

不同的人对自身的认识、评价、态度等都是不一样的,总括起来大致有两种情况:一种是强调自身的主体地位,即"我想怎样"、"我要怎样";一种是强调环境的制约作用,即"我应该怎样"、"我能够怎样"。我国心理学界大都把这两种心理倾向分别称为"主我"(主观的自我)和"客我"(客观的自我)。

主我倾向明显的公众,往往对自己的认识和评价偏高,其行为按自己的意志办事。对这类公众,要和他们搞好关系是较困难的。对于主我倾向明显的内部公众,某些组织特别是组织领导一般采取不理不睬或批评惩罚的方式,但这两种方式都不利于调动他们的积极性。不理睬意味着将失去这部分公众,单纯的批评和惩罚有可能造成对立。当这种主我倾向明显的人出现在直接发生联系的外部公众身上时,问题就更为复杂。

客我倾向明显的公众,如果他们是内部公众,组织团体内部意见容易统一,但他们永远不会主动地发现和揭露问题,更不会创造性地解决问题,这常使组织团体缺乏生气,没有竞争活力。如果他们是外部公众,也未必是一个福音,因为消极的态度本身就是公共关系的障碍。遇到媒介公众或上级是客我倾向明显的人,公关活动将被拖入一场旷日持久的并且结果不可知的疲劳战。所以,认识公众的自我倾向,以及如何对公众的自我倾向施加影响,是公关人员需要研究的一个重要课题。

5. 公众的决策倾向

决策是指人们对某种事或某些相关的事拿主意、下决心做出决定的过程。公众的决策类型,大致可分为四类:

(1) 直觉性决策。又称反应性决策,其特点是"跟着感觉走",可以节约大量时间,但有一定的盲目性。日常生活中的大量决策都属此类。

(2) 经验性决策。其特点是凭经验办事。习惯于凭经验办事的人往往总是喜旧厌新,交往总是找"老面孔",购买总是找"老牌子",相对比较保守。

(3) 理智性决策。其特点是慎重地思考,权衡利弊、得失,不草率决定。这类人喜欢独立思考,智力发达,有主见,能力强,但易形成拖拉作风。

(4) 论证性决策。其特点是听取多种意见,进行比较、鉴别。实际上是一种集体参与、一人拍板的领导决策模式。

公众决策的四种类型不是指有四种决策公众。每个人在决策中都会时而运用这种方法,时而运用那种方法。尽管不同的公众在较多地使用哪种方法上有差别,但这种差异不排除对其他决策方法的运用。归根结底,决策的内容总要受到外部环境的影响,所以,在公关活动中,通过公关主体的主动积极的影响,会促使公众决策方法的改变,从而使决策结果向合作方向倾斜。

公众的决策倾向是和公众的兴趣、需要、价值观以及自我意识等心理倾向密切联系的。例如,当决策的内容和公众的强烈的兴趣、迫切的需要或重视的价值相关时,往往使公众在一瞬间做出决定;反之,则犹犹豫豫、举棋不定。再如,主我倾向明显的人决策比较果断,而客我倾向明显的人则较难下决心。研究公众的决策倾向不能脱离对公众的兴趣需要及其他心理倾向的研究。只有把公众的五种心理倾向作为一个相对独立的系统来研究,才能在宏观上把握公众心理倾向方面的特点。

五、与公众的心理沟通

与公众的心理沟通从内容上说包括信息沟通、意见沟通和感情沟通三个方面,它们分别满足公众的求知需要、宣泄需要和感情需要。这里着重论述与公众的意见沟通、感情沟通的问题。

1. 意见沟通

意见有广义和狭义两种理解。广义的意见指主观的认识、见解、看法和主张,狭义的意见特指其中不满的、批评性的看法和主张。公众的意见应当主动地、经常地听取,组织团体的意见应当不懈地、广泛地传播。在意见的持续交流中形成比较一致的看法,这就是意见沟通。

意见沟通在公关活动中具有十分重要的意义,它是实现公关目标的基础。

由于在公关活动中，组织团体和内外公众的意见不一致的现象经常发生，因此，为了赢得公众的理解、合作和支持，就必须与公众沟通，让公众认同自己的意见，并在意见交换中修正自己的意见。从特定的意义上说，公关目标的实现也就是组织团体和公众意见一致的实现，为实现公共关系目标而做的一切努力都是为得到公众认可的努力。

组织同公众进行意见沟通的方式有多种，目前常采用的沟通方式有：意见信箱、接待来访和投诉者、首长电话、家访、追踪调查、各种会议等。

2. 感情沟通

所谓感情是指人们对客观事物是否符合自己需要所产生的态度和体验。它包括情绪和情感两种表现形式。人都有感情上的需要。正常的、正当的感情应该给予尊重，在可能的条件下予以满足；消极的、不正常的感情应予以引导和矫正。这些都是建立在感情沟通的基础之上并包含在感情沟通之中的。重视与公众的感情沟通，才能拉近组织和公众的心理距离，建立起友好、融洽的合作关系。一般来说，与公众进行感情沟通可从以下两个方面入手：

一是善于体察公众的情绪。公众的情绪是经常变化的，公关人员要把它看做“第一信号”，给予高度重视和细心体察。如果公关人员自身情绪不佳，应及时进行调整。比如通过休假转移注意力，或到挚友处聊天和“诉苦”等，待情绪好转之后再与公众沟通。若在公众情绪不佳时进行直接沟通，就要有“引火烧身”的心理准备或进行“冷处理”。这种方法有时确实奏效，但它的消极性也不容忽视，特别是有些人只“冷”不“处理”，消极作用更明显。积极的办法是以冷静的头脑、真诚的态度主动接近公众。公众情绪不佳时，实际上正是他们最需要关心、理解的时候，有人能听一听他们的苦闷、牢骚、怨气，他们的心情也就好了一半，更不用说在牢骚和怨气中往往也有宝贵的意见和合理的建议、有群体的要求和呼声。只要我们既积极主动地洞察公众的情绪变化，又设身处地地为公众着想，即便公众处在愤怒的激情中，最终也能够和他们实现稳固的感情沟通，达成互相谅解。

二是满足公众的情感需要。与公众进行感情沟通，满足公众正常的、正当的情感需要是一个重要的方面。公众的情感需要是多种多样的，最基本的情感需要可以归纳为四种：自尊需要、友爱需要、理解需要和自我表现需要。

自尊就是维护自己的尊严，既不向别人卑躬屈膝，也不容别人侮辱自己。自尊是一种情感需要，当自己不得已屈从别人的意志或受别人侮辱的时候，虽然表面上没有失去什么实在的东西，但情感上不能忍受；当自己顶住了某种压力维护了自己的尊严或受到别人尊重的时候，尽管可能作出了某种牺牲，但情感上得到了满足。公关人员在与公众沟通时，一定要尊重对方，不要让自己的

言谈举止给对方以伤害。

人与人互相帮助，这是社会性的需要；而人与人互相友爱，则是情感上的需要。友爱给人带来温暖、鼓舞和力量，使弱者得到安慰，使强者更加振奋。这就要求我们的公关人员常存爱心，乐于关心、支持和帮助别人。尤其是当公众遇到困难、挫折或遭受灾祸打击时，更应主动地伸出热情之手。

人与人之间的互相理解，是人与人互相尊重、互相友爱的保证。能够得到别人的理解，即便问题得不到解决，情感上也能得到部分满足；得不到别人的理解，即使万事如意，情感上也总有空缺。在人际交往中，要做到互相理解，必须设身处地地对对方的想法、做法、说法表示同情。戴尔·卡耐基有一句处理人际关系最灵验的神奇名言："我一点也不怪你有这种感觉，如果我是您，很可能也会这么想的。"

表现，或称自我表现，既是人的自主能动性的表现，也是人的内部情感的要求。表现的内容和形式要受各种条件的制约，但表现作为一种情感需要是抑制不住的。现代心理学家普遍认为，至少有50%以上的人的心理疾病都是由于自我表现的情感需要没有得到满足而产生的，对他们几乎不用任何治疗，只要给他们一个充分表现自己的机会，哪怕只是一个自我倾诉的机会。所以，表现也是人们不可缺少的一种情感需要。作为公关人员应注意多给公众一些施展才华、展示能力、表现自己的机会。

值得注意的是，公众的情感需要是互相贯通的。当公众自我表现的需要得到满足的时候，他同时也会感受到别人对他的尊重，他渴望自尊、友爱和理解的情感需要也得到了满足。所以，满足公众的情感需要可以从不同的侧面入手，以点带面，举一反三，消除某些方面情感受到挫伤后的不愉快，从整体上加强和加深同公众的感情。

第三节　分析与确定目标公众

开展公共关系工作，首先应该对组织所面临的公众进行划分，其次应该进一步对各类公众作出认真的分析和具体的确定。分析和确定组织的目标公众，对于组织富有成效地开展公共关系活动具有重要意义。下面介绍选择和确定目标公众的有关知识及方法。

一、不同组织面临的公众类型

各种不同的组织具有不同的社会功能、工作内容和活动范围，也就有不同的公众。我们选择几种在公共关系学中具有典型性和普遍性的组织并对其所面临的公众加以介绍。

1. 工商企业的公众

工商企业组织的公众对象主要有顾客(包括用户、零售商、批发商等)和企业内部员工(包括工人、技术人员、管理人员等)。在企业经济活动中经常发生利益关系的公众还有材料供应商、社区、政府和新闻界等。

2. 公用事业组织的公众

公用事业组织的主要公众就是本组织产品的使用者或服务对象,如城镇居民、本组织内部的员工、捐助单位或捐款人、政府、新闻界等。公用事业组织的公众对象涉及的范围比较广泛。

3. 旅游服务业的公众

旅游服务业组织的主要公众是旅游人员和出差人员。此外,还有内部员工(包括管理人员、服务人员)、交通运输部门、电信部门、其他旅游部门以及所在地居民等。

4. 政府机关的公众

政府机关面临的社会公众,要比企业、事业等其他社会组织更广泛、更复杂,概括地说,包括机关内部公众、政府辖区内公众、政府辖区外公众以及其他国家公众。也可以说,政府所面临的是整个社会公众,包括管辖区内居民、社会各阶层、各民族、各党派、各种社会组织、各种群众团体等。

由于不同性质的社会组织面临着不同的公众,所以我们无法对各类组织所面临的公众一一加以介绍。国外公共关系专家认为,直接或间接涉及企业或公司整个营运过程各个环节的内外公众,大致有以下 24 种:职工、股东、顾客、社区、一般公众、消费者、竞争者、原料供应商、批发商、代销商、经销商、公务员、金融机构、新闻媒介、慈善团体、宗教团体、上级主管、工会、学校、政治团体、政府机构、公共事业团体、行业团体、合作协同者。下面通过图表来进一步加以说明(见图 5-2 至图 5-4)。

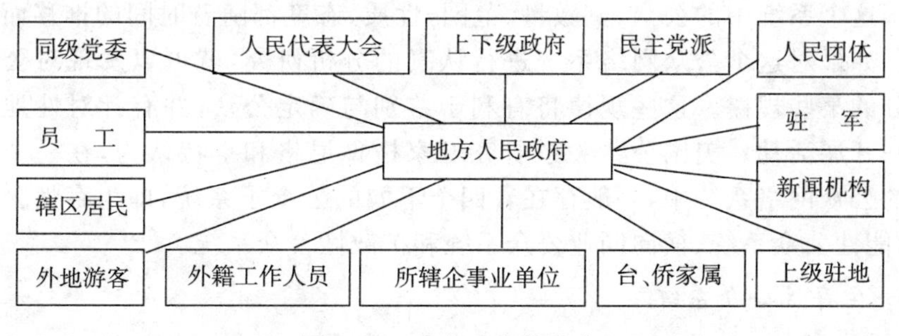

图 5-2　地方政府的公众

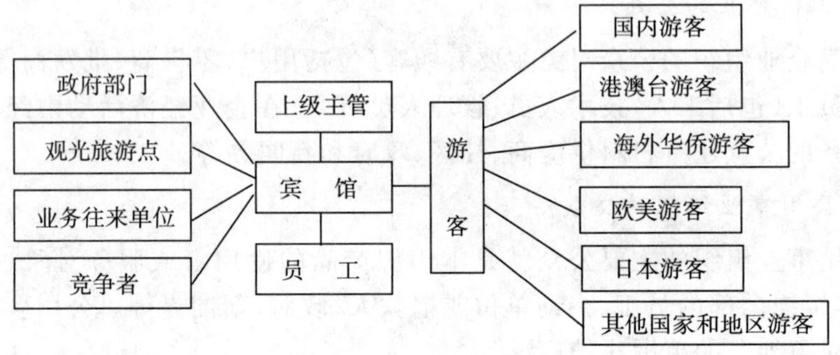

图 5-3 旅游宾馆的公众

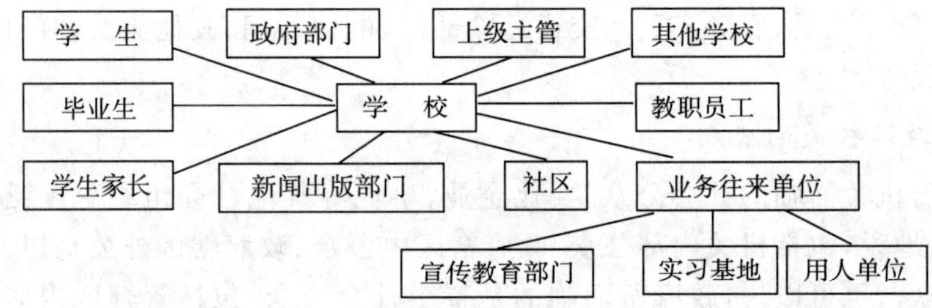

图 5-4 学校的公众

不同的社会组织面临着不同的公众，了解并掌握各类组织所面临的公众类型，有利于公共关系人员在纷繁复杂的社会组织和公众面前，准确地辨认和确定公众对象，以便制定出针对性较强的公共关系活动计划。

二、组织面临的公众系统

通过以上介绍我们可以看出，一般的组织都面对着多种类型的公众。多种类型的公众之间都存在着直接或间接的联系，构成了一个复杂的公众网络系统。这个系统中的公众，其数量、范围、性质、态度都随着时间的推移而不断变化。如果对这个公众网络系统进行认真的分析研究，就可以发现对公众进行划分的某些规律。这些规律将有利于鉴别与确定公众，并有针对性地制订计划和开展活动。美国公共关系研究专家格鲁尼格和亨特认为，在一个组织复杂的公众网络系统中，一般存在着四个不同的公众子系统，即生存性公众系统、功能性公众系统、横向同业公众系统和扩散性公众系统。

1. 生存性公众系统

生存性公众系统也叫做支撑性或权力性公众系统。这是使某个特定组织得以合法存在的各种公众。如国家立法机关、政府管理部门、上级主管部门、股份公司的董事会和股票持有人、社区领导人。这些公众涉及一个组织存在的法律依据、资金来源、地区环境、管理决策等，直接影响着组织的生存和发展。分析与确定这个系统的公众，便于准确、及时地掌握这类公众的可靠信息及其变化趋势，有针对性地策划并开展公共关系活动。

2. 功能性公众系统

这是能够使组织正常发挥自身功能的公众系统。这个系统又分为输入子系统和输出子系统。输入子系统包括员工及由员工组成的工会等群众性团体、为组织提供生产资料或半成品的横向协作单位等类公众。输出子系统包括产品用户、批发商和个人消费者等类公众。一个组织与其员工的关系、与原材料供应者的关系就属于输入子系统的公众关系，而与消费者的关系则属于输出子系统中最重要的公众关系。

3. 横向同业公众系统

这是指由与组织生产同类产品、面临同类问题、具有同类价值观念的所有其他组织共同构成的公众系统。例如，某个家用电器生产厂家就应该将除自己以外的所有家用电器生产厂家视为横向同业公众系统。以同类组织为“公众”对象的公共关系活动，主要是搜集与本组织相关的行业信息，协调本组织与其他组织的关系。

4. 扩散性公众系统

这是指由不属于某个正式组织的其他公众共同构成的公众系统，其中包括青年、学生、妇女、选举投票人、社区居民等。新闻和传播媒介是这个系统中非常重要的公众。

根据以上分析，一个组织面对的公众系统，可以用图 5-5 表示。

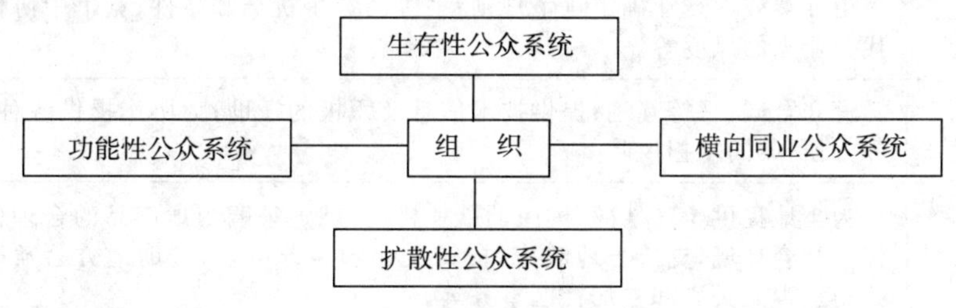

图 5-5　组织面对的公众系统

三、分析公众的权利要求

任何组织与公众之间的关系都是在利益需求与满足中形成的。因此，就组织而言,必须认识到每一类公众都对组织具有特定需求,这种特定需求属于公众的正当权利。组织的公共关系部门及其工作人员必须了解公众对组织的特定权利要求,在对公众进行分类的基础上,对公众的各种权利要求进行分析与概括,并列出各类公众对组织的权利要求结构表(如表5-1所列)。

分析公众的权利要求一般应该注意以下三点:

首先,公众权利要求结构表应尽可能全面地反映各类公众共同的、具有一般性和普遍性的权利要求,使之明了清晰,以便比较分析。

其次,通过比较分析,概括出各类公众权利要求的相对共同点。权利要求相同,便属于一类公众,以此为根据,可以确定开展公共关系活动的目标公众。

最后,分析各类公众对象的特殊权利要求并分辨出轻重缓急。虽然对具有特殊要求的公众都应该给以重视,但是分辨轻重缓急,有针对性地选择同组织密切相关的公众作为公共关系的工作对象,可以取得事半功倍的良好效果。

表5-1 公众权利要求结构表

公司的权利要求者	权利要求的一般性质
员工	在社会地位上的人格尊重的心理满足;不受上级的专横对待;就业安全和适当的工作条件;合理的工资和分享福利;上进机会,工会活动自由;了解公司内情、有效的领导。
股东	参加利润分配;增股报价,资产清理,股份表决;检查公司账册;股票转让;董事会选举;了解公司发展状况;享有公司合同规定的各种附加权利等。
政府	各种税收、竞争公平;遵守各种法律、政策;承担法律义务等。
顾客	优良的服务态度;价廉物美的商品和劳务;准确揭示各种疑难或投诉;提供产品的售后服务与维修,使用产品的技术资料服务;产品备用零配件的供应;产品改进的研究与开发以及增进消费者信任度的各项服务等。
竞争者	由社会或本行业确定竞争规则;平等的竞争机会和条件;竞争中协作;当代企业家的风度等。
协作者	遵守合同;平等互利;提供技术信息及积极的援助;为协作提供各种优惠和方便;共同承担风险等。
社区	为当地提供生产性的、健康的就业机会;就地采购当地产品的合理份额;保护社会环境,支持当地政府,支持文化和慈善事业,赞助地方公益事业,公司负责人关心和参加社区事务等。
媒介	公平提供新消息来源;尊重新闻业的职业尊严;参加公司重要的庆典等社交活动;保证记者采访的独家新闻不被泄露;提供采访的便利条件等。

四、了解公众的不同态度

公共关系活动的本质就是能动地改造组织现有的环境形势，变消极为积极、化被动为主动、趋利避害、化险为夷。一个组织所面临的环境因素是多种多样、极其复杂并且是经常变化的。从公共关系学的角度来看，组织所面临的环境实际上就是指公众对组织的现有态度。环境的变化，也就是公众态度的变化。公共关系学将公众的态度划分为消极态度和积极态度两大类，每类中又分为五种表现形式：消极态度表现为无知、冷漠、偏见、乏味、敌意；积极态度表现为了解、感兴趣、赞同、钟情、同情。

消极态度与积极态度的表现形式是相互对应排列的。具有不同的态度便属于不同类型的公众，我们通过了解和分析公众的态度，可以鉴别不同类型的公众，从而确定公共关系活动的目标公众。

公众是组织赖以生存和发展的基础，公众对组织的态度直接影响着组织的各项工作。公众的态度既是评价组织形象的重要指标，又是决定组织形象的关键因素。从某种意义上来说，公共关系工作就是转变公众态度的工作。通过各种努力，有效地转变公众态度，使之朝着有利于组织的方向发展是公共关系从业人员的主要任务。

五、确定目标公众应注意的问题

每个组织在开展公共关系活动前，都要精心划分和确定公众，因为选择的公众准确与否直接影响着公共关系活动目标的确定，影响着对整个活动的策划，也影响着活动的质量和效果。为了使公共关系活动达到预期的目的，在选择和确定公众时应注意以下几点：

第一，不要随意扩大公众的范围和数量，以便集中力量对确定范围内的具有一定数量的公众开展公共关系工作。

第二，让应该知道的公众一定都知道，让不应该知道的公众最好不知道，把解决问题的活动限制在尽可能精确的公众范围内，以免公共关系工作碰到不必要的麻烦。

第三，注意公众范围的确定性与公众的变化性之间的辩证关系，以便增强公共关系活动的应变性和灵活性。

本章小结

公众是一个复杂的多层次的体系。不同的社会组织有不同的公众体系，

可以按照不同的标志对公众进行分类。按涉及范围，可把公众分为内部公众和外部公众；按与组织的利益关系，可把公众分为首要公众和次要公众；按公众对组织的态度，可把公众分为顺意公众、逆意公众和独立公众；用发展的眼光，可把公众分为现在公众、潜在公众和未来公众。但不管如何划分，从企业的角度看，员工公众、顾客公众、供应商公众、金融界公众、政府公众、社区公众、新闻媒介公众总是最基本的目标公众。正是社会复杂的公众系统构成了社会组织生存和发展的关系格局。一个社会组织如果处理不好与公众纵横交错的关系，会导致生存和发展的危机。公共关系要以智能方式协调社会组织和公众的关系。

复习思考题

1. 什么是公众？社会学中的“公众”和公共关系中的“公众”有何不同？

2. 在一些报纸杂志上，常常见到“某某明星和他的公众”一类说法，你认为这样说对吗？

3. 公众分类的方法有哪些？运用两三类公众分类的方法，选择一单位进行分类分析。

4. 公众有哪些心理倾向？

5. 如何与公众进行心理沟通？

6. 组织在选择目标公众时应注意哪些问题？

第六章　公共关系传播

【学习目的与要求】

通过本章的学习，了解传播的概念、特征、功能、要素，以及基本的传播理论；掌握公共关系传播方式及主要传播媒介的优缺点；懂得运用公共关系传播技巧进行公共关系传播。

【开篇案例】

轰动2006年的喜剧片《疯狂的石头》在正式上映前，首先通过上海电影节上的宣传活动和影评人放映专场，在影评人和媒体中进行了预热。紧接着让影片在五个城市免费放映，结果使之最直接地赢得了口碑，提高了影片人气。在照顾传统媒体的同时，《疯狂的石头》更充分利用电影论坛、MSN及博客等形式进行宣传，因为这些媒体形式现在已经成为那些相对专业的影迷获取电影信息的重要途径。在所有的媒体中，网络显示了最强势的威力，与同期影片相比，它使该影片达到了最高的人气指数。

《疯狂的石头》的影片宣传被评为2006年十大公关事件。正是因为其准确的传播定位和正确的传播途径所获得良好的口碑效应，才使得这部小成本电影获得巨大的票房收入和全国公众很高的评价。

公共关系活动从某种意义上说，就是通过公共关系信息的传播来影响人们的态度，增进公众对传播主体的了解、理解、信任与合作。没有现代传播技术的产生和发展，也就不会有现代公共关系的产生和发展；没有传播的理论做指导，公共关系的实务活动也是无法开展的。有效地利用各种传播媒介，遵循传播沟通活动的基本原则，形成有利的公共关系状态，既是组织开展各类公共关系活动的关键，又是衡量公共关系工作人员能力和水平的重要标准。本章将主要论述传播的基本要素、基本方式、公共关系的传播媒介以及如何获得良好的传播效果等。

第一节　传播概述

一、传播的概念

从传播理论发展过程来看,关于传播的解释大致有三种:第一种称为“共享说”。持这种理论的人认为传播(communication)来源于拉丁文communicare,具有“共享”的意思。因此,以美国学者亚历山大·戈德为代表的研究者认为传播就是共享信息的过程,这种定义是以理解、接受并发生共鸣为前提的。但是,事实上只是共享某些信息符号是不能说明问题的,人们分享的往往是信息的含义而不是符号。同时,如果以共享作为传播的定义,也很难认定传播行为是否达到了共享的目的。第二种称为“劝服说”。这种理论认为传播的定义是劝服,突出强调了传播是有目的的行为。以美国学者沃伦为代表的研究者把传播说成是“一个心灵可能影响另一个心灵的全部过程”。这种定义强调了传播者一方,传播可能不会获得理想效果,而且,传播者和受传者的角色关系在传播过程中是互相影响的。因此,把一切传播行为都看做是影响他人,并不符合实际的传播活动。第三种称为“反应说”。以美国学者S·S·史蒂文斯为代表的研究者认为传播是一个有机体对于某种刺激的各不相同的反应。这种定义过于宽泛,不宜做传播学上的定义。

上述定义虽各执一词,但各定义之间还是有一定联系的。首先,它们都承认传播的内容是信息;其次,它们都肯定了传播者、受传者和信息都是传播的基本条件;再次,它们都肯定传播的社会本质,强调目的性。综合上述有关传播的理论,我们认为所谓传播,就是传播者与受传者之间信息的双向交流与共享的过程。在这个过程中,一方(信息源)有意向地将信息编码通过一定的渠道传递给意向所指的另一方(接受者),以期唤起特定的反应或行为。完整的传播必须是意向所指的接受者感受到信息的传递,赋予信息以意义(破译编码),并受其影响而做出反应。

二、传播的特征

传播作为一种社会现象,作为信息交流与共享的过程,它经历了由手势、声音到语言,由语言到文字,由普通媒介到电子媒介的飞跃,从而发展成为在公共关系中广泛运用的现代传播。现代传播的概念包括传播事业、传播技术和传播观念。就传播对社会组织与公众联系的作用而言,传播事业是最重要的桥梁,传播技术是最有力的手段,传播观念是公共关系实务的灵魂。现代传播具有以下特征：

（1）社会性

传播是人类维持社会生活的一种最普通、最主要的社会行为，无时不有，无处不在。任何社会都不能离开传播，否则就不能形成社会。

（2）工具性

人类利用传播作为工具来监测、适应和改造环境，为社会服务。

（3）符号性

传播必须运用某种符号作为载体，传播的内容可以统一称之为信息，人类依靠语言、文字、音响、图画、形象、表情、动作等符号来传递信息。

（4）双向性

传播由传播者和受传者共同完成，传播的目的就是传受双方共享信息内容。

（5）动态性

传播是信息的流动，信息不流动，传播活动就不能成立。

（6）不可逆性

由于传播的进行性特点，接受者一旦被某一信息影响，这一影响的后果就不可能再收回，可以发出其他信息以修正原信息的影响，但无法消除已产生的结果。

三、传播的功能

传播的功能大致包括以下几个方面：

（1）监测功能

利用传播采集社会信息，掌握环境变化，保持与环境的平衡。

（2）管理功能

利用传播来决定、指定、控制和协调管理者与被管理者之间的关系。

（3）教育功能

利用传播传授知识和经验，把社会文化知识、科学技术等各种知识和道德规范等优良传统留给子孙后代，繁衍社会文明，指导公众的生产、投入和消费。

（4）娱乐功能

利用传播以娱乐公众，满足人的好奇欲望，引起人的自炫、满足及认同，刺激审美、情爱、求知的动机，使之获得美的享受，使生活丰富多彩。

（5）授予功能

利用传播对社会问题、社会运动以及个人、群体授予社会地位。

四、传播的构成要素

传播的构成要素有两类:一类是基本要素,包括信源、编码、信息、信道、媒介、信宿、译码、接受者的反应、反馈等;另一类是隐含要素,指传播活动中的时空环境、心理因素、文化背景和权威意识等。前者是传播的“硬件”,后者是传播的“软件”。其中每一个要素都会对传播效果产生一定的影响,缺少任何一个要素,就无法构成传播。

1. 传播的基本要素

(1) 信源

信源指的是有传播需求的个人或组织,这里一般指一个具体的社会组织。

(2) 编码

编码是一种人的内心活动,是通过对言语和非言语符号的选择。将它们依据一定语法和句法规则组合在一起,从而构成信息。

(3) 信息

信息就是一组言语的或非言语的符号。从公共关系传播这一角度看,信息是指具有新内容、新知识的消息,其中包括观点、态度和情感等。

(4) 信道

信道是指使信息得以传递的物理手段。例如,在谈话中,传者如果是以声波为交流信道的,那么,声波信道的特性,便决定了所选取的交流媒介只能是具有“发声”功能的物体、材料和技术手段。

(5) 媒介

媒介是从信息的传递手段上来说明信源与接受者之间的联系。媒介(media)一词常用来区分物理意义上的渠道和传递手段。面对面的交谈、书信往来、刊物、书籍、报纸、告示牌、广播、电视、录音、录像、电话等都可作为人与人之间传递信息的媒介。

(6) 信宿

信宿即接受并利用信息的人,也就是接受者。从公共关系传播的角度看,一般是指公众。接受者代表获得信息以及与信源相关的个人或群体。接受者可以是信息源意向所指的对象,也可以是信息进入渠道以后因为种种原因而取得信息的其他人。

(7) 译码

译码指把外部信息转变为有意义的经验,即信息的加工过程,包括对信息的翻译和对信息的行为赋予意义。

(8)接受者的反应

接受者的反应即接受者决定对信息采取什么行动。反应可以在最小到最大范围之内呈各种表现。最小限度的反应可以表现为接受者无视信息的存在或对之不采取行动。最大限度的反应特点为立即、明显的行动,可能伴随着大幅度的动作。在成功的传播中,接受者的反应要在很大程度上与信息传播者的愿望接近。

(9) 反馈

反馈是指在传播过程中,某些情况和信息可由信息源所掌握,并由之做出对传播效果的定性判断,从而调整和适应当时的传播情境。反馈和反应不是一回事,但它们显然是互相关联的。反应是接受者根据信息决定做什么,反馈是关于传播效果的情况。因为传播中反应的情况是反馈的依据,所以两个概念总是相关的。

(10) 干扰

干扰是指传播过程中放大或缩小信息量使信息失真从而影响传播质量和效果的重要因素。它可以出现在传播过程中的任何一个环节。消除干扰是传播工作的主要内容之一。

2. 传播的隐含要素

(1) 时空环境

时空环境包括时间和空间两个方面,传播的任何一方,或"无故失约"、或"姗姗来迟",都会使对方对该次传播活动的态度和感受发生变化,其传播行为也会随之改变,从而影响传播效果。

从时间角度看,真正衡量传播效果的是单位时间内所传播的有效信息量。当然,传播时机的选择,对传播效果也会有不同程度的影响。从空间上看,信息总是在具体的空间环境之中进行,不同的环境条件会使人对信息有不同的感受,并产生不同的传播效果。空间环境影响传播效果,一般有两个方面:位序排列带来的影响和沟通环境气氛的影响。位序排列往往与传播的均匀性以及亲密程度相关;不同的沟通环境气氛往往引致不同的信息反应。

(2) 心理因素

心理因素主要指信息接受者的情感心理状态。在不同的情感状态下,人们接受信息的效果是不同的。心理学揭示了这样一条规律:凡是在一定活动中伴随着使人"愉悦"的情绪体验,都能使这种活动得到强化,而"不愉悦"的情感体验,则使这种活动受到抑制。因此,传播行为的发生、延续和发展都是建立在双方心理相悦的基础之上的。没有心理上的沟通,是无法获致最佳传播效果的。

(3) 文化背景

爱德华·T·霍尔说过,文化是人的生存环境。文化与传播是不可分割的,不仅人们在语言传播中的主次关系、话语的内容和先后顺序是由文化决定的,而且文化还有助于决定人们如何将信息编码,如何赋予信息以意义,以及是否可以发出、接受、解释各种信息。实际上,我们的全部传播行为,几乎都取决于我们生存环境所具有的文化。文化是传播的基础,是传播不可或缺的背景。

(4) 信誉程度

信誉程度包括两个方面:一是指传播内容的可信度;二是指传播的信息为接受者所依赖的程度。一般来说,信息内容的权威性越高,受众的信服程度也就越高。传播者被受众依赖的程度的高低,将大大影响信息传播的效果。所以,发自信源的信息一般都追求权威性,追求轰动效应,追求良好的第一印象。

五、传播的基本理论

1.“五 W”传播模式(单向模式)

“五 W”传播模式是由美国学者哈罗得·拉斯韦尔于 1948 年在《社会传播的结构和功能》一文中提出来的。拉斯韦尔认为说明传播过程的一个简便方法是回答下列问题:第一,谁传播(who);第二,传播什么(say what);第三,通过什么渠道传播(through which channel);第四,向谁传播(to whom);第五,传播效果怎样(with what effect)。“五 W”传播模式如图 6-1 所示。

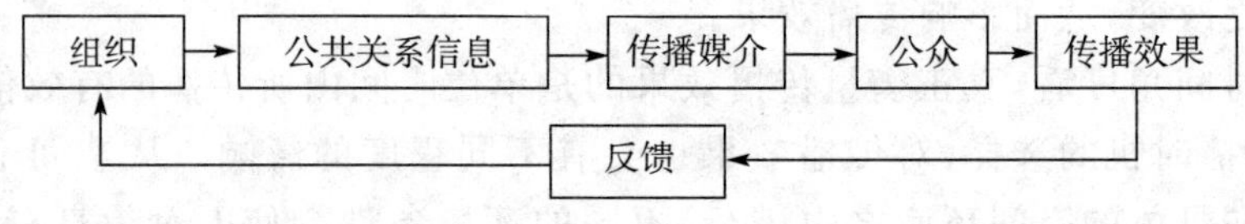

图 6-1 “五 W”传播模式

“W”是其中五种构成要素的英文开头字母。这种传播模式通过五个要素在传播过程中的关系,概括地反映了传播是一种单向直线性的劝服过程,但它未能反映出“环境”、“干扰”对“转换”的制约,也未能反映出“反馈”对实现“目标”的影响。

2. 新型控制论模式

“新型控制论模式”是由美国学者奥斯古德首先提出,经美国学者施拉姆进一步完善而形成的。这种模式的传播过程如图 6-2 所示。

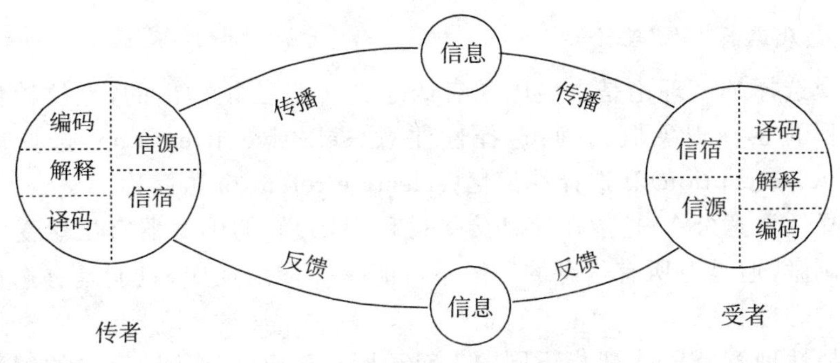

图 6-2 新型控制论模式

这种传播模式引进了“转换”和“反馈”，反映了传播是传播者与受传者之间的互动过程。它弥补了拉斯韦尔五 W 模式的缺陷，进一步揭示了传播过程的实质，为传播活动的运作提供了科学的机制。但它未能明确反映出“环境”、“干扰”对“效果”及“目标”的影响。

3.“把关人”理论

“把关人”理论是德国著名的社会心理学家库尔特·卢因在 1947 年《群体生活的渠道》一文中提出的。其原理是，信息总是沿着包含有“门区”的渠道流动着，信息或商品是否被允许进入流通渠道，总是根据某种“守门人”的意见。“守门人”即“把关人”(gate keeper)，指在信息传播中，对信息的提供、制作、编辑与报道能够采取“疏导”与“抑制”行为的关键人物。疏导，即把关人准许某些信息流通的行为。抑制，即“把关人”对一些信息禁止流通或暂时搁置的行为。影响把关人行为的因素有把关人的预存立场(就是自己原有的意见、经验、兴趣和精神状态的总和)和周围信息的影响。

4. 两级传播模式

20 世纪 40 年代美国社会心理学家拉扎斯菲尔主要针对“枪弹说”与“皮下注射说”的大众传播强效果论而提出。此模式的“两级传播”假设是，“观念总是先从广播和报刊传向‘意见领袖’(opinion leaders)，然后再由这些人传到人群中不那么活跃的部分。”也就是说，信息的传递，是按照“媒介—意见领袖—受众”这种两级传播模式式进行的。

意见领袖即舆论的指导者，指社会活动中能有较多机会接触到来自各种渠道信息的人或对于某一领域有丰富经验与知识的专家，而其态度和意见对广大公众影响较大的那一部分人。例如，女影星娇嫩的肌肤使其成为护肤和化妆品的意见领袖，足球运动员的雄健使其成为运动服装及器材的意见领袖，医生是医药用品的意见领袖。

5. 受众选择"3S"理论

受众选择"3S"理论是由美国学者约瑟夫·克拉帕提出的，克拉帕将这一选择过程的三种现象概括为：选择性注意(selective attention)、选择性理解(selective perception)和选择性记忆(selective retention)，简称"3S"。

选择性注意(SA)是指在信息接受过程中，人们的感觉器官虽然受到诸多信息的刺激，但是对所有信息的刺激不可能一一作出反应，只能是有选择地加以注意的心理状态。

选择性理解(SP)主要指不同的人对于同一信息作出不同意义的解释和理解，对所注意信息做有意义的思考。

选择性记忆(SR)指人们一般只记忆对自己有利的信息或只记自己愿意记的信息，而其余信息往往被忘却了，这种记忆上的取舍就叫做选择性记忆。

6. 议题设置论

议题设置论是20世纪70年代传播理论研究中最热门的课题之一，其中传播学者麦库姆斯是最杰出的研究者。他在1972年研究发现，大众传播对某些议题的着重强调和这些议题在公众中受重视的程度构成强烈的正比关系。或者说，在大众传播中越突出某一事件，多次、大量地报道某一事件，就会使社会中的公众议论这一话题——议题设置。

议题设置论有两个基础，一是各种传播媒介对传播信息有过滤作用；二是面对传播过多的信息环境，公众无所适从，需要有人出面对复杂的信息加以处理，划出重点和优先顺序，为他们选出值得关心和注意的事件。如"飞机上撒手表"、"《后窗》电影"、"十万美元寻找主人"等。

第二节　公共关系传播

一、公共关系传播的概念

公共关系传播是指社会组织为了实现某种利益目标，向其公众有计划地传递信息并通过信息反馈与公众进行交流的沟通活动。这个概念具有以下含义：第一，公共关系传播是作为公共关系主体的社会组织对其客体公众的传播；第二，公共关系传播是为建立、协调和改善关系而进行的完整的动态过程；第三，公共关系传播是主体按其公共关系总目标有计划、有步骤采取的行为；第四，公共关系传播是通过传递与反馈的双向沟通而实现信息共享的活动。

公共关系传播活动是传播的一种类型，它具有传播的社会性、普遍性、工具性、互动性、符号性、共享性等一般特征，也具有传播的探测、协调、教导、娱乐等基本功能。公共关系传播是传播在公共关系活动中的具体应用。

二、公共关系传播的层次

公共关系传播由开始到实现目标可依次分为四个层次:交流信息、沟通情感、改变态度、引起行为。

1. 交流信息

交流信息是公共关系传播活动的第一个层次,也是最基本的层次。其他层次的公共关系活动都是在交流信息的基础上进行的。树立组织的良好形象,优化组织的社会环境,是公共关系活动的最终目标。要实现这一目标决不能急功近利,也不能一蹴而就,而必须作长期的、有计划的、坚持不懈的努力。在公共关系活动的开始阶段,公共关系人员向公众传播组织的相关信息,向组织的领导人报告公众的反馈信息,只要信息能够及时、准确地传递,并能为接受者所理解,公共关系人员就基本完成了任务。

2. 沟通情感

沟通情感是公共关系传播活动的第二个层次,也是极其重要的层次。人们常说的"感情投资",其中就包含公共关系意义上的沟通情感。人是有感情的动物,除了物质需要之外,还有精神上的需要和情感上的需要。一个组织只有充分重视员工的精神需要,加强情感交流,与员工建立起深厚的情感关系,才能像磁石一样具有凝聚力,将员工吸引在自己的周围,并充分激发员工的工作热情。

3. 改变态度

改变态度是公共关系传播活动的第三个层次,也是非常关键的层次。公共关系传播工作的宗旨就是要影响公众对某一问题的态度。换句话说,公共关系人员进行的传播活动都是围绕着改变公众态度而展开的。例如,美国的总统竞选就大量地采用以改变选民态度为目的的演说活动。一个经济组织要想在强手如林的市场上占有一席之地进而取得竞争的胜利,就必须运用精心策划的公共关系传播活动来影响公众的态度,以获得公众多种形式的支持。

4. 引起行为

引起行为是公共关系传播活动的第四个层次,也是最高层次。引起公众采取对组织有利的行为是开展公共关系活动的最终目的,也是开展活动取得的理想结果。以生产某种民用消费品的公司为例,引起公众对其产品的消费行为就是该公司公共关系部门的一项重要工作任务。

公共关系传播的四个层次是前后相连、逐层上升的,前一个层次是后一个

层次的基础。要想实现公共关系传播的最终目的,必须重视每一个层次的传播效果。

三、公共关系传播的媒介及特点

要使公共关系的传播充分发挥作用,必须了解并熟练地掌握传播和沟通手段,巧妙并有效地运用传播和沟通媒介。因此,有必要对公共关系传播和沟通的方式及媒介进行研究。公共关系传播的基本方式一般有四种:人际传播、大众传播、组织传播和群体传播。

1. 人际传播

(1) 人际传播的概念

人际传播即个体与个体之间的传播与沟通,其目的是寻求了解、理解、信任与合作。局限于个人内部的自言自话、自我反省、沉思默想等形式的传播也属于人际传播,一般称为自我传播。人际传播形式又有不同的表现:一种是人与人面对面的直接传播,如两个人促膝交谈、小组讨论等都是面对面的直接交流信息的表现;另一种是人与人通过书信、电报、电话等手段交流信息。把电报、电话传播信息归为人际传播,是因为这两种信息传播渠道联结的是单个人之间分享信息的关系,完全不同于运用大众传播媒介进行传播的情形。

(2) 人际传播的特点

人际传播的特点是显著性、私人性、双方的参与性、传播符号的多样性、信息反馈的及时性、沟通的情感性和主观的制约性。

(3) 人际传播的主要类型

① 语言媒介

语言媒介包括无声语言媒介和有声语言媒介。语言既是人际传播的载体,又是大众传播的载体。正因为这样,习惯上把语言称作“公共关系的第一媒介”。

② 非语言媒介

在一般的两人会话中,语言所表达的意义平均不到35%,65%的社会意义是用非语言符号传递的。我们在与人沟通时获得的信息,有很大一部分来自于暗示,而不是来自于字句。我们常见的非语言媒介主要指体语和服饰。

体语包括动作、姿势、体态、表情等,在公共关系的人际传播中经常运用,它所起到的作用主要是对语言媒介的替代作用、辅佐作用和表露作用。

服饰具备了传递信息的功能,它的材质、款式、颜色都能传达出国民气质、时代风俗、文化特色、组织理念以及个人的文化素质、社会地位。这就要求我们的公关人员能在社交场合注意服饰的协调搭配,以增强亲切感和认同感。

③ 实物媒介

实物媒介是指传递语言和非语言符号的物体。主要包括产品、样品、公关礼品、模型、象征物等。其特点是直观明确，可信度高，视觉和感觉冲击力强，容易引起公众反应。

2. 大众传播

(1) 大众传播的概念

大众传播指的是职业传播者通过大众传播媒介(报纸、杂志、广播和电视等)，将大量复制的信息传递给分散的公众的一种传播活动。从媒介角度看，它有两大类型：一类是印刷类大众传播媒介，如报纸和杂志；另一类是电子类的大众传播媒介，如广播和电视。

(2) 大众传播的特点

大众传播的特点是传播主体的高度组织化、专业化，传播手段的现代化、高技术化，传播对象高度大众化，信息反馈比较缓慢、间接，等等。

(3) 大众传播的类型

大众传播媒介的主要类型包括报纸、杂志、广播、电视四大传播媒介以及互联网等，它们可分为印刷类媒介和电子类媒介，依据各自的特点，在传播中发挥着不同的功效。

① 印刷类传播媒介

印刷类的传播媒介指以印刷作为信息复制的手段并以纸张作为主要介质的一类传播媒介，包括报纸、杂志等。

a. 报纸

报纸是以刊载新闻为主的、定期的连续印刷出版物。报纸具有固定名称，通常以散页形式(不加装订)发行。其优势是传播面较广，传播速度快，具有新闻性，阅读率高，文字表现力强，便于保存和查找，费用较低。弱点是时效短，传播信息易使读者忽略，理解能力受限，诠释较差，缺乏动感。

b. 杂志

杂志又叫期刊，指以刊载各类文章为主的定期的连续印刷出版物。杂志具有固定名称，装订成册发行，杂志的文章探讨问题较为深入。它对读者文化与知识水平的要求通常高于报纸，有时还要求有相当的专业知识，这使它的普及性常常低于报纸。其优势是时效长，针对性强，印刷精美，表现力强。缺点是出版周期长，声势小，理解能力有限。

② 电子类传播媒介

指以电磁物理现象作为信息传播的基础，以电子产品作为传播工具的一类传播媒介，包括广播、电视、互联网等。

a. 广播

广播纯粹诉诸听觉,信息制作简便,便于报道突发性事件。其优势是有较好的生动性,作为传播媒介传播迅速、声势强、功能多样化。其缺点是内容很浅显,容易产生歧解;传播效果稍纵即逝,信息的储存性较差;受众选择性差;缺乏文字、图像,受众容易分散对信息的注意。

b. 电视

电视以图像为主,声像兼备,还可以辅以文字说明,是最生动形象、感染力最强的大众传播媒介,是受众人数最多的大众传播媒介。其优点是视听信息传达效果好,纪实性强,有现场感,传播迅速,影响面大,功能多样化,娱乐性强。其缺点基本与广播相同。

c. 互联网

互联网出现于 20 世纪 60 年代,是伴随着电子计算机的出现而出现的。网络媒体真正实现了传播者与受众的信息互动,通过网络我们可以获得丰富的信息资源,企业可以通过网络对外进行低成本的公关宣传。

3. 组织传播

(1) 组织传播的概念

组织传播是组织内部成员间、组织与其成员及环境之间的信息交流活动,是有组织有领导地进行的有一定规模的信息传播。组织与其成员之间的传播有两种形式:一种是职能传播,例如管理层与员工之间的角色沟通,其沟通方向一般为下行和上行的垂直传播;另一种是非职能传播,例如员工与员工、长官与士兵之间的感情沟通,其沟通方向一般为平行的横向沟通。

组织传播是组织公共关系活动的源泉,对于稳定组织成员,应付外部环境,内求团结、外求发展,促进组织成员同心协力完成组织公关活动的既定任务都有着重要的作用。

(2) 组织传播的特点

① 传播主体的组织化

组织传播的发起者是组织而非个人,因而,传播活动受组织计划和目标的制约。

② 传播对象的公开化、大众化

组织传播的对象比人际传播更为复杂和庞大。它既有内部的沟通对象,又有外部的公众环境;既有近距离的沟通,又有远距离的沟通。组织传播活动总是涉及特定范围的公众舆论影响,甚至大范围的公众舆论影响。

③ 内部传播活动的双重性

组织在内部信息传播活动中,同时存在着职能传播和非职能传播。职能传播以效率、效能为原则，按照一定的层级次序和规范的传播系统进行程式化的传播；非职能传播以感情、兴趣为纽带，以自愿自发的方式，形成自由、灵活和富有弹性的人际沟通。

④ 外部传播方法的综合性

面对组织外部各种各样的公众对象，组织在传播活动中必须综合运用多种人际传播、大众传播等方式，集各种传媒之所长，才能完成组织传播的任务。

4. 群体传播

(1) 群体传播的概念

群体传播是指按照一定的聚集方式，在一定场合向相对集中的较大公众群体所进行的信息传播。群体传播与人际传播的不同在于，它是以群体而不是个体为受者；群体传播与组织传播的不同在于，它主要用于处理和协调组织与外部公众的关系。例如大型集会上的公众演讲、大型的演出活动和竞赛活动、大型的展览活动和开放参观活动、各种庆典活动和节日活动等均属于群体传播。

(2) 群体传播的特点

群体传播的特点是面对相对集中和较大的公众群体，传播者与公众的大规模现场参与，多媒体综合使用。随着社会交往形式的复杂化和立体化，群体传播的交流形式日趋自由、灵活，如通过“走廊外交”、“咖啡沙龙”等采集信息，从而使群体传播具有很多的人际传播特点。

四、选择公共关系传播媒介的依据

了解各种传播媒介的特点并不是公共关系工作人员的最终目的，真正的目的是更好地进行媒介选择，搞好公共关系传播。选择传播媒介时应从以下几个方面进行思考。

1. 根据公共关系目标进行选择

根据公共关系的具体目标和工作要求来选择和使用传播沟通媒介，即选择和使用的手段和方法必须符合公共关系工作的性质和要求，以便充分发挥媒介的功能。

2. 根据传播对象的特点进行选择

不同部门在不同时期有不同的公共关系工作目标，面临的公众也存在差别，应进行分析研究。

(1) 公众受教育程度

公众的受教育程度高低与媒介选择存在密切关系。一般来说，受教育程度高者多选用印刷媒介进行阅读分析，获取信息；相反，受教育程度较低者多选用电子媒介来获取信息。

（2）公众年龄结构

公众的年龄结构水平与媒介选择存在一定的关系。中老年多选用印刷媒介，青少年更喜欢电子媒介。

（3）公众生活和工作习惯

不同的公众，生活、工作习惯不同，接受信息的时间和方式也不同。生活习惯不正常的公众无法在规定时间内收听或收看电子媒介，印刷媒介更适合他们。

（4）公众经济状况

公众经济生活水平高，有可能接触费用较高的媒介；相反只能接触费用较低的媒介。

3. 根据传播信息的内容进行选择

（1）传播信息内容的复杂程度

如果要传播的信息是难以理解的，适合用印刷媒介，便于公众反复深入思考、研究和理解；相反，如果信息容易理解，使用电子媒介更合适。

（2）传播信息内容的保存价值的大小

如果传播的信息有较大参考价值，需要保存，宜用印刷媒介。尽管电子媒介有时也可保存，但费用高，可选择性小。

（3）传播信息内容的详细程度和趣味性

传播信息要求较详细但趣味性较小，宜用印刷媒介；相反配声音、图画较易感人，易于理解，直观性强，能引起公众的兴趣，这是电子媒介的特长。

（4）传播信息内容的性质

传播信息内容不同，会吸引不同公众。总的来看，随着年龄增长，公众更愿意接受知识性、政治性、公共事务性较强的信息，宜使用电子媒介。

4. 根据自身需要和经济实力进行选择

运用各种大众传播媒介传递信息都需支付一定费用，其水平高低与效果大小成正比例。例如，电视效果较好，但费用高，通常以秒来计算费用。其他媒介效果较差，费用水平也相对较低。因此，公共关系工作人员在选择传播媒介时，还应考虑组织自身的经济负担能力和传播价值问题，精打细算，充分利用现有各种条件，以最少的费用来争取最大最好的传播效果。当然，也不能因噎废食，失去传播信息的良好时机。

第三节 增强公共关系传播效果

开展公关传播活动，其目的就是通过对接受者传递信息，从而产生一定的效果。不取得效果，传播活动就毫无积极意义。因而在传播学界一度流传着“传务求通，传而不通等于不传”的说法。

一、传播效果的含义

传播效果就是传播信息所取得的结果，指信息通过特定传播媒介在接受者感情、态度和行为等方面产生的影响和反应。传播效果直接影响着传播目的的实现程度，传播效果可分为积极效果和消极效果。

1. 积极效果

积极效果是传播者本来预期产生的结果，可分为四个层次。

(1) 信息层次效果

它是指通过传播活动，使公众了解和掌握组织更多的信息资料的结果。这是为了让公众了解组织和增长信息开放度而进行的传播，是最低层次的效果。

(2) 情感层次效果

它是指通过组织有目的的公共关系传播活动使组织与公众在情感上达成某种谅解和一致的结果。

(3) 态度层次效果

它是指通过公共关系传播使社会公众对组织的看法或印象发生变化，引起态度相应变化的结果。

(4) 行为层次效果

它是指通过公共关系传播使社会公众的态度发生变化，进而采取组织预期的行动。这是最高层次的传播效果，是在前几种效果的基础上产生的。

可见，公共关系传播活动的积极效果并不一定都是引起公众态度变化或行为发生，只要能达成预期目的，就是成功的公共关系传播活动。

2. 消极效果

消极效果是指传播者不希望出现的结果。这种情况说明公共关系传播活动并不都是成功的，它也有失败，这就需要对传播活动的各个环节进行更加深入的研究。

一般来说，良好的传播效果除了受制于传播的媒介和技术外，还受制于传播者的主体条件、传播内容的制作方式、对接受者的研究分析和传播的环境气氛等条件。

二、传播效果的理论分析

一般人往往认为，借助大众传播媒介很容易造成范围广泛的轰动性影响，但经过深入的研究表明，传播效果是一个非常复杂的问题。西方学者在这个问题上进行了长达几十年的探索，但仍然是众说纷纭、莫衷一是。最著名的传播效果理论有以下几种。

1. 枪弹论

“枪弹论”是西方的传播学者在效果研究方面早期提出的一种有影响的理论。这种理论认为大众传播媒介威力无比、所向披靡，能够影响和改变社会公众的态度，并操纵公众的行为。通过大众传播媒介传出的信息，就像枪弹打中目标一样，使受传者应声倒地。这种理论把受众视为毫无防御能力的“靶子”，认为受众可以无条件地接受信息。显然，这种观点不符合实际情况。后来的学者大多数抛弃了“枪弹论”，提出了“有限效果论”。

2. 有限效果论

在传播效果问题上，坚持“有限效果论”的学者们认为，大众传播媒介只能在社会结构、社会文化体系中发挥作用。这些社会文化因素影响着受传者的选择和注意，受传者的自由选择决定着大众传播媒介的传播效果是有限的。

对社会公众的心理分析表明，受传者并不是任人摆布的玩偶，而是可以发挥能动作用的主体。在大多数情况下，大众传播媒介只是提供大量事实去迎合受传者的需要，从而起到强化受传者固有立场和观念的作用。如果大众传播媒介反复宣传那些不引起受传者重大心理冲突的信息，以及受传者还没有形成固定见解的事物，则对培养受传者的兴趣可能会起到一定的作用。

有些心理学家研究认为，在受传者固有观念的外部有一个所谓的“可接受范围”，传播内容一旦进入这个范围，受传者会把它当做中性的或与自己接近的东西而不予抵制。这实际上等于受传者的固有观念向传播内容靠拢了一步。久而久之，传播内容最终可以进入受传者固有观念的核心部位。也就是说，这是一个潜移默化的作用过程，需要具备周密的传播计划，需要长期坚持不懈的努力，需要对影响传播效果的各种因素加以有效控制，需要采取增强传播效果的相关手段和技巧。

3. 适度效果论

适度效果论是总结20世纪70年代传播效果的研究成果后提出的，它既不同意大众传播威力无比的观点，也不同意用受众的固执态度来否定大众传播效果的观点。适度效果论认为，大众传播具有介于“枪弹论”和“有限效果论”两者之间的适度效果，只要根据传播学的原则审慎地安排传播内容和方式，大众传播就能够产生强大的影响和效果。

大众传播的效果是错综复杂的。传播的效果不仅与传播主体、传播内容、传播方式等因素有关，而且与受众的心理因素、社会环境等密切相关。我们了解了传播效果理论，就要充分利用大众传播的特有效力，向大量公众进行沟通；认识到大众传播的某些大众效应是经过反复、持续的传播后产生的，传播的效果一般是潜移默化的；要根据受众不同的文化、心理、环境等实际情况，灵活机动地将多种传播方式配合使用，以求取得最佳效果。

三、影响公共关系传播效果的因素

传播学的研究告诉我们，影响传播效果的因素有两种，即功能性因素和结构性因素。这两种因素总是相互交织，同时发生作用。

1. 功能性因素

功能性因素分为延缓性因素和即时性因素两大类。

（1）延缓性因素

延缓性因素是能够“调动”受传者的信仰、价值观念等、并在较长时间内发挥作用的因素。如在一个文化观念相对保守的社区，大谈生活方式新潮流，就会在这个社区的公众中招致某种反感；面对思想开放的现代青年公众，大肆宣扬“父母在，不远游”之类的传统观念，也不会取得好的效果。其中就有延缓性功能因素在发挥作用。

（2）即时性因素

即时性因素是可以调动一个人一时的需求、情绪等心理状态的因素。如有些组织的公共关系部门常将宣传资料装在职员的工资袋里，据说这样可以取得比较好的宣传效果。因为职员领工资时的情绪一般比较好，他们比较容易从积极的方面去理解宣传的内容。其中便有即时性因素在发挥作用。公共关系人员在制作信息时，应该考虑到这两种功能性因素对传播效果的影响。

2. 结构性因素

结构性因素涉及信息刺激的强度、信息刺激的对比度、信息刺激的重复率以及信息刺激的新鲜度四个方面的内容。

（1）信息刺激的强度

通栏标题、高大路牌、披红戴绿、高音喇叭、厉声叱责、猛击一拳、紧紧握手、热烈拥抱，这些视觉、听觉、触觉信息都包含着刺激的强度。包含一定刺激强度的信息比较容易引起信息接收者的注意。广告商在马路边、高大的建筑

物上、体育场内竖起醒目的广告牌，目的是引起路人、观众的注意。

(2) 信息刺激的对比度

万绿丛中一点红，于无声处听惊雷，说话的抑扬顿挫，路标的红绿交错，站在一群儿童当中的白发老人，一阵阵紧锣密鼓后的片刻沉寂，长段叙述和描写后的醒世警句，等等，其中都包含了信息刺激的对比度。善于吸引学生注意力的教师特别讲究说话的节奏，时而慷慨激昂，如千尺瀑布一泻而下；时而细声细语，娓娓道来如谈家常。广告设计师在色彩的运用上不仅讲究刺激的强度，还格外重视刺激的对比度，信息刺激既有强度又有对比度的广告往往会首先受到消费者的青睐。

(3) 信息刺激的重复率

重复刺激是引起注意的一个重要手段，宣传工作者都深谙此理。无论哪一个国家的宣传机器，都会反复地宣传各自的方针、政策，我国的宣传也不例外。新闻单位对某一政策的宣传往往反反复复，少则数月，多则几年。广告亦是如此，Coca－Cola(可口可乐)的商标广告可以做几十年；“松下”、“耐克”可以不断地出现在电视屏幕上。重复其实是信息刺激强度和对比度的一种综合运用与体现。信息的重复出现势必会增加刺激的强度，而重复出现的信息在公众大脑中的印象显然要比出现频率较低的信息深刻。

(4) 信息刺激的新鲜度

这里说的新鲜度主要指形式上的新颖独特。例如，款式新颖的服装往往引起那些喜欢打扮的人的注意；报纸编辑的拿手好戏便是应用套红报头、应用字体又粗又黑的通栏标题或者新版式来吸引读者。

四、增强公共关系传播效果的途径

美国心理学家C. 霍夫兰在耶鲁大学主持传播效果研究时发现，要想使传播取得良好的效果，必须注意以下几个方面的问题：

1. 注重最佳传播者条件

在整个传播活动中，传播者是信息传递关系中的主体，是信息的发出者。传播者发出的信息能否被公众接受，在很大程度上取决于其自身条件状况，这包括以下几个方面：

第一，从传播者的知名度看，组织信息发出者如果是在社会生活中有名望的人，他所传播的信息也易引起公众的注意。

第二，从传播者的信誉度看，信息的传播者如果是被公众认为可靠的、可以依赖的人，具有公正无私的品德，公众态度较容易向有利于组织的方向转化。

第三,从传播的权威性看,信息传播者如果是所传播内容方面的专家、学者,他的观点和看法具有权威性,信息内容就容易被接受。因为在相同条件下,公众宁愿相信专家意见而不相信一般人的意见。

第四,从传播者掌握的语言艺术水平看,在传播过程中,如果传播者能够准确地选择和恰当地运用语汇,充分、贴切地表达思想感情,巧妙熟练地运用各种语言形式把信息传递给各类公众,那么信息的可接受性因语言艺术性强而增大。

第五,从传播者与传播对象的亲密程度看,在传播活动中,传播者如果能表明在利益上与传播对象一致,或者表明不会从传播中得到个人好处,或者找到与传播对象所共有的东西,会尽量缩小与传播对象的心理距离,传播者的观点也容易被接受,容易形成一定的亲密性。

2. 注重良好的信息内容

传播理论认为,传播者应该根据传播对象的“经验范围”来制作传播的内容;受传者一般是根据自己的“经验范围”(知识、经验、历史文化背景、立场观点等)来理解所接受到的信息。因此,若要有效沟通,双方的“经验范围”必须有若干共同的地方。这个共同“经验范围”越大,传播的效果就越好。重视“相同经验范围”的信息应该具有以下的特点:

(1) 真实可靠性

真实的信息才会赢得公众的欢迎。尽管有时真实性在产生预期效果方面无显著影响,但是在推动和促进公关传播活动的成功方面有很大的潜在影响力。

(2) 显著性

传播的信息对于传播对象来说如果是较明显的,易引起公众注意。为此,信息要有一定程度的刺激性,以吸引公众的注意力,

(3) 新鲜性

社会生活中,信息无处不有。如果所传递的信息毫无新颖独创之处,就会被淹没在大量信息之中不被注意,因此信息中应不断补充新的成分。

(4) 相关性

相关性指信息要与传播对象的利益或决策有一定关系,产生某种影响,由此造成公众对信息的接受。

(5) 明确性

传递的信息内容要条理清晰、表达准确,使公众能很快理解其含义,否则,只会引起公众的反感,排斥、拒绝信息内容。

(6)重复性与连贯性

公共关系传播不同于一般传播。在长期的传播活动中,传播内容应保持内在一致性,给公众以完整的组织形象,如果是同一信息的传播,应在每次重复时都加进新的因素,以增强信息的吸引力。

3. 注重对受众的研究分析

传播对象是能动的因素,必须对它有全面的了解,才能有针对性地传播信息,取得预期效果。这实际上就是尊重受众的选择权问题。具体而言,应作如下分析:

(1) 传播对象的团体背景

传播对象是否接受某种信息,与他所在团体的观念有很大关系。因此,必须了解其团体背景因素和团体中的各种观念、规范倾向以及传播者的固有观念等,使得传播者信息的内容尽量与公众已有观念保持某种一致性。

(2) 传播对象所需的信息内存

在进行传播之前,先要调查研究公众最希望得到什么信息,以便增强传递信息的针对性和适应性。

(3) 传播对象如何取得信息

在信息传播之前,如能先掌握公众比较喜欢或接近的已有媒介资料,就可选用适合于公众的传播媒介,以增强公众对信息接触的可能性。

(4) 传播对象接受能力

接受能力包括接受习惯、阅读能力、知识水平,据此确定传播方式、媒介选择、符号形式等,以便最大限度地适合公众的实际情况。

(5) 传播对象的结构与数量

如果面对的公众结构较松散、数量较小,则易对他们产生影响;相反,则较难使公众接受组织的信息和观点。在这种情况下,应对公众进行细分,针对不同类型公众进行不同形式的传播。

4. 注重环境气氛的影响

传播活动总是在一定的具体场合、情境气氛中进行的,具有一定的传播情景。有效的传播不可忽视具体场合。具体场合不同,传播的形式就不同,同样的传播内容就会有不同的传播效果。在第一节中我们论述了传播的隐含因素。传播的隐含因素包括时空环境、心理因素、文化背景和信誉程度。这些因素构成了传播时的环境气氛,它们在实际传播活动中是相互交叉、共同起作用的。

5. 注重消除噪音干扰

大众传播的噪音干扰主要有编码干扰、信息干扰、媒介干扰和信宿干扰。

现将这些干扰的具体表现及其排除措施分述如下：

（1）编码干扰

编码干扰就是传播者不善于根据受传者或内容的特点组织传播符号（语言表达），从而影响受传者对信息的接收。消除措施只能是通过学习和实践提高传播者的编码能力。

（2）信息干扰

信息干扰就是表达信息内容的形式（符号或语言）本身包含着歧义，由此引起受传者理解上的偏差或者产生误解。消除措施是尽量使表达内容的形式简单、通俗、准确并且具有针对性。

（3）媒介干扰

媒介干扰是指媒介本身出现的各种噪音对传播效果的影响。如：报纸、杂志出现的排版、印刷错误，广播、电视出现的设备故障和操作错误等。消除措施是完善媒介设备的技术性能，提高操作人员的技术水平和增强预防故障的意识。

（4）信宿干扰

信宿干扰是指受传者由于自身的原因影响了对信息的理解和接受。如受传者的文化水平、相关经验、工作性质、社会地位、心理特征等。消除措施是制作的信息一定要有鲜明的针对性，在力所能及的情况下有计划、有步骤地提高受传者的兴趣、爱好和接受水平。

6. 注意传播的创新

公共关系传播活动是一项创意性活动，公共关系人员要培养和提高自身的各项能力，在掌握传播沟通规律的基础之上，注意对传播沟通的经验积累，并以此为基础，大胆尝试，勇于创新。

以上从六个方面粗略地探讨了取得预期传播效果的制约条件。实际上，公共关系传播活动本身是一项复杂的工作，在这一工作过程中会遇到各种因素的影响和干扰，有时甚至难以预料。公共关系工作人员在进行公关传播活动时，要事先进行大量的调查研究，做好充分的准备，传播过程中也应密切注意公众意向和发展趋势，及时纠正和补充传播信息的内容，才能取得理想的传播效果。

五、注重公共关系传播技巧的应用

为了取得良好的传播效果，实现传播的预期目的，公共关系人员应该掌握并学会运用各种传播技巧。以下介绍的是一些常用的传播技巧。

1. 修饰美化法

美化法就是给某人、某事、某物加上一个“美好的修饰语”，使受传者产生美好的想象，从而使受传者在没有经过验证的情况下，就予以接受或赞许。修饰美化手法的应用，首先是对象要可信，即被美化的对象具备被美化的现实条件。其次是美化要适度，美化过分容易适得其反，引起受传者的怀疑。再次，要慎重选择修饰语。选择的语词既要有美感，又要有弹性，还要有回旋余地；既能够使受传者产生愉快的美好的联想，也能够经得住客观实际的检验和受传者的验证。美化要以客观事实为依据，远离实际的胡吹乱捧，是对公众的欺骗和愚弄。

2. 典型示范法

典型示范法也叫做印证法。这种方法是通过邀请某个受尊重、受迫害或有经验的人作为传播者向受传者讲解自己的亲身经历、遭遇、经验或教训，便于对关于某个人物、事物、方案或做法的某种观点加以印证和评价的一种方法。英雄、模范等典型人物报告会应用的便是一种经久不衰的印证手法。召开现场会、举办展览会、组织公众参观等总结推广经验，应用的也是典型示范的方法。应用典型示范法选取的典型一定要能对全局有指导意义，能代表事物的发展方向，反映时代的精神和要求。

3. 引经据典法

引经据典法是由传播者直接利用传播媒介有目的地引用正面或反面的、正确的或错误的事实和论断来论证某种观点的一种手法。在议论性的文章中或劝服性的演讲中，引经据典法常常表现为：其一，引用经典性言论作为自己立论的根据，以增强论证的说服力量；其二，引用易于驳斥的言论作为自己反驳的根据，以显示自己观点的正确、对方观点的荒谬；其三，引用公认的原则、公理、格言、俗语等作为自己论证、反驳的根据，同样具有一定的说服力量。传播过程中运用引经据典法需要注意以下两点：其一，引证要准确，不要断章取义；其二，引证要精确，不要过多过滥。

4. 号召随从法

在传播过程中，传播者力图让受传者相信，与受传者相似、相近或其所属群体的其他人都已经或正在接受所传播的观点和主张，以此暗示受传者应该随大流，采取与大家一致的态度和行动。这就是所谓的号召随从法。受传者之所以会产生随从行为，主要有以下三点原因：其一，想得到团体的奖励或好处，避免遭到多数人的孤立或惩罚；其二，由于自己缺乏主见和自信，很想获得关于如何恰当行动的信息；其三，难以抵抗周围环境和舆论形成的巨大压力。

传播者利用受传者的从众心理，对传播的内容加以夸张且一时又难以被核实、验证，所以在特定的情况下能够产生随从效应。一般情况下，传播者要对受传者产生号召力，其本身的社会地位、人际关系是很重要的因素，但更重要的因素则是其本身的自信和威信。

5. 比喻引申法

用具体的感性形象来比喻抽象的观点或道理叫做比喻引申法。比喻引申不仅能使受传者清楚地看到直接、明显、可感的形象，而且也似乎"看"到了隐藏在"形象"背后的虚拟、潜在的内在意义。这"意义"是由传播者有意赋予"形象"的，或是由受传者自己从中体会到的。"喻巧而理至"，一个恰到好处的比喻往往能帮助说明道理。传播者运用比喻引申法的目的，是利用受传者在看到"形象"之后引起的思维惯性，在意识深处激起一种他所希望的想法，并将这种想法引申到更为深广的问题上去。

6. 诉诸感情法

传播者适当地唤起受传者情感和理智的力量，是传播活动的一个重要问题。从某种意义上说，对人类行为影响更大的往往是情感，而不是理性、悟性。正如有的人所说，情感推动人去行动，而理性则控制人的行为。

20 世纪 30 年代，美国心理学家乔治·哈特曼在这方面进行过一次同政治选举有关的广泛的实验调查，结果表明，情感的煽动比理性的劝服作用更大。根据相关资料分析，在下列情况下适合使用感情法：其一，对那些厌恶严密的推理、烦琐的考证和枯燥的政治说教，而喜爱接近生活的情感抒发，容易接受利害关系和恐怖气氛刺激的女性、老人、儿童来说，感情渲染的方法最有针对性。其二，受传者需在比较短暂的时限内形成态度或观点（如需要立即对某事作出表决）。其三，在具有劝服性的传播中，如果需要综合应用感情和理性两种方法时，在开头和结尾部分应带有浓厚的感情色彩，而中间部分则应该采用理性论述。

7. 诉诸理性法

感情法在某些方面对受传者的观点和态度的形成有着较大的作用，但令人惊讶的是，后来的研究又表明，理性剖析在另外一些方面又优于情绪煽动。对此，前苏联学者认为，不能把感情法与理性法视为完全对立的两种形式，因为，它们既有各自的用武之地，也有它们相辅相成、综合运用的天地。诉诸理性法适合应用于以下条件：其一，向文化程度较高的知识分子和掌权人进行宣传，比较正确的做法是以理性剖析为主。原因是这些人见多识广，信源广泛，立场趋向稳定，情感磨炼碰撞的机会较多。若简单地照搬感情煽动的方法，恐

怕收效甚微。其二,如果传播的目的在于使受传者形成相对稳定的个性特征和相对固定的立场,那么,比较合适和比较正确的做法是诉诸理性的劝服。因为感情法只能对情绪作短暂的刺激,在记忆中往往保留时间较短;而理性法虽然不能形成当时立即需要的态度,但它运用的是逻辑的力量,在人的记忆中往往能保留较长的时间。其三,理性法和感情法不仅不是对立的,而且有时甚至是很难分开的。因此,在信息传递中,这两者也可以综合运用。如用感情法激起受传者的兴趣,以理性法作精辟独到的分析;用感情法获得现场所需要的态度,再以理性法巩固已获得的态度等。

8. 两面分析法

传播者同时向受传者介绍或提出有利的和不利的两种论据或事实,通过对不利的论据或事实的反驳,从而证明前者强于后者。这就是传播中的两面分析法。两面分析法经常在下列情况下使用:其一,在受传者的最初态度已经预先倾向于反面观点的情况下,先正面阐述自己需要传播的观点,而后驳斥反面观点,最后再一次论述自己所主张的观点。两面分析法的应用对受传者更有说服力。其二,对知识丰富、见识广博的受传者进行宣传应该运用两面分析法。这类公众不仅不容易受单方面劝服的影响,而且很容易了解到相反观点的存在。其三,在开放的环境中,为了使受传者对某个问题形成长期的坚定的观点和信念,比较合理的做法是对问题作两面分析。

9. 结论明示法

结论明示法是指在传播过程中对某一问题进行分析后,再将传播的内容予以归纳总结,作出明确而简要的结论。研究结果表明,在口头传播和理性宣传的文字材料之中,最后作出结论的比不作结论的说服作用要明显。因为,具有明确结论的传播,它的中心思想和基本内容比较容易被受传者理解,对受传者的影响自然也会比较明显。一般来说,结论明示法适合于下列情况:其一,可用于口头传播。因为声音呈线性排列,稍纵即逝,既无法追赶,也无法重复。为了加深受传者的印象,传播者对某一问题进行详细的分析之后,有必要作出简明扼要的结论。其二,可用于纯理性的材料。用充分的理由来阐明正面事物的正确性,同时,对与其相反的事物予以驳斥。传播者赞成什么、反对什么,旗帜鲜明,一般应该有明确而简要的结论。

10. 结论暗示法

结论暗示法是指传播者采用耐人寻味、委婉含蓄的暗示手法,将关于传播内容的结论隐藏在传播内容之中,受传者必须借助自己的想象和联想才能得出结论。由于受传者理解问题的差异性和接受事物的选择性,所以,受传者通过传播者的暗示得出的结论常常呈现出各不相同的态势，往往不如由传播者直接作出的结论单纯、集中、简明。一般情况下，诉诸公众视觉的艺术（如图画、图片、幻灯、电影等）和以描绘形象、抒发感情为主的文学作品（如小说、散文、诗歌、剧本）以及适合于客观报道的新闻，比较明智的做法是采用结论暗示法，而不宜对所反映的内容作出明确的结论。

传播手法的高低优劣，会对传播效果产生重要影响。公共关系传播人员应该依据不同的信息、不同的受众和不同的传播媒介的特点，灵活巧妙地运用传播技巧，以增强传播效果，实现传播目的。

本章小结

公共关系传播是指社会组织将公共关系信息通过传播媒介传递给社会公众，使公众能够了解社会组织的行为，理解社会组织的政策、目标，进而影响和改变公众的态度和行为，建立和发展良好的公共关系。传播是公共关系的基本手段，是沟通组织与公众之间关系的桥梁和纽带。公共关系的传播形式很多，如人际传播、组织传播、大众传播等。但主要形式是大众传播，即通过职业传播者，应用报纸、杂志、书籍、广播、电视等系统中的各类媒介提供消息、知识、思想见解、经营管理等信息。公共关系传播是双向的，把传递和反馈信息结合在一起，甚至同时进行，这样，更有利于社会组织与公众的沟通与协调。

复习思考题

1. 传播的基本概念是什么？传播有哪些基本要素和功能？
2. 简述公共关系传播模式。
3. 本书所论述的四种传播基本方式的特点与区别是什么？
4. 公共关系传播是否即新闻炒作？
5. 印刷类、电子类以及数字化大众传播媒介分别有什么优缺点？
6. 影响传播效果的因素有哪些？如何做到有效传播？

第七章 公共关系工作的基本程序

【学习目的与要求】

通过本章的学习，掌握公共关系工作的基本程序；提高对公关工作进行系统观察和系统思维的能力；培养对公共关系的调查、计划和评估能力，从而提高对公关工作进行系统把握的能力。

【开篇案例】

惠普与海尔老总“崂山论道”
——惠普企业形象公关案例

一、项目背景

1999年4月底，中国惠普有限公司宣布，惠普公司董事长、总裁兼首席执行官普莱特先生将于5月25日至27日访问中国。其间，国家经贸委经过协商，请他在青岛与海尔集团总裁张瑞敏就企业文化、管理理念、经营战略和具体的管理技巧等畅抒己见。这次对话邀请中央电视台《经济半小时》节目的记者参与报道，计划采用电视现场讨论和对话的方式。中国惠普有限公司为保证普莱特先生此次访问成功，特委托爱德曼公关公司进行策划。

二、项目调查

经过周密认真的调查，我们有了以下几点重要发现：

首先，惠普公司迫切希望通过这次青岛论坛会的活动，宣传其被业界广为推崇的经营管理思想即“惠普之道”，提高其在中国的企业形象。惠普公司极为成功的经营管理理念和方法被世人称为“惠普之道”。这一理念决定了惠普公司现今的企业价值观、企业文化、公司目标以及惠普经营策略和管理方式，它也是惠普长盛不衰的真正原因。而普莱特先生正是“惠普之道”的积极推动者和实施者，由他来阐述“惠普之道”的精髓是再合适不过了。

其次，中国国家经贸委对这次青岛论坛会的活动非常重视，他们希望通过这类活动，增进中外企业界之间的交流与合作。

再次，海尔集团对这次青岛论坛会的活动存在某些疑虑。海尔集团是中国近年来成长最快、管理最成功的中国特大型企业，而惠普公司是1999年被《财富》杂志评为世界500强之排名第14位的著名高科技企业。海尔集团老总张瑞敏先生担心自己变成配角。

另外，我们在设计公关目标与策略时，也认真考虑到了下列四个因素：惠普公司在世界高科技领域的领导地位；惠普为中国信息化建设所做的巨大贡献；惠普与中国政府长期的、独特的良好合作关系；作为惠普公司董事长、总裁兼首席执行官的普莱特先生在世界高科技领域的崇高威望。

三、项目策划

有鉴于此，我们初步确定这次公关活动的目标是：强调惠普公司长期扎根中国市场的策略以及对中国客户长期不变的承诺与伙伴关系；树立惠普公司在经营管理经验方面的业界领先地位；尽快消除海尔集团方面的疑虑，确保青岛论坛会的顺利与成功；为惠普公司提供积极、广泛、有深度的媒体报道，进一步扩大青岛论坛会的影响力，同时广泛树立惠普公司在中国的企业形象。

1. 公关策略

充分利用青岛论坛会，加强惠普管理层与参会中国企业管理人员之间的交流和合作；利用青岛论坛会活动，进一步加强惠普管理层与中国政府有关部门（如国家经贸委、山东省经贸委、青岛市经贸委等）之间的了解与沟通，加强同政府的联系；力促国家经贸委和中央电视台与海尔集团方面加强沟通，以消除他们对论坛会的各种疑虑；利用各种媒体关系，宣传青岛论坛会，扩大其在社会上的影响。

2. 目标受众

政府（国家经贸委及当地经贸委），大企业（海尔集团、国务院认可的全国前200家企业、IT业经理），媒体（IT、印刷及出版、电视、广播），社会大众。

3. 总体策划

在对“青岛管理论坛会”项目进行总体策划时，我们将整个活动分为两部分：第一部分为“青岛管理论坛”大会现场；第二部分为后期中央电视台专题系列节目制作报道及其他媒体跟踪报道。

由于美国轰炸中国驻南联盟大使馆，中美关系紧张，给这次公关宣传带来了不确定性，于是我们及时调整了这次青岛论坛会活动的目标：侧重宣传惠普公司自中国对外开放以来一贯坚持的扎根中国的长期战略，这种战略不会因中美关系的起伏而有丝毫的变化；进一步表明惠普公司对中国的信心，重申惠普公司对中国合作伙伴的长期承诺；树立惠普全球以及中国惠普公司的权威形象。

基于此，我们设计了不同的媒体公关项目。为最大限度地发挥公关效应，我们确立了如下传播策略：增强惠普公司全球以及中国惠普公司的传播基础；有效借助国家经贸委的影响，加强惠普国际性公司的积极形象；通过与国内知名大企业的交流，传播惠普公司的管理思想及理念；运用多样化的公关手段，最大限度地增强惠普在市场上的"声音"力度。

4. 挑选媒体

基于上述媒体公关项目，我们分别在IT类、综合类及其他行业类媒体和全国性的知名媒体中进行挑选，并将媒体名单交客户确认。最终确定的媒体名单如下：中央电视台、经济日报、经济参考报、中国经营报、中华工商时报、中国青年报、北京青年报、中国日报、人民日报海外版、中国企业报、中国经济时报、计算机世界、中国计算机报、中国电子报、每周电脑报、文汇报、青岛电视台、青岛日报。

5. 工作进度

我们从1999年5月7日开始介入该项活动，主要做了以下各项工作：

(1) 与惠普公司就整体活动的创意策划进行多次会晤。在客户要求的基础上，作出整体公关项目建议和计划。

(2) 组成本次活动的项目小组，起草项目建议书，并提交给客户修改，最终定稿，确定活动整体公关项目及程序。

(3) 与中央电视台《经济半小时》栏目制片人任学安、主持人谢艾林及有关记者曲向东就论坛会内容、形式等进行讨论，并确定系列片主题为：企业经营管理理念及企业文化。

(4) 与客户协商，确定本次活动的制作、设计及青岛当地支持的合作伙伴。

(5) 论坛会前期的筹备工作，包括宣传资料的制作、现场背景板的设计、媒体专访的筹备等。

(6) 确定项目进程表，每个项目小组成员的职责、任务与工作完成的时间安排。

四、项目实施

项目的精心策划，为项目的顺利实施创造了良好的条件。由于这次论坛会的地点定在青岛，因此有大量的后勤工作和协调工作需要妥善安排。其主要内容包括：

(1) 与青岛香格里拉酒店的协调。确定论坛会现场布置、惠普嘉宾抵达和离开青岛机场时的迎来送往、惠普嘉宾在酒店的住宿安排，等等。

(2) 与国家经贸委的协调。确认在青岛的有关活动安排、参加论坛会的政府官员及企业界代表、会邀请与跟踪确认、签到事宜，等等。

(3) 与展览设计公司及其他供应商的协调。确定论坛会所需的背景板设计与制作、背景板在北京制作完成后运往青岛并安装、同声翻译设备在北京的预订以及运往青岛酒店后的安装。

(4) 与青岛电视台的协调活动。由于中央电视台《经济半小时》需要现场录像，因此需要寻求青岛电视台的合作与帮助。

(5) 与青岛培训中心联系安排事宜。主要安排应邀前往青岛采访的北京与上海报纸及杂志社记者的食宿及其他相关活动。

为确保项目圆满成功，爱德曼公关有限公司派出了一个两人先遣队，提前两天赴青岛负责安排及协调有关事宜。

与中央电视台的合作是确保青岛论坛会成功的关键之一。从确定与中央电视台合作开始，我们就着手进行大量的前期准备工作，并与论坛会主持人、编导及《经济半小时》栏目制片人进行广泛的接触与交流，并代表惠普公司就论坛会主题的确定、资料的搜集、初稿的拟定、主持人向惠普与海尔总裁所要提的问题等内容，与他们进行认真的沟通。

为给中央电视台方面提供更加全面、翔实的背景资料，我们专门派人前往北京大学，采访光华管理学院于鸿君教授。同时我们还采访了光华管理学院教授、北京京科集团总裁何志毅先生以及光华管理学院副院长曹凤岐教授，倾听他们对海尔集团的研究成果以及对青岛论坛会选题方面的意见。我们还参考了光华管理学院《中国企业案例库》关于惠普与海尔的案例分析和调研考察报告，获取较为翔实的书面资料。所有这一切，为中央电视台最终制作丰富的、有深度的报道打下良好的基础。

媒体关系是这次公关活动的一个重要组成部分。我们起草了一个与以前风格完全不同的、非常“煽情”的媒体邀请函，以引起媒体的好奇心与注意力。考虑到青岛论坛会活动内容及性质，我们邀请的主要是相关媒体的高级记者或编辑，以及其他媒体负责管理版的记者与编辑。通过提前进行的

充分沟通，这些编辑和记者对整个青岛论坛会活动内容有了非常清晰的了解。

应邀前往的记者除参加论坛会现场活动外，还参加了我们专门组织的对普莱特先生的集体采访。

五、项目评估

首先，作为爱德曼国际公关公司客户的中国惠普有限公司对青岛论坛活动的圆满成功非常满意。他们认为这次活动影响力大，是中国惠普历史上从未做过的、最为成功的公关活动之一。很多中国惠普的员工从报纸上、杂志上看到大量的有关这次活动的深入报道，都感觉非常自豪。特别是连续两期的中央电视台《经济半小时》有关这次活动的报道，在中国惠普公司内外产生了巨大影响。这次活动的成功为后来爱德曼国际公关公司与中国惠普有限公司的长期合作打下良好的基础。

其次，我们的合作伙伴中央电视台《经济半小时》栏目对这次活动特别重视，为论坛的成功倾注不少心血。由于当时的《经济半小时》栏目正在尝试改版，希望给观众一个全新的面貌，他们将惠普公司与海尔集团两位老总的对话节目作为改版重头戏。这次活动的成功举办以及电视观众的积极反馈，为《经济半小时》栏目的改版提供了一个很有价值的经验。从此以后，《经济半小时》栏目频频策划类似的电视对话节目，很多中外企业的领导人在电视上亮相，这已成为该栏目的特色。

另外，很多公关界同行对这次活动的创意以及成功举办给予高度评价。很多同行在获悉青岛论坛会的成功举办后，在不同场合纷纷向我们表示祝贺。这也进一步奠定了爱德曼国际公关有限公司在中国公关界的重要地位。

最后，这次活动由于我们前期为媒体做了很多资料准备，与媒体的沟通也比较充分，因此媒体报道相当令人满意。中央电视台《经济半小时》连续两天的报道，在社会上产生了积极的轰动效应。印刷媒体的报道不但及时、准确，向受众传递了惠普有限公司希望传达的信息，而且报道的版面大，内容深入充分。大部分媒体的报道还占据了整版或半版篇幅。

任何公共关系活动都是一个动态过程，都有特定的阶段和环节。这要求公关工作必须一环扣一环：从调查研究开始，到拟定计划、实施计划，最后总结反馈。美国公共关系专家卡特利普和森特把公共关系工作的基本程序总结成“四步工作法”（如图 7-1 所示）。

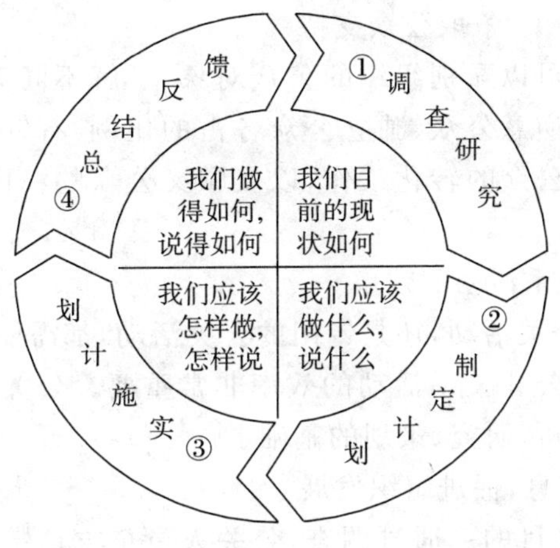

图 7－1 "四步工作法"图

一般来说,公共关系工作人员就是按这四个步骤来开展公共关系活动、解决各种公关问题的。

第一节 调查与分析

公共关系工作的第一步是公共关系调查。公共关系调查是指社会组织的公关部门和公关人员运用科学的调查手段,有目的、有意识、有步骤地考察、了解、分析、研究社会组织客观存在的公共关系现象,以把握社会组织的公共关系以及影响因素的实际状况的一种科学认识过程。通过调查,公关人员应弄清楚组织形象的具体状况,分析组织所处的环境,测量舆情民意,了解与组织行为有关的社会公众的观点、态度和反应,确立公共关系问题。

一、调查的目的、内容

1. 公关调查的目的

(1) 知己知彼,百战不殆

公关调查就是要了解自己,了解公众,找准组织在形象地位图中的坐标,以便有针对性开展公共关系活动。

(2) 了解社会的发展趋势,分析公众的需求

随着社会的发展,公众的需求不断发生变化。特别是当前人们对衣食住行的需求与 20 世纪末相比已发生了巨大的变化。组织必须了解和把握公众的需求动向并根据这一动向制定迎合和满足公众需求的政策和策略,组织自身才能发展。

(3) 甄别公众对象,争取公众支持

通过公关调查,可以甄别组织的公众对象,了解不同类型公众的比例,了解组织的顺意公众、逆意公众、独立公众各占的比例,有针对性地做好独立公众的争取工作、逆意公众的转化工作,以及顺义公众的稳固与发展工作,从而赢得更多公众的支持。

(4) 提高公共关系活动的效率

无论是日常的公关活动,还是专门的公关活动,都需要组织人力、财力、物力的投入,因而提高公共关系活动的效率非常重要。公关活动效率的提高是建立在公关调查、分析、研究、策划的基础上。

(5) 掌握有利信息,促进组织发展

这是组织的最终目的。通过调查,公关人员全方位掌握各种各类有利于组织发展的信息,利用调查获取的可靠信息促进组织健康快速发展。

2. 公共关系调查的内容

(1) 组织自身情况调查

① 组织基本情况调查

组织基本情况调查的主要内容:本组织发展总目标、总战略及方向是否科学和准确;本组织现阶段的方针、政策、中心任务正确与否;本组织在历史发展过程中,对社会发展的贡献、历史上的重大事件及其社会影响;本组织的财务制度、分配制度、人事制度、机构设置等是否合理;本组织在同行中的地位、服务项目和服务水平以及企业的经营管理特点、商标特点、市场分布、市场占有率、市场竞争对手及其主要情况等;本组织内部员工的思想状况、技术文化素质、年龄结构、人际关系等。

② 组织内部领导管理层和一般员工的调查

这项调查的主要内容有:一是对组织领导管理层态度的调查。领导及管理层掌握组织的全局和方向,决定组织的总目标和发展战略,他们对组织的形象和期望水平,常常就体现该组织对自身社会形象的期望水平,因此调查的重点一般应放在领导及管理层上。二是对组织员工态度的调查。广大员工是组织内部公共关系的对象,他们处在各类工作的第一线,对组织的评价具有客观性,他们对组织提出的各种建议大都具有可行性,公共关系目标必须反映他们的意愿与期望。

(2) 对组织外部环境的调查

① 对组织外部一般环境调查

调查内容主要有经济环境、政治环境、人才技术环境、法律政策环境、文化教育环境、自然资源环境、社区环境等。

② 对组织外部公众对象的调查

对组织外部公众调查的目的是了解和掌握公众对组织政策、方针和行为等各方面的意见及态度，并依此采取相应对策，力求使本组织在公众中建立起信誉和良好形象。

如何做好外部公众的调查工作呢？首先要对组织的公众网络进行调查研究，其次要确立本组织的公众范围以及主要目标公众。

外部公众调查的内容主要包括：背景资料，即被调查者的姓名、年龄、性别、民族、职业、文化程度、经济状况、家庭状况等；知晓资料，即被调查者对组织的目标、宗旨、政策、方针、发展趋势、重大决策和行为等方面情况的了解程度等；态度资料，即被调查者的价值观念、思维方式，对其所关心问题的态度和意见，对社会事物和组织的态度等；行为资料，即被调查者对组织的某个问题已经或将要采取的行动，如对企业某一产品的质量问题将向有关方面投诉等。

二、公共关系调查的过程

正规的公共关系调查有一定的逻辑步骤，即：问题是什么→设计问卷→抽取样本→实施调查。

1. 问题是什么

“需要了解什么”是公共关系调查过程的第一步。调查人员只有认真听、反复思考，尽可能多地掌握每个人对某类问题的看法，剔除虚假信息，才能发现真正的问题所在。为了使调查对象真实而又准确地反映事实，调查人员必须认真设计问卷。

2. 设计问卷

设计问卷是将确定的问题具体化、指标化。问卷设计是否恰当，关键在提问。只有提那些可以得到答案的问题，调查才会有效。

提问分开放式和限制式两种。开放式提问允许调查对象有各种答案，因而统计处理就比较困难，并且成本较高。限制式提问限制了问题可能的答案，通常采用“是非式”问题，或从限定的几个答案中选择的方式。为了真正捕捉到人们内心的想法，一般采用“语义差异量表法”，被调查者可以在两极判断中选择。两极间通常给出五至七个等级选择。

组织面对的公众很广泛，不可能向全体公众开展调查，因而必须抽取样本。

3. 抽取样本

抽样必须遵守随机性原则来保证它的科学性和准确可靠性。所谓随机性原则，就是在抽取样本时要按照一定的标准和要求来抽取，使调查对象总体的每一个对象都具有均等的被抽取的机会。这种抽样方法叫随机抽样。随机抽样方法有以下两种：

(1) 简单随机抽样

简单随机抽样即从调查总体中任意抽取若干个体为样本。它是一种最简便的抽样方法，通常采取抽签手段来进行。

(2) 分层抽样

如果被调查对象是各种不同类型的公众，采用简单随机抽样就很可能得出不易归纳、总结的结果。在这种情况下，采用分层抽样更好些。分层抽样是将调查对象总体分为几层，然后在各层中抽取相同数量的样本。

无论采取何种方法，影响调查结果的精确度和可信度的主要因素是抽取的样本数。具体调查时选取样本数的多少应考虑下列因素：第一，总体中样本单位之间的差异程度；第二，调查任务要求的精确度和可信性；第三，时间、人力、财力等客观条件；第四，调查的目的、任务以及统计分析方面的要求。

4. 实施调查

这是调查过程的最后一个步骤。它要求公关调查人员根据设计问卷和选择的样本进行实际操作。

实施调查可采用多种手段，如通信、个别采访、电话、发放问卷等。在实施调查时，具体采用何种手段，要根据调查的任务要求和被调查者的特点来确定。

调查的成效与所使用的方法密切相关。可以用于公关调查的方法很多，如访谈法、观察法、民意测验法、跟踪调查法、文献资料研究法等。

三、公共关系调查的方法

1. 访谈法

访谈法是调查人员通过与被调查人员面对面的交流来获取有关信息的方法，分个别访谈和集体访谈两种。

个别访谈是由调查员同被调查者逐一进行面对面的谈话，并将回答记录下来。集体访谈是以座谈会的形式进行，由一名或几名调查员亲自召集一些被调查者进行讨论，并做好记录。

访谈虽然具有灵活性的优点，但也存在效率低、标准化程度低、费用大、对调查员的个人素质要求较高等缺点。访谈效果在很大程度上取决于调查员的表达能力、人际交往能力、分析判断能力等。

2. 观察法

观察法是由调查者在调查现场观察被调查者形成调查材料的一种调查方法，分为参与观察和非参与观察两种。

参与观察是观察者扮演一定的角色和被视察者一起活动，从活动中了解有关信息。非参与观察是调查者作为旁观者而了解有关信息的调查方法。

观察法省事省钱，所获信息自然、真实，但可能信息肤浅并带有较大的偶然性；同时观察者常因经验、阅历所限而带有更多的个人主观色彩。

3. 民意测验

这是由被调查者直接填写书面问卷的一种调查方法。公共关系的民意测验必须有诚意。具体做法是：根据调查目的拟定调查表，发给被调查者，然后根据答卷统计并推算。调查表要按前面所述的问卷设计要求进行设计。

4. 跟踪调查法

这是由调查人员选择一些固定的调查对象和固定的问题，进行定人定事的连续、深入调查。一般做法是将印好的调查表定时发给被调查者，然后由调查人员定时收回或由被调查者定期寄回。

这种方法的主要优点是调查对象固定，资料比较可靠和系统，可比性强，费用较低，省时、省力，回收率高；缺点是持续时间长，易使被调查者产生疲沓厌烦情绪或产生某种心理负担而影响真实性和回收率。

5. 文献资料研究法

这是利用第二手资料摘取与问题有关的情报进行研究的方法。

第二手资料包括各类文字资料，如报纸、杂志、书籍、有关文件、统计资料、赠言、题字、群众来信等，以及各种声像资料，如广播、电视、录音、图片、电影等。调查人员将这些信息资料进行数量、质量、时间、频率等方面的统计分析。

在统计分析时应从两方面入手：一是进行内容分析，即将信息资料本身作系统化、数量化的统计分析；二是进行形式分析，对信息资料的表现形式进行统计分析，如时间、载体、种类、版面、频率等。

使用文献资料研究法必须建立在完善、有效的信息收集的基础上。信息社会最大的特点就是信息量大、流量快，社会各方面的动态都会在各类媒介的报道中有所体现，只要公关人员用心去收集、分析，便可从中获得有价值的情报信息。

四、公共关系调查信息的处理

1. 整理调查资料

整理调查资料就是对调查中所取得的全部资料进行统计、检验、归类，识别出与组织关系较大的信息，然后从中确定问题。对公共关系来讲，就是确定组织的形象问题。

整理调查资料的方法是将调查所得信息按知名度和美誉度两方面进行归类，然后采用“组织形象地位四象限图”对组织形象进行准确检测，用“组织形象要素间隔图”找到组织实际上社会形象与组织自我期望形象的差距。

(1) 组织形象检测

利用“组织形象地位四象限图”可统计、标示出组织的实际形象地位（如图 7-2 所示）。

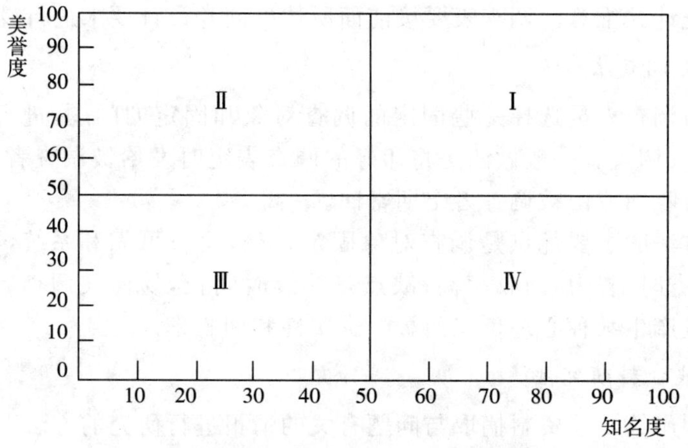

图 7-2　组织形象地位四象限图

在图 7-2 中，横坐标表示知名度，共 100 个百分数标度；纵坐标表示美誉度，共 100 个百分数标度。全图分成四个象限区，每个象限区代表了不同的组织形象地位，反映出四类不同的公共关系状态。

Ⅰ象限区表示高知名度、高美誉度。说明组织的公共关系处于良好的状态。

Ⅱ象限区表示高美誉度、低知名度。说明组织的公共关系处于“酒香巷子深”状况，但有良好的发展基础，工作重点是提高知名度。

Ⅲ象限区表示低美誉度、低知名度。说明组织的状况不佳，工作需要从零开始。

Ⅳ象限区表示低美誉度、高知名度。说明组织的公共关系状态处于臭名远扬的恶劣境地。公共关工系作应先扭转坏名声，努力提高质量，改进服务，挽回信誉。

组织要了解自己在公众心目中的实际形象地位，只需分别求出本组织的知名度和美誉度的百分比，然后在坐标上标出即可。知名度和美誉度的计算公式为：

$$知名度=\frac{回答知道组织存在者数}{被调查人数}\times 100\%$$

$$美誉度=\frac{对组织有良好评价者数}{回答知道组织存在者数}\times 100\%$$

(2)组织形象要素分析

组织形象的内容不是单一的，是由诸多因素构成的。为了剖析组织形象地位的成因和公关工作的具体要点，公关人员应当制作组织形象要素间隔图。

具体方法是：运用"语义差别分析法"(semenfic differenciols fest)制作组织形象要素调查表(如表 7-1 所列)作为分析工具。

表 7-1　组织形象要素调查表

评价项目	好(50)	较好(40)	一般(30)	较差(20)	差(10)
产品质量					
服务态度					
信用情况					
办事效率					
组织规模					

该表的制作方法和统计方法是：

首先，将组织形象分解成为产品质量、服务态度、信用情况、办事效率、组织规模等要素，并用 3～9 个等级来评价每个要素(表 7-1 共用 5 个等级：好、较好、一般、较差、差)，每个等级差为 10。调查时，公共关系人员应请调查对象就自己的看法在表中相应方格中标注符号。

其次，公共关系人员对所有回收表格进行统计：先统计出每一要素的总分，再计算每个要素的算术平均值。例如，某组织调查了 100 个公众，其中服务态度要素的评价为：5 人认为最差(10×5)，15 人认为较差(20×15)，20 人认为一般(30×20)，30 人认为较好(40×30)，30 人认为好(50×30)，求出服务这一要素的算术平均数。然后，将每个要素的平均值标在“组织形象要素间隔图”上（图 7－3），并连接成线。最后，将此线与组织的自我期望形象线相比较，即可找出两者的差距。

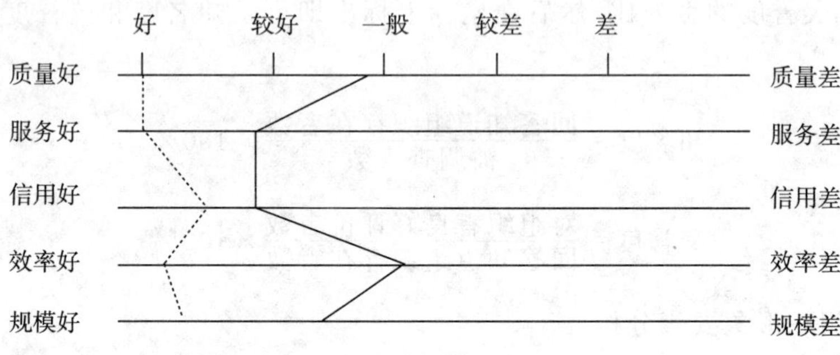

图 7－3　组织形象要素间隔图

注：虚线表示期望形象，实线表示实际形象

2. 形成调查成果

形成调查成果是对整理好的调查资料进行文字分析，写成完整的调查报告，并及时提供给有关部门或人员。调查结果最好是以生动、形象的方式表现出来，使有关部门和人员易于接受和理解，避免枯燥乏味的数字和抽象的文字说明。同时，调查成果应当立案存档，以便检索、查询。

第二节　拟定公共关系计划

公共关系计划是公关部门围绕着如何提高本组织的知名度和美誉度而设计出来的行动方案。拟定公共关系计划包括确立公共关系工作目标、制定具体的公关工作计划、进行可行性评估与论证等环节。

一、拟定公共关系计划的意义和原则

1. 拟定公共关系的意义

（1）公共关系计划可以增强公共关系工作的目的性

公共关系工作的目的是要不断完善组织的形象，而选择什么样的公关活动才能实现这一目的，恰好是公共关系计划中所要解决的基本问题。

（2）制定公共关系工作计划可以保证公共关系工作顺利进行

公关人员制定公关计划时，将对开展活动的人力、时间、经费等进行估测，要确定本组织是否能够负担这些开支，这样就能为公关活动顺利进行提供必要的先期保证。

2. 拟定公共关系的原则

(1) 目标明确具体

计划的目标表述应清楚无误,目标应有一整套指标体系,易于定量化。过于空洞、脱离实际容易导致公共关系工作的不确定性,无法确定量度标准而使计划落空或难以实现。

(2) 公共关系目标与组织的整体目标协调一致

每个组织都有自己的发展战略规划,公共关系计划是组织整体规划内的一个组成部分,因此,它应当能促进整体目标的顺利实现。

(3) 计划性与灵活性统一

由于主客观条件的可变性,公共关系实践活动是富于变化的,过于刻板的计划不利于应付一些突发事件或偶然因素。因此,公共关系计划必须有弹性,准备多种方案,做出多种应变准备。例如,公共关系活动的经费要留出一定比例(一般为10%)作为机动,时间和人员的安排应注意灵活机动。

(4) 计划要有一致性、连续性

公共关系工作的效果是靠日积月累的,计划所列的公关活动不能断断续续、一曝十寒。公共关系计划必须在公共关系总目标范围内作周密安排,使各项活动的具体目的有一致性,前后计划有连续性。

(5) 计划要富于创造性

公共关系活动是一种创造性活动,新奇别致、出人意料的公共关系计划,不但能提高执行者的积极性,而且易于为公众接受,加大成功率。

二、拟定公共关系计划的基本步骤

1. 确定公共关系目标

公共关系目标是公共关系活动的方向,没有目标或目标不明确就无法制定公共关系的通盘计划,也无法开展公共关系活动。公共关系计划的目标包括公共关系活动的总目标和实现这一总目标的具体分解目标。

(1) 公共关系目标种类

① 公共关系总目标。公共关系总目标是指与组织发展战略相一致的公共关系活动的奋斗方向。

② 长期目标。长期目标涉及组织长远发展和经营管理决策等重大问题。它比总目标具体,但仍比较抽象。

③ 近期目标。近期目标是由长期目标派生出来的实施具体任务的公共关系目标。其内容具体、明确,有指向性。

④ 即时目标。即时目标是根据公共关系工作所面临的突发性问题而制

定的目标。

公共关系目标分类没有固定模式，公共关系人员应根据编制计划的需要灵活掌握。

(2) 常见公共关系目标举要

英国公共关系专家弗兰克·杰夫金斯根据自己的公共关系实践描述了广泛的公共关系目标内容，概括起来有15种之多。

① 新产品、新工艺、新技术、新服务项目的开发和推销要吸引最大数量的公众；

② 开辟新市场或推销新产品、新服务之前，要在新市场或新产品推销地的公众中宣传组织的信誉，扩大组织的知名度；

③ 转产时要调整内外公众对新产品的适应过程，树立产品和组织的新形象；

④ 参加社会公益活动，要通过适当的方式向公众宣传；

⑤ 组织的产品或服务如在公众中造成不良的影响要尽快挽回；

⑥ 为组织新设的下属机构进行宣传，使各类公众了解其性质和作用；

⑦ 让内外公众了解组织高层领导人关心社会、参加公益活动的情况，以提高组织的信誉；

⑧ 发生严重事故后，要让公众尽快了解组织的态度和处理意见；

⑨ 创造一个良好的消费环境；

⑩普及产品或服务的消费方式；

⑪ 创造股票发行的良好环境；

⑫ 向社会公众传播组织的名称、商标、品牌；

⑬ 争取政府部门的支持和优惠政策；

⑭ 向政府和有关组织传达本组织与其建立某种合作关系的意义和价值，争取他们的认同和支持；

⑮ 在竞争危机时，通过联络感情争取公众支持。

(3) 确立公共关系目标的原则

① 整体性原则。公共关系部门是组织整体结构的有机组成部分，其活动应有助于整个组织活动的展开，并体现和符合组织的整体利益，故公关目标的确立应从组织的整体利益出发，与组织的整体目标一致。

② 急需性原则。公共关系部门所面临的公关工作是繁多的，由于人力、物力的限制，不能同时进行，只能选择最急需解决的问题制定目标。

③ 效能性原则。与组织交往的各类公众各有其不同利益，他们对组织的权益要求也有所不同，甚至相互背离。而公关部门是无法同时满足各方面要

求的，因此，在确立目标时要抓住重点，优先考虑选择那些收效较大的工作去做。

④ 长远性原则。公共关系活动主要着眼于组织的发展，因而公共关系工作目标应能超脱于组织的局部利益和暂时利益，切忌急功近利的短期行为，应根据组织的长远发展要求来设立目标。

2. 选择公众对象

由于公共关系目标的性质、内容不同，公共关系工作所面对的具体公众也不一样。这就要求从组织的一般基本公众划分出具体公共关系目标所指向的公众。

3. 制定具体的公共关系行动方案

(1) 确定公共关系活动的主题

主题的表述方式宜多样化，可以是一个简明的陈述，也可以是短语、口号。

(2) 选择活动方式和传播渠道

围绕主题而设计的一系列活动叫主题活动。

如果公共关系主题是要传播信息，让公众知晓组织的某种情况，就可选择大众传播、会议、讲演、展览等活动形式。

如果公共关系主题是属于联络感情、社会交往方面，就可利用招待会、茶话会、联谊会、信件来往等活动争取公众的信任与好感。

如果公共关系主题是要改变公众的态度、引起公众的行为，就可采用售后服务、消费指导、赞助、支持公益活动等方式，通过纪念、庆祝等大型社会活动的工作渠道来维护和树立组织的良好形象。

在制定行动方案时，无论使用何种方式和通过何种渠道，都要考虑到人、财、物、技术等方面的现实条件，统筹兼顾、机动灵活，保证公共关系主题的达成。

4. 编制公共关系预算

公共关系的预算是指按照预定的目标，将完成任务所需要的费用一一开列出来。通过预算还须找出活动的成本，找出全年从事公共关系活动的费用总额，然后估算以组织的实际情况可否承担这笔费用。

(1) 预算方法

① 全年公共关系预算。这是以一年为期的公共关系工作成本预算。编制全年预算有两种方法：一是按照企业产品销售量抽成。即从总收入或纯收入中抽取一定的百分比作为公共关系经费。另一种预算方法是目标作业法，即先制定出全年的公共关系目标和计划，然后按照计划将所需各项费用项目

详细列举出来，最后核定总金额作为预算极限。

② 单项公共关系计划预算。这是关于实施一个公共关系计划所需费用的预算。预算方法是把按计划开展活动的各项费用开列出来。公共关系预算编制好后，应请各级主管审查，然后将所预算的内容分发给有关部门，让其了解自己部门分配的费用金额。

(2) 预算内容

① 人员的预算。这里的人员预算是指对实施公关计划所需要的人员进行预算。这实际上是工作量的预算。

② 经费预算。经费预算主要包括各种传播材料的制作费、各种活动的成本费、使用大众传播媒介的费用以及交通费、出差费等。

③ 时间预算。指对完成该项计划的实施工作所需时间进行预算，也就是为实施计划制作一个时间进程表，规定好每一项工作内容的时间耗用，以便公关人员"按时施工"。

5. 形成书面报告

撰写书面报告无固定格式，主要包括下面一些主要内容：

① 背景概述。包括组织面临何种问题，这些问题产生的原因等。

② 工作目标。指针对所确定的问题而制定的具体的公共关系工作目标。在目标中必须明确通过努力可能达到什么效果。

③ 具体措施。为实现目标而采取的相应举措。如选择什么媒介、开展哪些活动等。

④ 预算。详细开列出所需人员、经费和时间的单子。

三、进行可行性评估与论证

对公共关系计划进行可行性评估与论证是最容易被忽视的方面。评估对于计划的完善确实是非常重要的。多年前，美国有支卫生队在非洲宣传防疫知识。作为计划的一部分，他们给村民放一部反映虱子危害人体的幻灯片。事后，村民们说："我们家里虽然有许多虱子，但是没有你们说的那样大，所以还不要紧。"这说明原计划有缺陷。如果我们事先能有适当方法的检查或评估，它是可能得到改进的。因此，许多公共关系计划在制定之后，先进行小规模、小范围的试行，根据反馈再进行调整。总之，有效的评估是完善公共关系计划的重要方法。一般来说，如果公共关系人员在制定好一份计划后就立即开始实施，就容易造成实施中由于遇到种种困难而不得不经常修改，造成人、财、物的浪费。如果说计划是重要的，那么认定是否能完成任务也是重要的。

计划的评估论证一般由有关领导人、专家和实际工作者对计划的可行性提出问题，由计划人员答辩论证，也可以采取召开座谈会的方式进行。评估论证的目的是要搞清楚：我们制订计划是否都是必要的，有无遗漏；相关措施是否完备，是否具有现实性；完成计划的主客观条件是否具备，有无变通；等等。

第三节　实施公共关系计划

公共关系计划一旦被采纳，就需要将计划内容变为现实，这个过程就是公共关系计划的实施。它是整个公共关系工作中异常重要、也最为复杂的一个关键环节。

一、公共关系计划实施的原则

1. 目标导向原则

目标导向要求公共关系人员能够掌握实施进程中的“轨迹”，控制活动的范围，一切行动计划均要紧紧围绕计划目标而展开。

为了切实遵循目标导向原则，可以使用线性排列法和多线性排列法，使所有公共关系活动有序地进行。线性排列法是按照公共关系内容的内在联系性将所有活动项目逐一排列出来，一步一步地向目标迈进。线性排列法的优点是可以使工作人员头脑清醒，循序渐进，避免出现工作的混乱局面和人、财、物的浪费现象，但比较费时间，缺乏灵活机动性。

多线性排列法是同时将所有行动展开，共同向目标迈进。多线性排列法的优点是节省时间、灵活机动，但需同时投入大量人、财、物。使用多线性排列法还要求各环节、各部门、各人员之间要达到整体协调状态，否则实施过程可能出现杂乱无章、混乱不堪的局面。

2. 时效性原则

所谓时效性原则，是指在实施活动中善于把握利用有利时机，以最大限度地发挥公共关系的作用和提高公共关系效果的原则。

（1）避开或利用重大节日或事件

凡是同重大节日或事件没有任何联系的活动都应避开，以免被其冲淡；凡是同重大节日或事件有直接联系的公关计划则可以考虑利用其气氛来扩大自己的影响。

（2）开业之机

组织成立、开业是开展公共关系活动的大好时机。由于新的组织在公众心目中还是一张白纸，如能抓住这一时机，实施公关活动，就可为组织塑造形象奠定良好的基础。

(3) 拓新之时

一般而言,公众对组织推出的新产品或增加的新项目,一开始往往持观望态度。公共关系人员及时运用各种形式的活动对其进行宣传和介绍,可以尽快地消除公众的观望心理,促成他们进行新的尝试。

(4) 失误或被误解之时

组织一旦产生失误或被公众误解,造成"形象危机",就应当立即通过公共关系手段消除"危机",取得公众的谅解,维护组织的声誉。

以上仅仅是从组织的生存与发展的角度来谈公共关系计划实施中的有利时机。其实,在组织的日常或偶然事件中都隐藏着许多公共关系的契机,只要善于观察、分析,是不难找到的。

3. 针对性原则

这是根据目标公众的特点,有针对性地开展活动,以获得良好的公共关系计划实施效果的原则。因为只有目标公众理解并接受了组织的公关意图,公共关系活动才能取得成功。

二、公共关系计划实施的特点

1. 动态变化性

公关计划的实施是由一系列相互关联的实践活动构成的。由于计划毕竟是一种理论的东西,无论怎样周密的计划都可能与实际情况有一定的差异。在实施计划的过程中,公共关系人员难免会遇到一些新问题、新情况,需要经常改变、修正或调整既定方案。

2. 创造性

制订计划、规划蓝图,需要创造性思维,而实施计划就是一个艺术再创过程。公共关系人员在实施计划过程中要充分发挥自己的创造技能,将公关蓝图变为生动、形象的具体活动,达到出奇制胜的效果。

3. 影响的广泛性

任何公共关系活动的目的都旨在形成、改变或影响目标公众的某种态度或行为。一项公共关系计划成功实现后,或多或少地会使目标公众对社会组织的印象产生不同程度的变化,甚至有时还会对整个社会文化、习俗产生深刻的影响。

三、实施公共关系计划的几点禁忌

1. 忌虎头蛇尾,草草收场

公共关系工作是一系列持续不断的努力和活动,任何期望组织的公共关系工作会一蹴而就、一劳永逸的心理都是有害的。为此要求公共关系人员在计划实施过程中要善始善终地保持活动的影响性,力求使自己所开展的活动都能引起目标公众的注意,打动公众的心灵。就如一篇好文章一样,既要有精彩吸引人的开篇,也要有令人回味的结尾,给人留下深刻的印象。

2. 忌过分夸张,以势压人

公共关系工作是一门塑造形象的艺术,需要丰富的想象力和创造力,但并不意味着可以任意发挥、不着边际。把握分寸是公共关系人员在计划实施中所要注意的。过分的夸张、渲染,只会适得其反,引起公众的反感,造成弄虚作假的不良印象。

3. 忌四面出击,劳而无获

有些公共关系人员认为,成功的实施就是面对所有的目标公众同时开展公关活动,四面出击,便可奏效。这种看法是有失偏颇的。实施公共关系计划需要突出重点。难度较大的公共关系不是一般地广泛开展活动就能奏效的,必须重点向关键的决策人施加影响,说明事件结果与他们个人利益相关,方能促使他们转变态度,配合公共关系的实施工作。

四、传务求通

公共关系的实施是一项复杂的工作,涉及许多方面的具体问题,特别是策动传播沟通,既是公关计划实施的重点,又是其难点。根据当代公共关系传播学的研究,公共关系传务求通,必须注意 7 个“C”。

(1) Credibility——可信赖性。传播者应创造一种彼此信任的气氛,使目标公众相信所得到的信息并信任传播者具有解决有关问题的能力。

(2) Context——一致性。沟通计划必须与组织的环境要求相一致。

(3) Content——内容。信息内容必须对公众具有意义,能引起他们的注意。必须有针对性地根据公众经济、政治、社会、文化和心理等方面的特点来安排传播内容。本节开头所说的亚科卡的传播活动,他的经济利害关系说得很明白,强调百折不挠、富于牺牲精神的自救与奋斗,这些都是美国人非常关注和欣赏的,所以能取得成功。

(4) Clarity——明确性。信息的表达应简明确切,以免引起误解。第二次

世界大战后期波茨坦公告颁布后，各国的记者都很关心日本政府的反应。日本外相答之以“默杀”两字。他的本意是政府尚未正式得到公告时，暂时不表态，但是，“默杀”一词在日语中还有另一层意思即拒不接受。各国记者不约而同地依第二层意思理解了外相的回答。据说这一误解对美国最后下决心投放原子弹起了重要作用。

(5) Continuity and Consistency——持续性与连贯性。传播沟通如溪河涌流，只有不断注入新的源头活水，方能不止不息，终达目的。

(6) Channels——渠道。传播沟通要根据塑造形象的具体目标、要求、工作对象、传播内容和组织的经济条件等因素恰到好处地选择传播媒介。譬如，报纸、广播电视等大众传播媒介的运用能迅速引起人们对组织的关注，演讲、招待会、宴会等具有反馈快、沟通比较全面的特点，个别的人际交往则富于人情味。从工作对象的角度考虑，不同公众往往有着不同的接受信息的习惯。例如，文化程度高、喜欢阅读和思考的公众宜于用报纸、杂志，而电视广播较其他传播媒介更能吸引文化程度不高的公众。从传播的内容考虑，较为硬性的新闻，需反复思考的信息宜于用印刷媒介，而软新闻或浅近形象的信息更适用于广播、电视。如此等等，都是选择传播媒介时应予以考虑的。

(7) Capability of audience——公众对象的接受能力。因为受获得信息的习惯、阅读能力和知识水平的限制，公众对象的接受能力是有限的，传播沟通对公众对象的接受能力要求愈小，信息也愈能够为他们所接受。有个单位，女工多，文化程度不高，团结性不好。后经了解，原因是这些女工爱传言，引起许多的误解。为此，该组织特意安排了一项活动：在某次开会时，向前排的同志密授一言，并存字条，让她在第三人听不见的条件下以“咬耳朵”的方式传向第二人，第二人再依次向后传，直至最后一人，由最后一位公开她所听到的话，并与字条比较。结果，试了几次，竟没有一次是与原话吻合的。有关领导借此指出，传言不可妄信，它误解原意、影响团结。这对女工们触动很大。自此以后，班组的团结比以前好了。这次活动取得的成功是一般大道理难以奏效的。因素当然很多，但主要的还是抓住了特定公众的习惯爱好和接受能力，以传言的方式驳斥传言，可谓归谬巧妙，方法得当。

一定要记住，公共关系的传播与沟通虽然过程复杂，但是它的最后结果却应简明地表现为目标公众对信息的接受与接受程度。“如果没有一个人在听，那么制造噪音也失去了意义”。(爱灵顿语)因此，我们必须根据具体的公众对象有针对性地实施传播与沟通。

第四节 总结评估与反馈

公共关系的总结评估是对公关工作的结果进行总结与反思,反映了公共关系工作人员的主观能动性。

总结评估既是公共关系"四步工作法"中的最后一步,也是进行更高一级的新的公共关系工作的开始的一步,起着承上启下的重要作用。

评估反馈工作不仅是在公关活动结束时是必要的,而且应当在连续不断的公共关系工作各阶段中进行:调查阶段要评估信息的准确性、可靠性和问题的确定性;计划阶段要评估各种可选择的方案;实施阶段要评估行动措施。各阶段应将评估的结果及时地反馈到公共关系工作过程中去,以便在下一阶段吸取经验教训。

一、总结、评估的意义

第一,公共关系的总结、评估是改进公共关系工作的重要环节。

第二,公共关系的总结、评估能帮助组织审时度势。

第三,公共关系的总结、评估还能使内部公众和领导人看到公共关系工作的明显效果,使之自觉地重视公关工作,为今后工作取得更多的支持和帮助。通过总结、评估,可以消除障碍,减少公共关系工作的阻力。

第四,公共关系的总结、评估也可以总结出新的经验,提出新问题,形成新理论,从而丰富和发展公共关系的理论和实务。

二、总结评估的标准、原则和方法

1. 总结、评估的原则

(1) 客观准确性原则

公共关系的总结、评估要坚持说真情实话,既不为组织的公共关系工作的失误辩护,也不能把公共关系工作说得尽善尽美。为了做到客观准确,公关人员就不能只凭主观感觉,必须采用一些科学的评价方法进行总结、评估。

(2) 分清功绩和责任原则

公共关系工作是由具体的公共关系人员去完成的,分清人员的成绩和失误是总结、评估工作的重要组成部分。

(3) 定性、定量分析相结合的原则

对公共关系工作的效果作定性分析就是要求对各种检测、评估结果进行概括分类,把评估归纳成若干大类,做出总体好坏、升降的估计和评价,并说明原因，提出证据，明确性质，做出结论。对公共关系的定量分析是要求对定性分析的结论能用统计数字衡量。

2. 总结、评估的方法

(1) 效果调查法

① 专家意见调查。公共关系评估人员拟定调查项目，制定评价标准，邀请有关方面的专家，让其匿名、独立地发表意见。若意见分散无法集中，可汇集整理反馈给各位专家，让其再评价，直至意见基本统一为止。

② 公众舆论调查。这是评估中最重要的方法。进行舆论调查可以运用在调查阶段所使用的方法来对公众的舆论进行前后对比，再制作一次“组织形象地位四象限图”，就可知通过活动后组织的形象地位是否发生了所期望的变化。或者可以通过问卷调查来检测计划目标是否达到。

③ 新闻媒调查。调查新闻媒介对本组织所开展的公共关系活动的报道情况，包括报道的角度、次数、版面及媒介的覆盖面、重要性等，以衡量公共关系工作的成效。

(2) 研究分析

公共关系部门把调查收集来的有关公共关系活动全过程的全部记录资料，经过去粗取精、去伪存真、由此及彼、由表及里进行抽象、概括、分析和综合，可以得出公共关系工作效果的正确评价，它是一种定性分析。在研究分析中，除了对结果有正确的评价外，还应重视对结果的解释。尤其是当发现预期的结果没有发生时，那么解释是必要的：

第一，公共关系方案的主观成分太多，脱离了实际。

第二，没有充分考虑到各种外界环境因素的综合影响作用。

第三，准备工作不充分，造成实施中出现失误或偏差。

第四，公共关系人员素质低。

第五，评估本身失误，如方法不当、标本选择不当、评估人员水平低。

无论评估如何进行，其核心就是：我们做得怎样？为什么？

三、总结、评估的主要内容

第一，对公关活动的投资收益估价，包括对组织长远的经济效益、社会效益的宏观和微观的分析、评价。

第二，对公关活动完成组织的使命、解决组织亟待解决的问题情况以及对组织总体形象的作用进行分析、评价。

第三，对公关活动给组织带来的近期和远期影响、效果作详尽分析、评价。

第四，对公关活动给组织的生存与发展带来的影响，包括对成绩和损失及其原因等进行分析、评价。

总之，公共关系的评估既要评价公关活动对组织内部造成的影响，也要评价对组织外部环境带来的影响。

四、成果报告与反馈

公共关系的效果如何，在很大程度上还要看组织领导层的评价怎样。为使最高管理者对公共关系的效果做出恰当的判断与评价，必须如实将定量、定性的评估成果以正式报告的形式传达给决策层。

报告的形式常用的有书面报告和口头报告两类。书面报告有年终总结、年度报告、定期备忘录和工作报告、情况通报和简报。口头报告有小组会议或委员会会议、工作汇报会。无论何种报告形式，若辅以图表、图片，可以使报告更加生动、形象，效果更加理想。

本章小结

完整的公共关系活动分为调查、计划、实施与评估四个密切联系又不断循环的环节，简称“公关工作四步法”。各个程序及其联系体现了科学性与艺术性的统一。

公关调查是公共关系工作的第一步。公共关系调查是指社会组织的公关部门和公关人员运用科学的调查手段，有目的、有意识、有步骤地考察、了解、分析、研究社会组织客观存在的公共关系现象，以把握社会组织的公共关系以及影响因素的实际状况的一种科学认识过程。

公共关系计划就是公关部门围绕如何提高本组织的知名度和美誉度而设计出来的行动方案。拟定公共关系计划包括确立公共关系工作目标、制定具体的公关工作计划、进行可行性评估与论证等环节。

公共关系计划的实施就是将计划内容变为现实的过程，这个过程的重点是传务求通。

公共关系的总结评估是对公关工作的结果进行总结与反思，反映了公共关系工作人员的主观能动性。总结评估既是公共关系“四步工作法”中的最后一步，也是进行更高一级的新的公共关系工作的开始的一步，起着承上启下的重要作用。

复习思考题

1. 分别用简单随机抽样和分层抽样从学校这个总体中抽取 300 人，以便调查学生的周末生活状况。

2. 各种公共关系调查方法的优缺点有哪些？怎样克服缺点？

3. 公共关系目标的确立需要遵循相应的原则，是否意味着公共关系目标的确立没有灵活性？如何看待原则性与灵活性的关系？

4. 确定公共关系的活动主题应该考虑哪些主客观条件？怎样根据公共关系主题选择公共关系主题活动？

5. 如何理解公共关系计划实施的动态变化性特点？

6. 如何将"孝敬父母"这一指标具体化？请设置相关问题。

7. 怎样拟定公共关系计划？

8. 对公共关系工作结果评估应遵循哪些原则？

9. 案例分析：在第二次世界大战期间，为节约食物，美国政府鼓励居民多吃动物内脏（由于文化因素影响，欧美人是不吃动物内脏的）。怎样才能改变人们的态度呢？若一开始就对男女老幼同时提出这样的要求是难以奏效的。于是美国政府选择人们食物取向的"决策人"——家庭主妇作为突破口，对其展开宣传，进行诱导，终于收到了预期的效果。结合案例，试分析公关计划实施过程中应注意哪些问题？

第八章　公共关系工作人员

【学习目的与要求】

通过本章的学习，了解作为一名公共关系工作人员所必备的基本素质。

【开篇案例】

公关经理周颖的难题

香港公关小姐周颖到广州应聘中华大酒店公关部经理。经过一段时间考察后，中华大酒店的总经理朗尼召开高管会议，首先宣布了两条决定：任命周颖为中华大酒店公关部经理；启用周颖为中华大酒店所设计的灯笼状酒店标志。然后，他向周颖布置了看似微小、实则艰巨的任务：其一，要求周颖有时间要钻研一下《资本论》，而且必须是看德文原版的。这让周颖深感为难。其二，中国的农历新年将至，要求周颖在酒店大堂放置一只活老虎，以迎合中国消费者爱虎的心理，为酒店树立健康威猛的形象。为此，周颖向动物园领导求助，却遭到了动物园领导的拒绝。这又让周颖感到为难。其三，周颖先前投入了大量的时间、精力和财力筹备并成功举办了“羊城青春美”预赛活动。决赛活动也已经万事俱备，只等吉日佳时举时，却被相关管理部门取消。对此，周颖非常苦闷，于是只好去总经理那里请求指点，总经理拿出一本《政治经济学》，要求周颖好好研究它，并做到将酒店活动与政府及其政策联系起来。这再一次让周颖感到为难。生活还在继续，公关还在继续，难题还在不断出现……

精明能干的周颖最终克服了重重困难，解决了一个又一个公关难题，为中华大酒店树立了良好的形象。

公共关系工作人员有广义和狭义之分。公共关系工作人员是公共关系工作的组织者、倡导者或实施者。由于公共关系活动是一项创造性工作，公共关系工作人员必须具备较好的心理素质、文化知识素质和道德素质，必须具备比较完备的公关工作能力,熟悉和掌握一定的社交常识。

第一节 公共关系工作人员的素质

公共关系工作人员的基本素质主要包括生理素质、心理素质、文化知识素质、职业道德素质等。从事日常接待任务的公共关系工作人员,应有一定的外貌要求。但是,真正高层次、高水准的公共关系工作人员,应当体现出高度综合素质。

一、公共关系工作人员的含义

公共关系工作人员(简称公关工作人员或公关人员)有广义和狭义之分。狭义的公共关系工作人员是指在公共关系部或公共关系公司从业的公共关系专业人员;广义的公共关系工作人员是指社会组织中一切事实上承担着内求团结和外求发展任务、其思想和行动对组织形象有重要影响的工作人员,例如组织的领导者和管理者、各种办公室工作人员、商务工作人员等。

在我国,公共关系工作人员主要是指狭义的。目前,这部分公关工作人员的素质相对来说还不高。社会组织内合格的公关工作人员还相当缺乏。有的组织甚至只有迎来送往、陪吃陪喝的"公关小姐"或"公关先生"。这些公关人员除容貌不错外,一般都缺乏公关人员应有的素质。

从公共关系的本质和任务看,公共关系工作人员的含义应当是广义的。一个现代组织的形象,单靠几个公关工作人员是难以真正塑造出来的,它需要组织内部各个部门和众多工作人员的共同努力与协作。

中国的公共关系要普及,要上台阶,就应当切实增强广义的公关人员的公关意识,提高其公关素质。组织上既不能只培养一些有名无实的"公关小姐"、"公关先生",也不能把塑造组织形象的艰巨任务放在少数工作人员身上。

本章既讨论狭义的公关工作人员问题,也讨论广义的公关工作人员问题。

二、公共关系工作人员的生理素质、道德素质和心理素质

素质是个人身心条件的综合表现,是个人生理、心理结构及其机能特点的总和。除身高、容貌、健康状况等生理因素外,素质主要是指个人的性格、气质、情感、意志、品德、知识、能力等。在人的素质中,有先天遗传的一面,但最主要的还是来自于后天的社会生活实践。

1. 公关人员的生理素质

人的生理素质主要是指人的身高、体型、仪表仪态等因素。公共关系对公

关人员生理素质的要求，并不像许多人所理解的那样，一定要容貌姣好、举止潇洒。诚然，公关人员适中的体型、漂亮的脸蛋、白皙的肌肤、迷人的身段确实能够吸引公众的注意，对在公众交往中让人们产生良好的第一印象有一定的作用。但是，仅有这些是不够的。因为，任何真正的公关不可能是"一锤子买卖"，良好的组织形象也不能只是银样镴枪头，公关活动的谋略也不能只有一个"美人计"。正如有的学者所言：让外在条件太好的人搞公关，有时容易引起公众的非分之想，结果只能与组织公关活动的愿望相反。因此，那些形体和相貌一般而身体健康且心理素质、文化知识素质和各方面能力俱佳的人才，是公共关系专业人员的最佳人选。有时在某些从事娱乐休闲服务的社会组织中，适当安排一两个形象特殊（如身材特别矮小的）人员，对于吸引公众、塑造良好的组织形象倒是颇有益处的。总之，公关人员生理素质的基本要求应当是身体健康、仪表端庄、精力旺盛、头脑清醒，至于外在体型、容貌的状况如何，则应取决于组织的性质，以及公关活动的目标、任务等。

2. 公关人员的道德素质和政策水平

道德是调整人们之间以及个人同社会之间关系的行为规范的总和，是一种依靠社会舆论以及人们的传统、习惯、信念、教育来起作用的精神力量。对公关人员来说，最基本的道德素质就是要诚实守信、实事求是。公共关系是一项树立形象、维护信誉、改善管理的活动，必须从实际出发、实事求是。首先，公关人员在公众面前表达思想、阐述观点时，可以运用一定的方法和策略，在一定条件下讲述事情对组织有利的一面，但所讲述的内容必须是真实的，有时甚至要敢于大胆向公众坦言组织的产品和服务中对组织不利的一面。对于公众已经发现和指出的组织或个人的缺点和错误，要敢于正视，不回避躲闪。其次，对所在组织应实事求是，不逃避和推卸责任，能大胆承担自己力所能及的工作，对自己的工作成果能做到既报喜又报忧。再次，对通过公关调查等方式收集到的各种信息、意见、材料等的处理要实事求是，努力做到不唯书、不唯上，只唯实。

公共关系人员还应具有较高的政策水平。任何社会组织都是在一定时期、某一国家、某一社会制度下生存和发展的。组织形象的产生与评价都要由国家制度所决定，受法规、政策的限制和影响。从此一时一地的法规政策水准去看，某一组织的形象是高大的，而从彼一时一地的法规政策水准去判断，这个组织形象很可能就是渺小的。因此，组织在塑造自我形象前，其公关工作人员就应具有较高的政策水平，就应对党和国家的政策法规有敏锐的洞察力、透彻的分析力、深刻的理解力、准确灵活的运用力。一个思想觉悟低、政策水平低的人，不仅很难为领导者的决策提供高质量的政策法规咨询，也很难在形象

塑造过程中不误入歧途、不犯错误。

3. 公关人员的心理素质

(1) 处世个性

组织的形象是受公众舆论左右的。公众的舆论在很大程度上是受公关人员引导的。由于公关工作人员与个体公众打交道的机会相对于其他工作人员而言要多一些,公关人员以什么样的处世个性与公众打交道就显得很重要。有人讲,公关人员的处世个性最好是外向型的。其实,这并不全面。公关人员良好的处世个性应当具有豁达、开朗、热忱、自尊、谦和、诚恳、理智、机敏、幽默、善解人意等特征。

至于公关人员的性格是外向还是内向,这本身并不重要。在不同的公众面前,外向也好,内向也罢,只要发挥得当,都可能收到很好的效果。公关人员的个性在“外向”与“内向”的性格倾向方面,最值得提倡的是具有较强的可塑性:在需要“外向”的场合(如主持仪式活动),应尽量“外向”一些;而在需要“内向”的场合(如听人说话),应尽量“内向”一些。

(2) 吃苦耐劳的精神

公关人员塑造组织形象是一种多层次的复杂的创造性工作,并非只是吃吃喝喝、迎来送往。在组织发展过程中,特别是组织处于创立时期或遭遇危机的过程中,就需要公关人员有敢于吃苦、虽苦犹乐的精神;要善于做别人不愿做而对组织却有重要意义的小事;在困难、挫折、打击、屈辱面前能以组织的利益为重,坚韧不拔、百折不挠地维护和发展组织形象。

(3) 善于捕捉机遇

公共关系工作人员应在具有广博知识的基础上,具有对新问题、新情况、新事物的敏锐的识别力和捕捉力,并予以充分引导、运用。公共关系活动需要不断地进行创新策划。在公关市场上,谁能率先捕捉到新机遇,谁就可能出奇制胜,突破旧形象,推出新形象。

(4) 富于想象

任何一个公关方案的诞生是离不开想象的。公关人员要敢于不断打破思维定式,要在一定的主客观条件的基础上敢于突发奇想,形成新招数、新点子,并在实践中检验、运用,形成公共关系的实际成果。

(5) 广泛的兴趣爱好

公关人员要面对各种不同的公众,要与各种人在多种场合打交道,在与对方培养感情、增进友谊的过程中,如果能在兴趣、爱好方面找到彼此的共同点,无疑有助于公关人员与公众产生“认同感”、“亲近感”,有助于公关活动的展开。因此,公关人员应在琴、棋、书、画、球、牌、舞、歌、文学、影视、旅游等方面尽可能广泛地发展自己的兴趣爱好，虽然不一定样样都是行家，但应力求样样都不是"盲家"。

(6) 乐观的情绪

公关人员在公众面前，最重要的个人形象就是面带微笑。微笑是与个人快乐的心境分不开的，快乐的心境又是与个人快乐健康的情绪相关联的。乐观的情绪、真诚的微笑是与公众交往的法宝。在组织形象良好时，公关人员的情绪要好；在组织形象处于危机状态时，公关人员的乐观情绪就显得更加重要。乐观的情绪不但可以感染公众，而且也可以使自己泰然自若地应付各种复杂局面和艰难事务。消极悲观的情绪会令公众不安和窘迫，不仅有损公关人员自身的形象，而且也会影响公众的情绪。

(7) 顽强的意志

意志是人们为了实现预定目的，在困难、挫折面前不断调控自己的行为的心理品质和心理过程。公关人员要能对自己所从事的事业和具体工作的目的、意义等有充分自觉的认识。他们既不能轻易受别人的暗示，又不能一意孤行、刚愎自用；要善于根据具体情况的发展变化，围绕工作目的对自己的行动迅速做出正确而果断的选择；要有正视困难、排除障碍、不达目的誓不罢休的坚毅性格；要善于克制因自己的情绪而激发出的内在的冲动，克服一切困难，执行已采取的决定。

(8) 典雅的气质、风度

气质是一个人的学识、情感等状况的外在表现和活动灵活性方面的特点，是人的相当稳定的个性特点。风度是指人的美好的举止仪态。一般来说，一个人吸引他人的外在因素通常有两种：一种是人的天生容貌、身材和衣饰等外在自然条件方面，另一种就是人的气质、风度。这两者之间的关系是：单纯的外在自然条件往往只能起一种先导作用，很难有经久的吸引力；而潇洒的气质、翩翩的风度却能形成一种持久的魅力。外在自然条件以先天为主，气质风度以后天为主。气质风度是一个人的学识、涵养、阅历、能力等的综合的外在表现。公关人员要使自己具有良好的气质风度，一定要注意勤奋学习，刻苦磨炼。

(9) 活跃而严谨的思维

思维是人脑对客观事物的反映，是人对外物反映的过程和结果的统一。人的思维是一个在归纳和演绎、分析和综合、比较和鉴别、抽象和概括、系统化和具体化的方法作用下向事物本质和规律接近的过程，其表现形式是概念、判断和推理。公关人员的思维活动应当是十分活跃的，应当不循规蹈矩、不墨守成规，应不断出现思维的兴奋点；同时，各种思维形式与内容之间又必须是严

谨的、合乎逻辑的。这样的思维特点会使公关活动既生动活泼,又严密有序。

(10) 健全的人格

人格的含义是很广泛的,这里讲的人格是一个人在先天因素、成长经历和现实环境作用下的实际的和潜在的行为模式的组合。按加拿大柏恩博士的观点,这样的人格是由父母(parents)、成人(adult)和儿童(child)三种心理状态构成的PAC结构。其中,P状态以强迫、权威作标志,A状态以现实和理智作标志,C状态以任性、冲动和听任他人摆布为标志。在柏恩博士看来,每个人的人格都是这三种状态的有差别的统一。公关人员的人格一定要根据公关的状况,以A状态为主,实现三者的有机结合。一般来说,除了面对儿童等某些特殊类型的公众以外,公关人员人格的P状态和C状态应该尽量少一些,否则,就很难有健全的人格表现。

三、公共关系工作人员的文化知识素质

在一些人的眼里,公关人员只要长得漂亮就可以了,似乎漂亮成了是否可以入选公关队伍的最为必要的条件,甚至是唯一条件。这是非常不恰当的和错误的。

在接待型日常公关活动中,要求人的外在条件相对好一点是无可厚非的。虽然公关活动中有接待,但接待并不就是公关。公关接待只是公关活动中最简单的一项工作。真正高品位的公关活动是以文化知识素质为底蕴而营造出来的。

在现代社会各行各业对人的要求中,十分重要的一点就是对人的文化知识的要求。公关活动是一种文化气息十分浓厚的活动,更需要从业者有较高的文化素养。

公关人员的文化素质有广博与专精两个方面。从广博的角度来看,公关人员应当在勤学好问的前提下努力做到"上识天文,下知地理"。公关人员需要学习和了解的知识很多,如经营管理学、市场营销学、传播学、广告学、社会心理学、政治学、经济学、哲学、法学、伦理学、人际关系学、社交学、逻辑学、历史学、谋略学、运筹学、预测学、口才学、谈判学以及写作、编辑、外语等方面的知识。

公关人员的专业知识结构是一个系统,这个系统是由公关工作所必需的专业知识及其相关的知识构成的。公关人员的专业知识系统由公共关系基础理论、公共关系实务运作知识以及与公共关系理论和实践紧密相关的其他知识构成。

公共关系工作人员首先应当认真掌握的是公共关系的专业基础知识。公

关人员对公共关系的理论不能顾名思义，不能浅尝辄止，特别是年轻的公关工作人员更应该进行严格的岗前理论学习与培训。公共关系学科尽管没有深奥难懂的东西，但国内外的公关实践证明，公关人员对于公共关系基础理论，学与不学大不一样，学多学少大不一样，学深学浅大不一样，学粗学精大不一样。“理论是先行官，实践是兵士”，这应当成为所有公共关系从业人员的座右铭。

公共关系的基础理论知识包括：公共关系与公共关系学的含义及其相互关系、现代公共关系的产生及历史渊源、公共关系的宗旨、公共关系的职能、公共关系的工作准则、公共关系的工作机构、公共关系的三大要素、公共关系工作的基本程序、公共关系策划的基础知识、公共关系传播的基础知识等。

公共关系是一门综合性很强的边缘学科，是以多种现代学科为基础交叉综合形成的。因此，公关人员要真正掌握和运用公共关系的基本理论知识和实务运作知识，必须对与之相邻或相交的其他学科知识有一个基本的了解。公关人员掌握了管理学的基础理论之后，就容易把公共关系看作是一种通过组织管理行为、组织管理过程和组织管理方式而塑造组织形象的活动，这将有助于公关任务的完成。公关人员掌握传播学的基本原理之后，就会自觉地将塑造组织形象的活动看成一个组织与公众之间技术性的双向传播过程，只有在这个过程中才可能建立起组织的良好形象。公关人员对市场学和营销理论有较深入的掌握时，就会按照自由选择、自愿交换、激励相容、分散化决策的市场经济法则来处理与公众的关系，形成与公众的良性互动关系。

此外，公关人员还应对其所在组织和其他相关的组织公众的知识有全面而深刻的了解。一方面，他们对其所在组织形成的历史根源、发展的历史过程、组织的性质、基本特点、经营品种与范围、组织的实力、市场结构、公众状况、主要竞争对手、员工的物质收益和精神状况等，应有深刻的了解；另一方面，他们对相关的组织公众，也应有尽可能多的了解。例如，他们对政府的性质、作用，与政府沟通的渠道和方法，社区的含义、范围、特点，处理好社区关系的重要性及方法，新闻传播机构的性质、服务对象、方法等，都应当有较多的了解和掌握。

四、公共关系工作人员的职业道德素质

公关工作人员既要有高尚的道德情操，又要有公关工作者特有的职业道德素养，这就像医师和教师在一般道德水准基础上还有医德、师德的道德要求一样。公关工作人员的职业道德要求主要有以下七个方面：

1. 忠实于所服务的社会组织

每一个公关人员都需要为一定的社会组织服务，在组织内公关部工作的

人员不必说，就是在公关公司工作的公关人员也有在一定时期、为了一定任务为某一特定组织服务的问题。在市场经济条件下，每一个社会组织都有自己的技术秘密、商业机密等，一经泄露就可能危及组织的生存。因此，公关人员必须严格履行自己的社会责任和道德责任，忠于职守，不做泄露组织机密的事情，不恶意地就组织的弱点、缺点评头论足，说长道短。

2. 严格遵守所在组织的纪律

公关工作特别是面对外部公众的公关工作是一项活跃而富于变化的工作，是一项"可深可浅，做则有，不做则无"的工作，很容易养成公关人员消极、散漫的工作作风。在这种状况下，公关人员只有以高度的主人翁精神严格要求自己，严格按组织的规章制度、组织纪律行事，才可能把组织的公关工作干好。

3. 努力学习，不断提高

由于公关工作的创造性和挑战性，公关人员必须有努力学习、不断提高的内在需要。公关人员不应骄傲自满，不应满足于一功一得。组织发展无止境，公关发展无止境；社会发展无止境，公关前途无止境。在公关竞争中，常常存在"道高一尺，魔高一丈"的局面。公关人员只有不懈地向实践学习，向书本学习，才有可能跟上时代的步伐，满足公关工作任务的需要。

4. 廉洁奉公，正直公道

公关工作是公关人员站在社会组织的角度为公众服务，为社会服务。这就要求公关人员要正确处理个人和集体、集体和集体、集体和社会的关系。个人利益应当符合组织的整体利益，不可本末倒置，不可为谋求个人利益而牺牲集体利益、出卖公众利益和国家利益。公关人员应当懂得，公关人员个人是所在组织的化身，社会组织是社会有机体的细胞。那种假公济私、损公肥私、以权谋私、贪污受贿的行为是必须杜绝的。公共关系工作需要与公众打交道，需要与其他人、其他组织合作互助，公关人员只有为人正直、处世公道，才能够处好这些关系；只有处事严谨、公私分明，才能赢得他人的支持与合作。那种投机取巧、趋炎附势、阳奉阴违、口是心非、心胸狭窄、嫉贤妒能、追名逐利的不良风气，是公关人员应当坚决摒弃的。

5. 遵循国际公共关系道德准则

国际公共关系道德准则是 1965 年 5 月 12 日在雅典召开的国际公共关系协会全体大会上通过的，又称"雅典准则"。准则分为三个部分，共 13 条。

所有公共关系工作组织和公共关系工作人员应努力做到：

(1) 为建设应有的道德、文化条件，保证人类可以享受《联合国人权宣言》

所规定的诸种不可剥夺的权利作贡献。

(2) 建立各种传播网络与渠道以促进基本信息自由流通,使社会的每一成员都有被告知感,从而产生归属感、责任感、与社会合一感。

(3) 牢记由于职业与公众的密切关系,个人的行为——即使是私人方面的——也会对事业的声誉产生影响。

(4) 在自己的职业活动中尊重《联合国人权宣言》的道德原则与规定。

(5) 尊重并维护人类的尊严,确认各人均有自己作判断的权利。

(6) 促使为真正进行思想交流所必需的道德、心理、智能条件的形成,确认参与的各方都有申诉情况与表达意见的权利。

所有公共关系工作组织和公共关系工作人员应该保证做到:

(1) 在任何时候任何场合,自己的行为都应赢得有关方面的信赖。

(2) 在任何场合,自己均应在行动中表现出对他所服务的机构和公众双方的正当权益的尊重。

(3) 忠于职守,避免使用含糊、可能引起误解的语言,对目前及以往的客户或雇主都始终忠诚如一。

所有公共关系工作组织和公共关系工作人员应该避免:

(1) 因某种需要而违背真理。

(2) 传播没有确切依据的信息。

(3) 不参与任何冒险行动或承揽不道德、不忠实、有损于人类尊严与诚实的业务。

(4) 不使用任何操纵性方法与技术来引发对方无法以其意志控制因而也无法对之负责的潜意识动机。

国际公共关系协会曾强调:以上准则在实施时,可参照1961年在威尼斯通过的与英、美公共关系协会行为准则相似的《国际公共关系协会行为准则》。

6. 遵守英、美公共关系行为准则

英国和美国的公共关系协会行为准则很相似,综合起来,其主要内容有:

(1) 职业行为标准

各会员在其职业活动中应尊重公众利益和个人尊严,公关业务应符合公众利益。在任何时候都应忠诚、公正地对待他目前及以往的客户、其他会员、传播媒介与公众。

(2) 信息传播

各会员不得有意不顾后果地散布虚假的信息,而且应该注意避免因不慎而犯此错误;应以保证真实与准确为己任。

(3)传播媒介

各会员不得参与任何意在破坏传播媒介诚实性的活动。

(4) 秘密利益

各会员不得参与任何为不可告人的利益服务而又掩盖其真实目的的欺骗性活动,应保证他所参与的任何组织都公开其真正利益。

(5) 信息保密

各会员在未得到对方同意之前,不得因为个人的目的而公开(除非因法庭裁判)或利用从自己目前以及以往的雇主或客户方面获取的信息,即应为现在及过去的委托人保守秘密;会员不得受聘担任牵涉到泄露或利用这些秘密,因而有损这类现在、过去或可能的委托人或雇主利益的这些组织的雇员或职位。

7. 遵守中国公共关系职业道德准则

为了推动我国公共关系事业向健康方向发展,并使公关人员的职业道德有章可循,1991 年 5 月 23 日,第四届全国省市公关组织联席会议通过了《中国公共关系职业道德准则》。全文如下:

总 则

中国公共关系事业的发展是中国改革开放的必然趋势,它以新型的管理科学协调社会各方面的关系,密切党和广大人民群众的联系,调动各种积极因素,维护安定团结,促进社会主义建设。因此公共关系工作者肩负着时代的使命。公共关系工作者必须具有高尚的职业道德,作为完善自身形象的行为准则。

条 款

一、公共关系工作者应当坚持社会主义方向,自觉地遵守我国的宪法、法律和社会道德规范。

二、公共关系工作者开展公关活动首先要注重社会效益,努力维护公关职业的整体形象。

三、公共关系工作者在公共关系活动中,应当力求真实、准确、公正和对公众负责。

四、公共关系工作者应当努力提高自己的政治水平、文化修养和公关的专业技能。

五、公共关系工作者应当将公关理论联系中国的实际,以严肃认真、诚实的态度来从事公共关系学教育。

六、公共关系工作者应当注意传播信息的真实性和准确性,防止和避免使人误解的信息。

七、公共关系工作者不能有意损害其他公关工作者的信誉和公关实务。

对不道德、不守法的公关组织及个人予以制止并通过有关组织采取相应的措施。

八、公共关系工作者不得借用公关名义从事任何有损公关信誉的活动。

九、公共关系工作者应当对公关事业具有高度的责任感。不得利用贿赂或其他不正当手段影响传播媒介人员真实、客观地报道。

十、公共关系工作者在国内外公共关系实务中应该严守国家和各自组织的有关机密。

附　则

本准则将根据实际情况予以调整和修改。其解释、修改、终止权属全国省市公关组织联席会议。

第二节　公共关系工作人员的能力与培养

公共关系工作人员除了应具备必要的基本素质外,还应当具备较强的组织领导能力、观察记忆能力、社会交往能力、自控和应变能力、创造能力等。公关人员既需要以一定的自身条件为基础,又需要社会组织能多途径、多形式地对其进行培训。

一、公共关系工作人员的组织领导能力

能力是能胜任某种任务的客观条件。广义的能力包含素质,狭义的能力是指素质的动态表现形式。

公关人员的能力应当是一个系统。美国学者斯科特·卡特利普等人在他们所著的《有效公共关系》一书中,将公关人员的工作能力归纳为十个大类。换言之,公共关系工作人员应具备十个大的方面的能力,即写作、编辑、与新闻媒介的联络、特殊事件的组织与筹备、演讲、制作、调研、策划与咨询、培训、管理。虽然公共关系人员不可能成为十全十美、全知全能的人,但是,从事公共关系工作要取得成就,能力还是应尽可能全面一些为好。就组织领导能力而言,公共关系机构虽然不是组织的决策机构,不必组织全体成员行动,但是,如何通过恰当的决策咨询使组织的领导者根据公众的需要,带领全体成员行动,这更是一种很强的组织领导能力。在组织内部,各个职能部门的利益并不完全一致,考虑组织的整体形象时也会有各自不同的出发点,如何运用自己的能力巧妙地使之团结起来、协调起来,也是公关人员必须认真去实践的。公关人员要引导和说服公众认识、了解、赞美自己的组织,并不是一件容易的事,有道是“众口难调”、“各有所需”。如何有效地协调组织与公众之间的利益差异和

矛盾，这也需要运用公关人员的组织领导能力。

公关人员的组织领导和组织协调能力常常还有很多特殊之处。例如，需要组织协调的对象往往活跃多变，既要协调外部公众，又要协调内部公众；就内部而言，既要协调整个组织的公众，还要协调公关机构内部成员的关系。

在具体工作上，公关人员的组织能力主要表现在调查研究、形象评估、日常接待、资料整理、商品展览、社会赞助、仪式庆典、新闻发布、舆论诱导等活动之中。

公关人员的组织领导能力如何，直接关系到组织的人力、物力、财力是否得到有效的配置和利用，关系到组织的运行效率和组织目标的实现，因此，必须认真培养。

培养公共关系人员的组织领导能力，首先，要提高公共关系人员自身的业务素质，懂得公共关系活动的目的、任务，懂得公共关系的基础理论。

其次，要认真掌握一些管理学、领导科学、组织行为学等方面的基础知识。公共关系的组织领导虽有自身的一些特点，但与其他工作的组织领导的共同点是主要的，因此，从一般的组织管理科学中可以学习、借鉴到公共关系的组织领导知识。

第三，可以向本行业或相近行业的管理者以及其他业务工作者学习组织领导的经验。

第四，注意逐步提高公共关系工作人员的个人威信和个人影响力。个人威信是由个人的风度、气质、品德、才智、经验等构成的，它常常表现为情感的感召力和个人作风的回应力。个人影响力除了个人自身威信以外，还可能来自其职务权威，即来自个人的职务、职称、阅历、资历等。在一定条件下，个人威信是可以通过自我培养而提高的。因此，公共关系工作人员应当通过多种途径培养和提高自己的风度、气质，通过修身提高自身的品德素养，通过学习和实践，提高并拓展自己的才智和经验。

二、公共关系工作人员的观察记忆能力

周密的公共关系计划常常来自于周密的观察，独特的公关方案常常产生于独特的视角。公关人员应有细密的观察力，善于“于细微处见实质”，从察言观色中把握对象公众的心理特征。观察要敏锐，要善于发现事物变化中常人容易忽视、而对公关工作有较大影响的细节，善于从普通的图表、资料、数据中发现特殊的问题，从事物现象的平静状态中发现其蕴涵的显著变化。观察的角度一定要尽量多。只有从多维视角获取的观察材料中，才能做出对事物现象背后的本质的推断，才可能排除错觉，剔除假象，形成准确的组织形象判断

和公关活动的重点、要害的判断。

公关工作的一个很大的特点就是事情多,且易于变化。公众是形形色色的,公众的利益需求是纷繁复杂的。如果公关人员能将接触过的所有公关事务连同公众的姓名、性别、年龄、个性特征等都记下来,那么对于做好工作是非常有利的。因此,公关人员在公关活动中一定要全神贯注,认真分析、思考,将各种细节通过各种手段尽可能多地记下来,并不断重复再现,以便在需要时准确地回忆出来。

三、公共关系工作人员的社会交往能力

公关人员的社会交往能力是指其进行人际交往、广泛联络公众的能力。公共关系工作人员应努力成为活动家。为了组织的形象,公共关系人员要与各种不同的人交往。这种交往既不能靠物质贿赂、请客送礼,又不能靠油嘴滑舌、精神贿赂,而是靠公关人员从尊重对方个人人格、尊重对方组织的合理利益需要出发,利用自己的学识、修养、交往技巧去接近对方、接触对方、认识对方、了解对方,帮助对方克服困难,解决问题,以达到广结人缘、广交朋友、见机行事、塑造组织形象的目的。

公关人员为了提高社会交往能力,首先应增强其自信心。一个人成就的大小,往往不会超过他的自信心的大小。适度的自信能增强公关人员社交的勇气,抓住社会交往的机会。那种自轻自贱、自卑感强烈的人是不受公众欢迎的。因此,公关人员应当从自己的年龄、性别、阅历、学识等方面发现其对自身有利的一面,作为自信的根基,大胆地走向公众,与公众轻松自如地交往。

其次,要尽可能地优化个人在公众面前的形象。这其中内含两个环节:一是在与公众见面前,公关人员应当根据公众的特点打扮自己,装饰自己;二是在与公众交往的过程中,应当根据对象公众的状况讲究体姿仪态,注意自己的举手投足、张眉扬目等仪态变化对公众的影响。公关人员应当明了:要树立和展示组织的良好形象,首先就得树立和展示公关人员个人的良好形象。别人只有接受了你,才可能进一步接受你所在的组织。

第三,要察言观色,善解人意。公关人员要取得社会交往的成功,有必要懂得一些动作语言学或体态语言学方面的知识,了解人的体姿仪态、表情、手势等发出的真实信息。这种信息的可靠性、准确性、可信度常常比有声语言要高。因为,人的口头语言主要受理性支配,动作语言则主要受非理性支配,动作语言所表达的东西常常是行为人想表达又不敢或不便表达的东西。因此,公关人员一定要认真仔细地在社交活动中捕捉这方面的信息,察其言,观其色,做公众的知心朋友。

第四，要学会听人讲话。公关人员要传播组织形象，口头表达是很重要的，但善于倾听公众讲话也同样重要，甚至更为重要。只有你能认真听别人讲话，别人才会认真地听你讲话；只有别人能认真聆听你的讲话，才有可能实现通过交谈进行对外传播的目的。听人讲话时，要注意尽可能地选择一个宁静的环境；消除心理障碍，避免先入为主；集中注意力，用心体验对方谈话中所涉及的情景；重点是听对方所讲的主要内容，不要过多考虑其表达水平；适当用语言给予呼应和支持；检点自己的体态语言。

第五，要给对方以肯定、支持和赞扬。每个人都希望被尊重，每个心智健全的人都希望别人能肯定他的观点的正确性，希望别人给予适当的精神鼓励和赞扬；相反，每个人都不希望受到别人的挑剔、指责和攻击。即使他的观点确实有错误，他也希望别人能在理解的基础上，建设性地交流意见和解决问题。因此，公共关系工作人员在发现对方的优点、长处或对某一方面已经做出一定的努力时，应当给予充分的肯定、赞扬。当然，这种肯定和赞扬一定要真心诚意、明确具体、及时有度。即使发现对方的观点与自己的立场不一致，甚至违反了一定的交往原则，也不要一味指责对方，而应当抓住要害，以建议的口吻向对方阐明自己的观点，并请求对方理解。

四、公共关系工作人员的自控和应变能力

在人的能力结构中，自控和应变是矛盾的，又是统一的。应变的基础和前提是自控，自控的目的是应变。公共关系是一项需要不断开拓进取的工作，经常会遇到一些新情况、新问题，遇到始料不及的情况变化。对此，公关人员首先需要冷静自控，通过认真的分析比较之后再做出应变的反应。首先，面对新情况、新冲突，公关人员必须有耐心、有毅力，不要轻易否定原来结论的正确性，不要为眼前的利益所扰，不要为突发的灾变所困，不急不躁，不烦不恼，“任凭风浪起，稳坐钓鱼船”。在社交活动中，当出现个别公众有意或无意伤害自己、辱骂自己时，公关人员尤其需要冷静，需要在不违背原则的前提下予以忍让；特别是发现对方激怒你是其预设的计谋时，更应当稳住阵脚。那种遇事就烦、就上火、就动怒的人是很难搞好公关工作的。同时，当发现新情况、新问题确实系原来计划不周或预测有误，再执行原方案有损组织形象、或可能错失发展组织形象的机遇时，公关工作人员应能随机应变，或使问题转危为安，或使局面锦上添花。

培养自控和应变能力，首先，要培养自己博大的胸怀和高瞻远瞩的精神境界。如能做到凡事冷静观察、细致分析、从长计议、不为小事所扰、不为小利所诱、不为小人所恼，其自控、应变能力就会随之提高。

其次，要培养自己临变不惊、临危不惧的心理素质。公关人员应当懂得，在万事万物之中，变是绝对的，不变是相对的；巨变是必然的，微变是随时的。懂得了这一点，公关人员在接触到某件事情时就会做好承受各种变化，甚至承受突然的、灾难性变故的思想准备。这样，公关人员就做到有备无患，当各种变化真正发生时，因早有心理准备，就会将变化引起的心理震荡降低到最低限度，就会冷静地在变化中做出最佳的前景选择。

第三，多进行发散性思维，培养解决问题的多维性。这种思维训练的要点是：给自己提出一个问题，然后自己随意探索与之相关的可能答案，由此得出的答案愈多愈独特愈好。坚持进行类似的思维变通训练，就会为公关活动中迅速应对并妥善解决突然变故打下良好的基础。

五、公共关系工作人员的创造能力

创造力是人类有别于动物的重要特征，是人类智力的重要表现。创造即开创前所未有的东西。公共关系活动的方法是“法无定法”，需要不断地创造。公关的主体在公关活动和其他活动的有效推动下会变，不变则说明公共关系没有效果；公关的客体在数量、标的、需求与主体的利益关系方面也是活跃可变的；公关的中介——传媒的变化则更加显著。面对这种情况，公关人员要持续地开展卓有成效的工作，就得创造，就得根据一定时间、一定条件下的各要素特点创造出别具一格的公关活动，塑造出新颖别致和富有个性的组织形象。按部就班、走别人留下的老路，是很难真正有所作为的。

人的创造能力是通过学习和实践不断产生、积累和提高的。

首先，由于创造活动的最大特点是“出奇”、“创新”、“突破”，这就要求公共关系工作人员要在平时的思维活动中有敢于打破常规、不拘一格地探寻问题答案的习惯，即培养创造性思维的习惯，培养超越常规的思考动机。

其次，要培养自己观察问题、探索问题的敏锐性，对客观事物和现象的反映尽量全面一些、深刻一些、快捷一些，善于捕捉自己头脑中产生的非逻辑思维而形成的结论，把自己思想中突发的灵感记录下来，加以整理、论述，再付诸实践，就有可能产生创造性成果。

第三，应对创造学的基本知识，对创造的主体和客体、创造机制、创造过程等有一定的了解，把自己的创造活动规划为选择目标、精心准备、反复酝酿、出现灵感和实践验证等五个具有连续性、继起性、反复性的环节。

第四，应当熟悉和掌握一些前人留下的优秀的创造技法。创造技法主要有以下几种：

一是类比发明法。即根据一定的标准尺度，把某一事物与几个有联系的相关事物加以对照，从而把握住它们的内在联系而进行创造的方法。比方说，根据鸟的飞行设计出飞机，根据鱼的游动创造出潜艇等，就属于类比发明法。

二是等值变化发明法。即通过事物的相互比较并相互模拟、借鉴，以产生联系来改变原来的对象进行创造的方法。这一方法是日本的市川龟久弥教授根据蚕变成飞蛾、桑叶变成丝的自然现象概括提炼而成的。它是将现有的要素进行重新组合，或者将现存的事物在新的条件下进行重新变换结构而进行创造的方法。学做搭积木的游戏是培养这种创造技法的有效手段。

三是模拟创造法。人类许多发明创造都起源于模仿。创造学家认为：任何创造都是从模仿开始，然后再进行独创。模仿创造法又可以分为机械式模仿、启发式模仿、突破式模仿三大类，其中最有创造价值的是突破式模仿。

四是联想发明法。联想发明法是依据人的心理联想而产生的创造方法。联想的具体方法按照选择方向大致分为三种：其一，横向联想法，即从一事物与他事物之间的相互联系中寻找解决问题的答案的方法；其二，纵向联想法，即从一事物自身发展的轨迹去思考解决问题的答案的方法；其三，逆向联想法，即从一事物发展趋势的相反方向去寻求问题答案的方法。

联想的方法按其特点，又可分为六种：其一，接近联想法，即对于在空间或时间上接近的事物进行联想的方法。其二，相似联想法，即从一事物出发，对相似事物展开联想的方法。其三，对比联想法，即对性质、特点完全相反的事物的联想的方法。其四，自由联想法，一种不受任何限制的联想方法。其五，控制联想法，即对事物进行有限制的联想的方法。其六，假想构成法，又叫幻想法，是在联想的基础上，又突破联想而产生创造性成果的方法。人类通过这种假想构成法发明了很多文明成果。例如，由幻想人走路能像马一样快，于是发明了汽车、火车；由幻想人能像鱼一样游，于是发明了潜艇；由幻想人能像鸟一样飞，于是发明了飞机、飞船等。对于公关人员来说，幻想应当是必不可少的思维活动。一位哲学家曾说过：如果一个人完全没有幻想的能力，如果不间或跑到前面去，用自己的想象力来给刚刚在他手里形成的作品勾画出完美的图景，那么就很难设想有什么刺激力会驱使他在艺术、科学和实际生活方面从事广泛而艰苦的工作，并把它坚持到底。

五是智力激励法。智力激励法又可称"头脑风暴法"、"集思广益法"，它是通过一种特殊的会议，使参加会议的人们相互激励、相互启发、相互诱导，彼此得到知识空缺的填补，从而引起创造性设想的创造技法。智力激励法是美国现代创造学之父奥斯本发明的。智力激励的必要手段是会议。这种会议的组织方式是：参加会议的人数每次在 10 个左右，最好是男女搭配，即有几位女性出席。会议的时间在 20～60 分钟之间。会前 10 天左右将会议的议题通知与会者，并请他们做好发言准备。在会议上，所有与会者一律平等，自由思考，想法越新奇越好，提出的设想越多越好，不允许批评、指责别人的设想，不允许用集体的意见阻碍个人的创造性思维，可以相互启发。会议秘书应将所有的提议全部记录下来，会上任何人都不对发言人作判断性结论。

六、公共关系工作人员的一般培训方式

2000年，《中华人民共和国职业分类大典》明确将公共关系纳入了大典，公共关系成了一种专门职业。这些都要求公共关系事业逐步走向职业化。随着经济社会的发展，各行业对于公共关系专业人员的需求量非常大，且发展空间广阔。培养公共关系专业人员是我国教育事业的一项重要的任务。

1. 公关工作人员的培训目标

公共关系工作人员既需要以一定的自身条件为基础，同时，又需要组织有计划、有步骤地按公关任务的发展需要进行培训。培训的目标有三类：

一是培养普通公共关系工作人员。培养这类公关工作人员的目的是满足日常接待工作和其他的公共关系辅助工作的需要。这类人员在培训前应具有高中文化水平，外在的自然条件较好。通过培训，他们应具有高尚的道德品质和良好的职业行为准则；懂得公共关系的最基本的原理，明确公关工作的性质和任务；能根据工作需要对自己的仪表、仪态进行适当修饰；懂得礼节礼貌，能得体恰当地待人接物；具备较好的口头和书面表达能力；能熟练使用电脑，掌握一种外语。

二是培养专业技术公共关系工作人员。培养专业技术公共关系工作人员的目的是造就有某种特殊公共关系技术的人才，如摄影、广告、传媒等方面的人才。这类人员在培训前应有大专以上学历，有较好的文化知识修养。通过培训，他们应具备普通公关工作人员的基本素质，并在此基础上掌握一些公共关系专业技术，或提高原有的专业技术水平；应充分认识质量观念、效率观念的重要性，能努力钻研业务，做到精益求精。

三是培养专职公共关系工作人员。培养这类公关工作人员的目的是满足公关工作组织指挥和全面协调的需要。这类人员在培养前应有大学本科以上学历，有普通公关工作人员和专业技术公关工作人员的基本素质。通过培训，他们应精通公关理论，谙熟公关业务，成为公共关系工作的行家里手。

公关工作人员的培训内容主要是：根据培训目的有选择、有重点地对公关工作人员进行理论培训、技能培训和操作培训。其理论培训的一般内容有：公共关系基本原理、公关人员的职业道德和行为准则、公共关系学的相关知识。其技能培训的内容包括：某门技术的基本常识、动作要领、操作技巧以及一般

的观察力、分析力、社交能力、表达能力、应变能力、创造能力等。理论培训与技能培训的界限是相对的。具体培训活动应强调理论和实践相结合,注重实践性。

2. 公关工作人员的培训途径

目前公共关系工作人员培训的途径主要有以下两条:

(1) 公共关系专业学历教育

公共关系专业学历教育是以培养合格的公关专才为目标定位。它不仅要解释公关"是什么"的问题,还应回答公关"怎么做"的问题。"公关是什么"指的是公共关系理论和公共关系思想上的问题,这是公关教育之本,是任何层次的公关教学都应重视的问题。但现阶段我国的公关学历教育存在的问题在于过于强调以知识教育为主,培养的学生大多停留在纯理论研究方面,缺乏公关技术与能力的实践与训练。由于公关专业需要相当强的动手能力,办学成本较高,声像技术传播实务课程就显得有些跟不上。一些公关创意、概念没有条件用影视、平面操作设备再现。目前国内公关人员缺乏这方面的训练,因而不能真正满足专业公关公司在公关技能方面的要求。所以在公共关系专业学历教育上,在强调理论性、思想性与技能性并重的同时,还必须明确培养学生公关实务技能的重要性。

(2) 公共关系非学历教育

非学历教育作为社会性公关教育是社会教育的重要内容之一,包括大专班、函授教育、公关培训班等形式。随着终身教育体系的不断完善,社会文明程度的不断提高,非学历的终身职业教育正逐渐被人们接受并逐渐得到重视。公关行业的快速变化、传播手段的不断更新,必然要求公关从业人员持续地进修,不断研究新事物,学习新知识,掌握新技术。同时,许多其他行业的人员出于工作的需要,也会希望从公关培训中提高自己的公关素养,以更好地适应社会挑战。非学历公关教育一般课时较短,学员的素质和背景差异大,他们来自不同行业、不同专业,只是把接受公关教育作为一种补充。因此,对非学历公关教育来说,要继续做好层次不同的短期班和专题性培训工作,首要任务还是培养学员的公关意识和基本的公关素养,以及与时俱进的新观念、新知识,然后才是根据不同对象的不同发展阶段,提供相应的公关技能培训。

第三节 全员公共关系(PR)管理

全员公共关系(PR)管理,即通过全员的公关教育与培训,增强全员的公关意识,提高全员公关行为的自觉性,使全体人员认识到,一个组织的形象、信誉这种无形资产比有形的资金、设备更为珍贵，更为难得。作为一种管理职能，公共关系的重要责任是管理一个组织的“无形资产”。这些无形资产是指知名度和美誉度。公关工作的成功，不仅需要依靠专职的公关部门和公关人员的不懈努力，而且有赖于一个组织各个部门和全体人员的整体配合。一个组织上至最高领导，下至每一个成员，都是有形无形的公关人员。

一、领导的公关意识

一个组织的领导，必须对组织的声誉和形象承担直接责任。因此，应该具备强烈的公共关系意识，关注组织的公共关系状况，在经营管理中提出公共关系方面的要求，在实际工作中支持和指导公共关系的工作。公共关系业务的特殊性在于，它渗透到日常的行政、业务工作的各个环节，必须从全局和战略的角度加以协调管理。

二、全员的公共关系配合

要将公共关系的经常性工作与全体干部、职工的日常行政工作和业务工作结合起来。各职能部门和生产单位在自己的工作范围内做决策、订计划时，都应该自觉地配合组织实现公共关系的目标。公共关系的好坏，也成为对各部门业务工作进行评价考核的一项标准。相应地，应该在有关的规章制度中明确每一部门或岗位对公共关系应负的责任。因此，需要经常在全体员工中进行公共关系的教育，开展公共关系方面的评比和奖励，例如宾馆、酒店中评选“微笑大使”、“礼貌使者”。

三、组织的公共关系氛围

全员公共关系有赖于在组织内部形成一种浓厚的公关风气、公关氛围。应该在组织内部普及公共关系教育，使全体员工认识到一个组织的形象、信誉等无形资产重要性。良好的形象能使一个企业组织所拥有的实物资产增值；恶劣的形象会使一个企业组织的有形资产贬值。而创造和维护良好的形象与声誉人人有责，要靠大家共同努力；应该人人讲公关，人人做公关；凡是为组织赢得声誉的言论与行为，都应该获得较高的评价，值得大力赞扬；凡是损害组织声誉的行为与言论，都应该视作形象事故来处理。应使所有领导和员工在内外交往中自觉注意公共关系，使之蔚然成风。

总之，公共关系人员要做好公共关系工作，仅靠个人的努力与能力是远远不够的，而必须依靠群体的力量，全员做公共关系。

本章小结

公共关系工作人员是公共关系工作的组织者、倡导者或实施者。由于公共关系活动是一项创造性工作,公共关系工作人员必须具备较好的心理素质、文化知识素质和道德素质,必须具备比较完备的公关工作能力,熟悉和掌握一定的社交常识。

公共关系工作人员的基本素质主要包括生理素质、心理素质、文化知识素质、职业道德素质等。

公共关系工作人员还应当具备较强的组织领导能力、观察记忆能力、社会交往能力、自控和应变能力、创造能力等。公共关系工作人员既需要以一定的自身条件为基础,又需要社会组织多途径、多形式地对其进行培训。

全员公共关系(PR)管理是社会组织做好公共关系的关键。

复习思考题

1. 为什么有人将公共关系工作人员定义为“极少数聪明人”?

2. 你想做一名公共关系工作人员吗?你认为自己离合格的公共关系工作人员的要求还有多远?

第九章　公共关系礼仪

【学习目的与要求】

通过本章的学习，了解公共关系礼仪的概念与特征、公共关系礼仪的原则、公共关系礼仪的主要形式；掌握公关人员的个人礼仪修养、交谈礼仪的运用方法、接待礼仪的合理把握；能够将所学的公共关系礼仪知识应用于实践，提高个人素养。

【开篇案例】

"一口痰"的代价

这是一场艰难的谈判。这场谈判持续了一天，美国约瑟先生对于对手——中国江南医疗器械厂的范厂长，既恼火，又钦佩。

这位范厂长对引进"大输液管"生产线行情熟悉，考察缜密，不仅对设备的技术指标要求高，而且价格压得很低。在中国，约瑟似乎还没有遇到过这样难缠而有实力的谈判对手。他断定，今后和务实的范厂长合作，事业是能顺利的。于是，他信服地接受了范厂长那个偏低的报价。

"OK!"双方约定第二天正式签订协议。这天时间尚早，范厂长邀请约瑟到车间看一看。

车间井然有序，约瑟边看边赞许地点头。走着走着，突然，范厂长觉得嗓子里有上百条小虫在爬，不由得咳了一声，便急急地向车间一角奔去。

约瑟诧异地盯着范厂长，只见他在墙角吐了一口痰，然后用鞋底连忙擦去，油漆的地面上留下一片痰渍。

约瑟快步走出车间，不顾范厂长的再三挽留，坚决要回宾馆。第二天一早，翻译敲开范厂长家的门，递给他一封约瑟写的信："尊敬的范先生，我十分钦佩您的才智和精明。但车间里您吐痰的一幕使我一夜难眠。恕我直言，一个厂长的卫生习惯可以反映一个工厂的管理素质。况且，我们今后生产的是用来治病的输液管。贵国有句谚语：人命关天！请原谅我的不辞而别，否则，上帝会惩罚我的……"

范厂长觉得头"轰"的一声，像要炸了。

在公共关系活动中，公关人员需要广交朋友，沟通多种信息，融洽与协调多方面的社会关系，减少社会摩擦，化解各类矛盾与冲突，为组织创造一个"人和"的社会关系环境。尤其在组织与外界的交往中，公关人员更应该讲究公共关系礼仪。因为它是组织风貌、员工精神状态、公关人员工作水平和专业技能的最集中体现，是各种人际沟通和社会交往的方法，是处理大量联系事宜与外交事务所必须遵从的行为准则。

第一节　公共关系礼仪概述

一、公关礼仪的概念

公共关系礼仪，简称公关礼仪，是指公关人员在公共活动中尊重他人、讲究礼节的程序。

"礼"在我国泛指社会道德或行为准则，也是表示敬意的通称；"仪"一般指仪式、仪典。"礼仪"泛指人际交往中惯用的行为规范和方式，是礼节和仪式的总称。礼节是人们在日常交往和交际场合中，相互表示尊重、祝颂、问候、致意、致谢、哀悼、慰问以及给予必要协助与照料的惯用形式。这是礼貌在语言、行为、仪态等方面的规则化，是待人处事的规矩。礼仪是在较大或较隆重的社交场合，为表示礼节、礼貌而举行的礼宾仪式。它起源于原始的宗教祭祀活动，最初是对人们祭拜神鬼、祖先时行为的一种规定。随着社会交往活动的繁荣而日趋完善，它成为一种体系性、审美性很强的社交规范。

"公关礼仪"是指产生于一定文化道德基础之上的用以调节组织与公众关系、促成相互均衡和谐发展的行为规范和准则，是人们在现代社会交往中各种符合公关精神、准则、规范的交往方式、行为方式、社会活动、典礼程序以及与之相适应的标志、服饰等的总称。

公关礼仪是由公关礼貌、公关礼节、公关仪式三要素组成。公关礼貌是指在交往中所表现出的敬重和友好的行为，如守时、尊重妇女、面带微笑等。公关礼节是礼貌在语言、行为、仪表等方面的具体规定，如拜访客人的礼节、致意的礼节。公关仪式是一种具有固定性质的礼貌、礼节，如奠基仪式、庆典仪式、迎宾仪式等。

二、公关礼仪的重要性

在日常生活和工作中，礼仪能够调节人际关系，从一定意义上说，礼仪是人际关系和谐发展的调节器。人们在交往时按礼仪规范去做，有助于人们之间互相尊重，建立友好合作的关系，缓和与避免不必要的矛盾和冲突。一般来说，人们受到尊重、礼遇、赞同和帮助就会产生吸引心理，形成友谊关系，反之会产生敌对、抵触、反感甚至憎恶的心理。具体来说，公关礼仪的重要性体现在以下几个方面：

第一，有利于提高个人素质。公关人员的素质就是公关人员个人的修养和个人的表现。教养体现细节，细节展示素质。作为从事公共关系活动的人员，应该从我做起，在每一件小事上都注重礼仪修养，做到"内慧外秀"，才能树立起良好的个人形象。

第二，有利于建立良好的人际沟通。企业在从事经营活动的过程中，难免碰到这样或哪样不畅的事情，这些事情如果处理不当，不仅公众对公关人员的印象不佳，而且还会影响企业的形象。如果人们都能够自觉主动地遵守礼仪规范，按照礼仪规范约束自己，就容易使人际感情得以沟通。公关礼仪能调解冲突、化解矛盾、消除分歧、增进理解、达成谅解、调适人际关系，使之趋于和谐，建立起相互尊重、彼此信任、友好合作的关系，进而有利于各种事业的发展。

第三，有利于提升组织的形象。礼仪的基本目的就是树立和塑造企业及个人良好的形象。所谓个人形象就是个人在公众观念中的总体反映和评价。良好的礼仪修养是公关人员必备的素养，是公关工作的前提。知礼、守礼才能保证与人正常交往，良好交往，才能赢得人们的尊敬，塑造一个良好的个人形象，同时也塑造良好的组织形象，从而更好地开展公关工作。否则，不仅损害个人形象，也损害组织形象。比尔·盖茨认为"企业竞争，是员工素质的竞争"，进一步讲就是企业形象的竞争。

三、公关礼仪的原则

1. 真诚尊重的原则

真诚是对人对事的一种实事求是的态度，是待人真心真意的友善表现，真诚和尊重首先表现为对人不说谎、不虚伪、不骗人、不侮辱人，所谓"骗人一次，终身无友"。真诚其实表现为对他人的正确认识，相信他人，尊重他人。只有真诚尊重，方能使双方心心相印，友谊才得以地久天长。

2. 平等适度的原则

在人际交往中，平等表现为不要骄狂，不要我行我素，不要自以为是，不要厚此薄彼，不要傲视一切、目中无人，更不能以貌取人，或以职业、地位、权势压人，而是应该处处时时平等谦虚待人，唯有如此，才能结交更多的朋友。适度的原则是人们在交往中应把握分寸，根据具体情况、具体情境而行使相应的礼仪。如在与人交往时，既要彬彬有礼，又不能低三下四；既要热情大方，又不能

轻浮谄谀;要自尊不要自负;要坦诚不能粗鲁;要信人但不要轻信;要活泼但不能轻浮。

3. 自信自律的原则

自信是社交场合的一种很可贵的心理素质,一个有充分信心的人,才能在交往中不卑不亢、落落大方,遇强者不自惭,遇到磨难不气馁,遇到侮辱敢于挺身反击,遇到弱者会伸出援助之手。

4. 信用宽容的原则

信用即讲信誉的原则,孔子说:民无信不立,与朋友交,言而有信。在社交场合,尤其要讲究两点:一是要守时,与人约定时间的约会,以及会见、会谈、会议等,决不拖延迟到。二是要守约,即与人签订的协议、约定和口头答应的事,要说到做到,即所谓言必信,行必果。故在社交场合,如没有十分的把握就不要轻易许诺他人,许诺做不到,反落了个不守信的恶名,从此会永远失信于人。宽容是一种较高的境界,容许别人有行动与见解自由,对不同于自己和传统观点的见解,要有耐心公正的容忍。站在对方的立场去考虑一切,是你争取朋友是最好方法。

四、公关礼仪的特点

1. 民族性

不同的民族由于自然条件、地理环境、生活习惯的不同,会产生不同的礼貌、礼节和礼仪。

2. 公德性

礼仪要受社会公德的制约,即在一定社会范围内,长期以来逐渐形成的一种被大多数社会成员认可并施行的思想和行为规范。礼仪是人们评价善、恶、美、丑的习惯性标准,具有约定俗成的本质属性。

3. 延续性

社会不断发展,历史不断前进,礼仪作为人类生产、生活的一个有机组成部分不可能是一成不变的。但是礼仪习惯和礼仪制度的变化又不是剧烈的、飞跃式的,而是在延续、继承的前提下的一种缓慢重叠。

五、公关人员的礼仪修养

1. 真诚

交往时,待人要真心诚意,心口如一。待人真诚的人,也会得到别人的信任。表里不一、口是心非、缺乏诚意的人，即使在礼仪形式上做得无可指摘，最终还是得不到他人的信任，使交往难以继续。

2. 热情

公共关系人员对人要有热情。热情会使人感到亲切、温暖，从而缩短他人与你的感情距离，愿意与你接近、交往。而交往时冷冰冰，就使人难以接近，甚至产生误解。但热情应适度，过分热情，会使人感到虚情假意，因而有所戒备，无意中筑起一道心理防线。例如，过多的吹捧语言、勉强他人吃饭喝酒，会使人不堪负担，陷于难堪。

3. 温和

温和的人，说话和气，一般比较有耐性，待人不严厉、不急躁、不粗暴。这样的人，态度亲切，乐意听取他人的意见，有事能与他人商量，容易同他人建立亲近的关系。公关交往中，需要这种性格。但温和不能唯唯诺诺，过分顺从，缺乏个性和主见。这样会令人轻视，不利于交际。

4. 大方

公共关系人员需要代表组织与社会各界人士联络沟通，参加各种社交活动，所以要讲究姿态和风度，既稳重端庄，又落落大方，举止自然。讲话、表演、道歉、走路等都要大方，表现出自信和成熟，使人感到你所代表的组织值得敬重。

5. 幽默

公关人员应当争取交往中的位置。言谈幽默风趣，使他人觉得因为有了你而兴奋、活泼，并使人从你身上得到启发和鼓励。这样，你就会成为交往中的一个核心，他人乐于与你在一起，围在你的周围，有利于你开展有关工作。

6. 注意小节

有的人做事大大咧咧，行为没有拘束。如进入他人办公室，推开门就往里闯；展览会上随便触摸展览品；当众掏鼻孔、剔牙齿等；等等。这些都反映出一个人的行为修养较差。在注重礼仪的社会交往场合，不注意小节的人是不受欢迎的。作为一个公关人员，注意小节，彬彬有礼，这是最起码的交往行为修养。

总之，开展公共关系工作，需要一些素质优良的公关人员。良好的公关礼仪修养，是公关人员优良素质的体现，也是搞好公关礼仪的基础。

第二节 公共关系礼仪的主要形式

一、仪容服饰礼仪

公共关系人员应该是充满魅力的人。魅力,是一种能够吸引人的力量,它是一个人内在美和外在美的统一。其中,人的仪容和服饰是构成魅力的一个组成部分,它不仅反映其主体的审美能力,也反映其文化、道德、礼仪水平,因此,仪容和服饰既具有自然属性,也具有社会属性。公共关系人员与各种人打交道,在各种场合露面,应重视自己的仪容仪态。

仪容礼仪指一个人在容貌、举止方面保持良好的礼节规范和要求,主要包括个人卫生礼仪、举止礼仪和服饰礼仪等。

1. 个人卫生礼仪

经常洗澡、洗头,保持身体各部位干净;保持口腔清洁,如有牙病、口臭,应及时治疗,带着异味与人交谈很不礼貌;衣服保持干净整洁;皮鞋应无灰土,保持锃亮。

参加社交活动之前,应简单修饰一下自己,除了身体各部位要干净之外,还要注意修面、剪鼻毛、剪指甲,男士应剃胡子、梳理好头发,女士也应整理一下发型。

参加社交活动,还应注意饮食卫生。首先,患有传染病的人不应和别人一同进餐,以防传染给别人;其次,在公共场合,不要与别人同喝一杯茶、同饮一杯酒,或共用餐具等;再次,不要用自己的筷子给别人夹菜,不要在盘子里搅来搅去。

2. 举止礼仪

举止礼仪是指人们在社交活动中各种表情与姿态行为的规范,包括人的站姿、走姿、坐姿、面部表情等。

(1) 站姿

良好的站姿应该是直立,头端,肩平,挺胸,收腹,梗颈。其具体要求,男女略有不同。

① 男士站姿

男士站立时,应将身体的重心放在两只脚上,头要正,颈要直,抬头平视,挺胸收腹不斜肩,两臂自然下垂,从头到脚成一条线。双脚可微微分开,但最多与肩同宽。站累时可向后挪半步,但上体仍须保持正直。这种站姿从外观上看有如挺拔的青松,显得刚毅端庄,精神饱满。男士站立时须注意以下方面：

首先，在任何场合都不宜斜靠在门边或倚墙站立。两腿交叉站立也是十分不雅的，这是一种轻浮的举动，极不严肃；同时这种交叉腿的动作，也是一种防卫性信号。

其次，站立时，手不宜叉在腰间，这是一种含进犯性意识的姿势。

再次，不可双手插于衣裤袋中，实在有必要时，可左手或右手插于左或右前裤袋，但时间不宜过长。

此外，与人站立谈话时，浑身扭动、东张西望、斜肩叉腰均属轻薄浮滑举动，应注意避免。

② 女士站姿

女士要想使自己具有优雅迷人的站姿，关键要让自己的双脚、双膝、双手、胸部和下颌等五个部位都处于最佳的位置。女士站立时须注意以下方面：

首先，双脚的脚跟应靠拢在一起，两只脚尖应相距10厘米的左右，其张角为45°，呈“V”字状。两只脚最好一前一后，前一只脚的脚跟靠近后一只脚的脚弓，将重心集中于后一只脚上，切勿两脚分开，甚至呈平行状，也不要将重心均匀地分配在两只腿上。

其次，在正式场合双膝应挺直，而在非正式场合则伸在前面的那一条腿的膝部可以略为弯曲，以为“稍息”。但是不论处于哪一种场合，双膝都应当有意识地靠拢。

再次，双手在站立时若非拎包、持物，则最好是将右手搭在左手上，然后贴在腹部，同时应当注意放松双肩，使双肩自然下垂。不要耸肩、斜肩或是弯臂、端肩。在非正式场合双手自然下垂贴放在身体两侧未必不可，但在正式场合这样做，就毫无美感可言了。不要把手插在口袋或袖子里，也不要双手相握，背在身后。前一种做法显得自由散漫，后一种做法则看起来老态龙钟。

此外，胸部在站立时应略向前方挺出，同时要注意收紧腹肌，并挺直后背，使整个身体的重心集中于双腿中间，不偏不斜。这样的话，不仅能使自己看起来精神振奋，线条优美，而且也不会出现凹胸、挺腹、弓背等难看的姿势。同时，下颌要微内收，脖颈要挺直，双目要平视前方，以便使自己显得自然放松。

总之，公关女士在正式场合最优雅动人的站姿应当是：全身直立，双腿并拢，双脚微分，双手搭放在腹前，抬头、挺胸、收腹、目视前方。

需要指出的是，在公共场合站立过久，难免有些疲惫。如果此刻需要休息，那就应当去寻找一张空闲的椅子，然后坐下来。切不可因没有熟人在场，而满不在乎地放松对自己的严格要求。不要倚墙而立或随便找个边边沿沿凑合着靠一靠，站不像站、坐不像坐。

(2) 走姿

走姿即人们行走时的姿态，它是以优雅、端庄的站姿为基础的。一般说，行走时步履应自然、轻盈、敏捷、稳健。须注意以下几个方面：

第一，最基本的走姿是使自己的脊背和腰部伸展放松，并使脚跟首先着地。行走时移动的中心是腰部，而不是脚部，即行走应被视为腰先动，而不是脚先动。应当上体前驱，借以带动脚动。

第二，行走时腿不伸直是无法走出漂亮的姿势来的，因此在走动时务必使膝盖向后方伸直。如果膝盖伸直了，腿也就自然而然地随之伸直了。

第三，行走时要有一定的节奏。行走时双肩要放松，双臂要伸直，手指要自然并拢并略为弯曲，然后还应当使两只手臂一前一后地摆动。双臂摆动应以肩关节为轴，手臂与上身之间的夹角不要超过 30°，双臂各自摆动的幅度不应大于 40 厘米。在一般情况下，女士往往穿高跟鞋，故步伐小一些，一步走 30 厘米左右，才会显得更为高雅迷人。同时行走的速度也应当不紧不慢，保持节奏感。同样，对于男士，从其步伐也能判断出他们的气质、性格。男士的步伐会毫不掩饰地向人流露：你是什么样的人，你目前精神面貌如何？若想给人以严肃、威严的印象，挺起腰板，摆平脑袋，步伐大而稳健；若想给人以儒雅、谦和的印象，则可以放慢、放轻脚步；若希望让人觉得你年轻，富有活力，应尽可能地增强步履节奏感。无论怎样，不要拖沓萎靡。

第四，行走时应使脚尖略为展平，脚跟首先触地，通过后跟将身体的重心移送至前脚，促使身体前移。须注意的是，行走时的注意力应集中于后脚，而不是向前跨出的那只脚上。

第五，行走时应上身挺直，目视正前方。在腰际以上，不允许摆摆晃晃。同时成一直线前进，不左右摇摆。

在日常生活中，人与人不同，走路姿态不可能呈现一个模式。每个人的走姿很多情况下还与其年龄、职业、着装及所处场合有关，尤其是女士。例如，同一位女士，穿旗袍配高跟鞋和穿长裤配平跟鞋，行走时步伐的大小和速度的快慢便有所不同。穿旗袍配高跟鞋，相对而言行走时的步伐要小，速度宜慢，以示其内雅和含蓄；而穿长裤配平跟鞋时，步伐则应当大一些，速度快一些，以示其活泼与洒脱。

在公关活动的具体实践中，走姿也有不少特殊之处，公关人员需加以掌握。例如，与人告辞或退出上司的写字间时，不宜立即扭头便走，给人以后背。为了表示对在场的其他人的敬意，在离去时，应采用后退法。其标准的做法是：目视他人，双腿轻擦地面，向后小步幅地退三四步，然后先转身，后扭头，轻轻地离去。又如，在楼道、走廊等道路狭窄之处需要为他人让行时，应采用侧行步，即面向对方，双肩一前一后，侧身慢行。这样做，是为了对人表示“礼让三分”，也是意在避免与人争抢道路，发生身体碰撞或将自己的背部对着对方。

作为公关人员，应当懂得稳重大方和不妨碍他人的重要性，所以在公共场合，即使遇上急事，也轻易不要表演“百米冲刺”。稍微快走几步则是许可的。不要走起路用力过猛，尤其是公关小姐穿着钉有铜跟的高跟鞋行走时不要忘记这一点。这种声音对你可能妙不可言，对于别人则绝对是噪音。

(3) 坐姿

动态的美扣人心弦，静态的美亦令人心动。坐姿是指人们就座时和坐定之后的一系列动作和姿势。一般来讲，坐姿应当高贵、文雅、舒适自然。基本要求是，腰背挺直，手臂放松，双腿并拢，目视于人。

① 入座

公关人员在入座时一定要做到不紧不慢、不慌不忙，大大方方地从座椅的左后侧接近它，然后不声不响地轻轻坐下。不要大大咧咧地一把拉过椅子，“扑通”一声地把自己扔进座椅里。落座时搞得响声大作，是没有教养的表现。所以落座时切忌用力过猛。尤其是走向他人对面的座椅落座，可采用后退步接近座椅，尽量不要背对将要与之交谈的人。公关小姐若坐下之后所要面对的是异性，则通常应当在入座前用手将裙子拢一下，显得娴雅。要是面对一位异性坐定之后，才大模大样地前塞后掖自己的裙摆，难免会失之于庄重。

② 坐姿

公关人员应以优雅的坐姿来体现自己的良好修养，要注意男士和女士坐姿的不同基本要求。

通常男士入座后，身体重心要垂直向下，腰部挺起，上身垂直，不要给人以“瘫倒在椅子上”的感觉。坐时，大腿与小腿基本上成直角，双膝应并拢，或微微分开，两脚平放地面，两脚间距与肩同宽，手自然放在双膝上或椅子扶手上，头平稳，目平视。需要侧坐时，应上体与腿同时转向一侧，头部向着前方。如有需要，可交叠双腿，但一般是右腿架在左腿上。注意在社交场合，绝不要首先使用此姿势，因为那会给人以显示自己地位和优势的不平衡感觉。此外，十字形叠腿方式和用手把叠起的腿扣住的方式，则是绝对禁止的。叠腿、晃动足尖则更显得目中无人和傲慢无礼，公关人员应该忌之。此外，在座椅上，不能两腿叉开，伸得老远，或是脚藏在座椅下，甚至用脚勾着座椅的腿。

女士的坐姿是否优美，是影响印象的重要因素。女士的坐姿除了双腿必须完全并拢，尤其是膝部以上必须完全并拢这一点相同之外，它们之间的区别主要在于坐定之后的腿位与脚位有所不同。

a. 双腿垂直式

要求双腿垂直于地面，双脚的脚跟、膝盖直至大腿都需要并拢在一起，双手自然放在双腿上。这是正式场合的最基本坐姿，可给人以诚恳、认真的印象。

b. 双腿叠放式

要求上下交叠的膝盖之间不可分开，两腿交叠呈一直线，才会造成纤细的感觉。双脚置放的方法可视坐椅的高矮而定，既可以垂直，也可与地面呈45°角斜放，脚尖不应翘起，更不应直指他人。采用这种坐姿时，切勿双手抱膝，且不能两膝分开。这种坐姿穿超短裙时应慎用。

c. 双腿斜放式

坐在较低的椅子上时，如果双脚垂直放置的话，膝盖可能会高过腰，较不雅观。这时最好采用双腿斜放式，即双腿并拢之后，双脚同时向右侧或左侧斜放，与地面形成45°角。当坐沙发时，这种姿势最实用。须注意两膝不宜分开，小腿间也不要有距离。

d. 双脚交叉式

具体做法是双腿并拢，双脚在踝部交叉之后略向左侧或右侧斜放，坐在主席台上、办公桌后面或公共汽车上时，比较适合采用这种坐姿，感觉比较自然。应当注意的是，采用这种坐姿时，膝部不宜打开，也不宜将交叉的双脚大幅度地分开，或是向前方直伸出去，否则可能会影响到从前面通过的人。

e. 双脚内收式

具体做法是两条小腿向后侧屈回，双脚脚掌着地，膝盖以上并拢，两脚稍微张开，这也是变化的坐姿之一，尤其在自己并不受注目的场合，这种坐姿显得轻松自然。

f. 脚踝盘住收起式

椅子较低时，除了可斜坐之外，还可以将脚踝盘起，往椅子下面靠。但像沙发这样下面没有空间的椅子，就不可采取这种姿势；若是柜台或酒吧内的高脚椅，就可以采取这种坐姿。

要善于利用坐姿来表示对他人的敬意，面对不同的情况，可以选择不同的坐姿，以适当的坐姿来表示对他人的尊重和敬意。比如说，去拜访长辈、上司或贵宾时，自然不宜在落座后坐满座位，甚至就像与家人拉家常一样架起“二郎”腿。若是只坐座位的二分之一，那么对对方的敬意无形中会溢于言表。当然，也没必要只坐椅子边上，那样会显得有些过于虚伪了。在与来宾会晤时，如双方对面而坐，最好彼此间有一米左右的距离，使双方在调整各自的坐姿时不至于腿部“打架”，如双方并排而坐，则有必要目视对方，以示恭敬。此时最好的办法是上身微侧，双手叠放于侧过身来一侧的那条腿上，双脚亦同时并拢，向同一方向倾斜。

(4) 面部表情

所谓表情是指眼、眉、嘴、鼻等部位和面部肌肉的情感体验的反应。公关人员在与公众打交道时，面部表情的基本要求就是热情、友好、诚实、稳重、和蔼。

① 眼神

面部表情中起主导作用的是眼睛，眼睛对内心情感的传达主要是靠眼神。为此，公关人员要学会正确地运用眼神。

a. 要学会看人

公关人员在与人交际、谈话时，应注视对方的眼睛，以获知对方真正的感受，并将自己的心情袒露给对方，以达到心灵的交流。根据商务礼仪的惯例，在交谈时如果一个人不正视对方的话，那么这个人不是心不在焉，就是心中有鬼。用眼睛表情达意时须注意两个礼仪方面的问题：

第一，注视的时间。交谈过程中，有些人让人感觉舒服，有些人则令人不自在，甚至让人感觉不值得交往，这主要与注视的时间长短有关。与对方目光接触的时间超过了全部谈话时间的三分之一时，要么是被认为很吸引人，要么是怀有敌意。因此对于不太熟悉的人，不可长时间地盯着对方的眼睛，以免引起对方的恐惧和不安。如果感觉与对方谈得来，可以一直看着他，引起他意识到你喜欢与他交往。他可能也会回报，以建立良好的默契。这样的谈话，起码要有百分之六十以上的时间注视对方。不难想象，如果谈话时心不在焉，东张西望，或是由于紧张、羞怯不敢正视对方，目光注视的时间不到整个谈话的三分之一，这就不容易被人信任。当然，注视时间长短还要考虑到文化背景，如果对南欧人、阿拉伯人，注视对方过久可能会造成冒犯。

第二，注视的位置。注视对方什么位置，传达的信息有区别，造成的气氛也相异。不同的场合和交往对象，目光所及之处应有差别。比如公事注视，这是指人们在工作交往中，联系业务、洽谈生意及外事谈判时，目光所及区域在额头至两眼之间。这种注视给人一种郑重、严肃的感觉。如果同对手谈判，采用公事注视，对方会认为你对工作认真、严肃，同时也很看重对方，显示有诚意，因而会慎重考虑你的意见，你在一定程度上也就拥有了控制权。再比如社交注视，这是在舞厅、茶话会、宴会及朋友聚会时用的，区域在两眼到嘴之间。这种注视会令人感到舒服，也很有礼貌，较前者在气氛上要缓和多了。

b. 要学会用眼神表示对他人的尊重与友好

眼神能很好地表达出对他人的尊重与否。例如俯视带有权威感，且有诲人之意;仰视表示尊敬与景仰。因此与人交往时,尽量不要站在高处自上而下地俯视人。面对长辈、上司和贵宾时,站立或就座应选择较低位置,自下而上地仰视对方,往往会赢得对方的好感。

当与两个或两个以上的人共处时,不应当只看着自己的熟人或与自己谈得来的人,而冷落了其他人。即使是在接待尊卑有序的许多客人时,在重点照顾好高位尊者的同时,也应当适当地与其随员和下属进行眼神的交流。面对有男有女的几位客人时,对异性和同性要"一视同仁",否则与异性谈话两眼炯炯有神,与同性谈话时两眼却黯淡无光,这样无法与客人达到真正的心理沟通。

② 微笑

五官中,嘴的表现力仅次于眼睛,嘴的开合和嘴的上下运动都能传递一定的信息,如撅嘴表示生气,撇嘴表示鄙夷,努嘴表示纵容,咂嘴表示惋惜等。这些口形的含义早已人所共知,公关人员是不宜采用的。

在公关活动中,为了表示对交往对象的友好与尊重,公关人员的最佳表情应是面带微笑。微笑是一种人人皆知的世界语。微笑传达的信息常能促进双方沟通,融合双方感情,比如当谈话取得一定效果,谈判达成协议时,双方能会心地微微一笑,常常能弱化或消除存在于心中的戒忌和隔阂,增进理解和友谊。日本航空公司的空中小姐,仅微笑一项,就要训练半年之久,这足以说明微笑对人际交往的突出效用。要掌握好它,诀窍只有一个:发自真心,有诚意。微笑既不是奴颜婢膝地曲意奉承,强作笑颜,也不是例行公事似的皮笑肉不笑,或是笑得夸张放肆。微笑的基本做法是:不发声,不露齿,肌肉放松,嘴角两端向上略为提起,面含笑意,亲切自然,使人如坐春风。其中亲切自然最重要,它要求微笑出自内心、发自肺腑,而无任何做作之态。也只有这种真心和诚意的微笑,才能使一切与你接触的人都感到轻松和愉快。

3. 服饰礼仪

服饰包括服装和饰品两部分。服饰是社会风尚的象征,是人的个性美的展现。因此,透过服饰的选择,能够体现出人与服饰、精神与形体的和谐,体现出人的性格特点、文化修养、审美能力和情感需求,也体现出人的地位、财富、成功与否及职业特征。可以说,服饰浓缩了社会的历史、政治、经济、文化和科技,浓缩了一代又一代人对美的认识、情感体验和价值取向。

服饰打扮的原则主要有:

(1) 整洁原则

这是服饰打扮最根本的原则,一个穿着整洁的人总能给人积极向上的感觉,总是受欢迎,而一个衣衫褴褛肮脏的人,给人的感觉总是消极颓废的。

(2) 个性原则

不同的人由于年龄、性格、职业、文化素养不同，自然就会有不同的气质，因此，服饰的选择既要符合个性气质，又要能通过服饰突现个性气质。

(3) 和谐原则

美的最高法则即是和谐。对于服饰打扮应包含两层含义：一是指服饰应与自己的社会属性(即职业、社会地位、文化修养等)相和谐；二是指服饰应与自己的自然属性(即年龄、体型、肤色、发型、相貌特征、性格特征等)相和谐。

(4) 着装的 TPO 原则

TPO 原则是国际上公认的穿衣原则。TPO 是英文 time(时间)、place(地点)、object(目的)三个单词的缩写。

① T 原则，是指服饰打扮应考虑时代的变化、四季的变化及一天各时段的变化。服饰应顺应时代发展的主流和节奏，不可太超前或太滞后；服饰打扮还应考虑四季气候的变化，夏季应轻松凉爽，冬季应保暖舒适，春秋两季应增减衣服并防风；服饰还应根据早中晚气温的变化及是否有活动而调整。

② P 原则，是指服饰打扮要与场所、地点、环境相适应。在严肃的写字楼里，小姐穿着拖地晚礼服送文件，将是什么情景？在工作场所就应穿职业服，回到家里就应穿居家服，不同的时空应选择不同的服饰。

③ O 原则，是指服饰打扮要考虑此行的目的。参加国事活动，服饰打扮自然要稳重大方；而与友人结伴旅行，则应穿得轻松舒适些。

总之，TPO 原则的三要素是互相沟通、相辅相成的。人们总是在一定的时间、地点、为某种目的进行活动，因此，服饰打扮一定要合乎礼仪要求，这是工作、事业及社交成功的开端。

二、公共关系见面礼仪

人与人交往的第一步就是见面，见面及见面时的礼节是公关人员留给公众第一印象的重要部分。例如一个年轻的小姐与一位先生握手，有的小姐自认为很有淑女风度、很懂礼貌、结果却相反，表现得不懂礼貌，没有见过世面、不够落落大方。见面礼仪包括：介绍、称呼、握手、致意、问候和递接名片几个重要细节。

1. 介绍

介绍，简单地说就是向有关人士说明有关情况，使双方相互认识。通过符合礼仪的介绍可以使互不认识的人之间解除陌生和畏惧感，建立必要的了解和信任。社交场合的介绍基本上有两种，即自我介绍和为他人作介绍。

(1) 自我介绍

自我介绍时,须先向对方点头致意,得到回应后,可根据情况,主动向对方介绍自己的姓名、身份、工作单位,同时递上事先准备好的名片。如"我是某某,是某某公司公关部经理,很高兴认识您(或很高兴和大家在此见面),请多关照!"

(2) 为他人介绍

为他人介绍,首先应了解双方是否有结识的愿望,切不可冒昧引见,尤其在双方职位或地位相差悬殊的情况下。介绍的先后顺序应当是:先向身份高者介绍身份低者,先向年长者介绍年幼者,先向女士介绍男士等,特别尊重的一方有了解的优先权。在口头表达时,先称呼应特别尊重的一方,再将被介绍者介绍出来。介绍时,应有礼貌地以手示意,不能伸出手指来指去。被介绍时,除年长者或妇女外,一般应起立;但在宴席、会谈桌上不必起立,而以微笑、点头表示。

2. 称呼

合理地称呼对方,既是对他人的尊重,又反映了公共关系人员的礼仪修养。称呼是一个比较复杂的问题,目前在国际上主要有以下几种称呼方式。

(1) 一般称

这是最简单、最普遍的称呼,特别是面对陌生公众时最常用的称呼方式,如"小姐"、"先生"、"夫人"、"太太"、"女士"、"同志"等,其中,使用频率最高的是前两个。未婚女子可统称"小姐",已婚女子统称为"夫人"或"太太",如搞不清对方的婚姻状况,可统称"小姐";对职业女性可统称为"女士"。

(2) 职务称

如"张经理"、"孙局长"等。

(3) 职业称

如"王老师"、"解放军同志"等。

(4) 姓名称

如一般同龄人、好朋友之间,直呼其名,显得更亲密。

(5) 亲属称

如"王爷爷"、"张叔叔"等。

不同国家、民族及其语言、风俗习惯不同,反映在称呼方面,也有不同的礼节。要注意每个国家都有不同的称呼方式,要先问清,再称呼,否则,容易引起不满或误解。

3. 握手

握手既是见面的一种礼节,又是一种祝贺、感谢或相互鼓励的表示。握手的力量、姿势与时间的长短往往能够表达握手人对对方的不同礼遇与态度，显露自己的个性，给人留下不同印象；也可以通过握手来了解对方的个性，从而赢得交际的主动。

（1）握手姿势

正确的握手姿态是：距离对方约一步左右，两足立正，上身微微前倾，面带微笑，伸出右手握住对方的右手。伸出的右手应四指并拢，拇指自然张开，紧握住对方的手，上下摆晃三下就松开自己的手，握手时间应以 3～5 秒为好。

（2）握手顺序

握手的顺序是指彼此相见时谁先伸手谁应握。它主要根据握手人双方所处的社会地位、年龄、性别和各种条件来确定。一般来说，在社交场合握手的基本规则是：主人与嘉宾相互握手，主人应先伸出手来，宾客待主人伸出手后，方可伸手握之；年长者与年轻者相互握手，年长者应先伸出手来，年轻者待年长者伸出手后，方可伸手握之；身份高者与身份低者相互握手，身份高者应先伸出手来，身份低者待身份高者伸出手后，方可伸手握之；女士与男士相互握手，女士应先伸出手来，男士待女士伸出手后，方可伸手握之。在码头、车站、机场等场合迎接客人，主人应先伸手，表示非常友好地欢迎对方。

握手时应注意：男子在握手前应脱下手套，摘下帽子。男女握手，一般男子只要握一下女方的手指部分即可，多人同时伸手时，注意不要交叉，待别人握完后再伸手。

（3）握手十忌

一忌握手的时间过长或过短。一般以三五秒钟为好。长时间地用力握着异性的手不放是不礼貌的。

二忌握手时冷而无力，缺乏热情。应热情伸手，面带笑容。

三忌握手时东张西望，心不在焉。

四忌握手时一言不发，应配以适当的敬语或问候语，如“您好”、“见到您很高兴”、“久仰”、“恭喜”等。

五忌同女士握手时先伸出手。

六忌戴手套握手。女士及地位较高的人戴手套握手，被认为是可以的。

七忌握手时用力过大，捏得对方咧嘴呼疼。

八忌几个人在场时，只同一个人握手，对其他人视而不见。同时多人相互握手时，要注意待别人握完再伸手，不可交叉握手。

九忌握手时不讲究先后次序。握手的先后次序是根据握手人双方所处的社会地位、身份、性别和各种条件来确定的。

十忌伸给对方脏手。如客人到来，主动向自己伸出手，碰巧自己又在洗东

西、擦油污，可以一面点头致意，一面摊开双手，说明情况，表示歉意，然后赶紧洗手，热情接待。

4. 致意

除握手礼外，在国内的社交场合人们使用的见面礼还有举手、点头、脱帽、欠身等致意礼节。它们主要适用于已经相识的友人之间在大庭广众中相互致意。

（1）致意的基本规则

致意的基本规则是男士应先向女士致意，晚辈应先向长辈致意，未婚者应先向已婚者致意，职位低者应先向职位高者致意。一般而言，作为女士，唯有遇到长辈、上司以及自己特别敬佩的人时，才需要首先向对方致意。遇到别人首先向自己致意，不管自己心情如何，感觉如何，都必须马上用对方所采用的致意方式“投桃报李”，回敬对方，绝不可视若不见，置之不理。

（2）致意的方法

致意是一种不出声的问候，故向他人致意时一定要使对方看到、看清，才会使自己的友善之意被对方接受。致意时不要同对方相距太远，比如站在几十米之外，也不要站在对方的侧面或背面。假如对方由于看不到或看不清楚而对你的致意毫无反应，是令人难堪的。

举手向朋友们打招呼致意，通常不必作声。只要将自己的右臂抬起，向前方伸直，轻轻摆摆手即可，不需要反复的摇动。以举手致意作为见面礼，适用于同与自己距离较远的熟人相逢之际。

用点头作为见面礼，大多适用于与对方不宜交谈的场合。例如，会议或会谈正在进行，行进在人声嘈杂的街道上，或是置身于影剧院或歌舞厅之中。与仅有一面之交者在社交场合相逢，或是与相识者在同一场合中多次见面，点头也可以大派用场。在外交场合，遇到身份高的领导人，应有礼貌地点头致意，表示欢迎，不要主动上前握手问候。只有在领导人主动伸手时，才可向前握手问候。

欠身，即全身或身体的上半部分在目视被致意者的同时，微微前倾一下，意在表示对他人的恭敬。欠身适用的范围比较广泛，可以向一个人欠身致意，也可以向几个人欠身致意。欠身为礼时，双手不应拿着东西或插在裤袋里。

在一些场合，男士会向女士脱帽行见面礼。脱帽礼具体做法如下：戴着礼帽或其他各种有檐帽的男士，遇到友人特别是女士时，应微微欠身，用距对方较远的那只手摘下帽子，并将其置于与肩膀平行的位置。这样做显得姿势优雅，同时也便于同对方交流目光。离开对方时，脱帽者才可使帽子复位。遇到男士行此礼，女士应当用适当的方式向对方致意，但女士是不行脱帽礼的。

5. 递接名片

社交场合，没有名片的人是一个没有现代意识的人，不会使用名片的人也是一个没有现代意识的人。名片是公关人员个人形象和企业形象的有机组成部分。

名片一般用于社交场合中的相互了解，并在自我介绍或相互介绍之后使用。在递、接名片时，如果是单方递、接，最好能用双手递、双手接；双方互送名片时，应右手递，左手接。这两种情况都要求将名片的正面（写中文字样的一面）朝着对方。接过对方的名片应点头致谢，并认真地看一遍，最好能将对方的姓氏、主要职称或身份轻轻地读出来，以示尊重。遇有看不明白的地方也可以请教。将对方的名片放在桌子上时，其上面不要压任何东西。收起名片时，要让对方感觉到，你是将其名片认真地放在一个最重要、最稳妥的地方。切忌接过对方的名片一眼不看就立即收起，也不要将其随意地摆弄，因为这样会被对方感觉是一种不敬。

如果是事先约定好的面谈，或事先双方都有所了解，不一定忙着交换名片，可在交谈结束、临别之时取出名片递给对方，以加深印象，表示保持联络的诚意。

三、公共关系交谈礼仪

交谈礼仪是指人们在交谈活动中应遵循的礼节和应讲究的仪态等。交谈，包括听和说两个方面。

1. 交谈中的聆听礼仪

外国有一句谚语："用十秒钟的时间讲，用十分钟的时间听"。社会学家兰金也早就指出，在人们日常的语言交往活动（听、说、读、写）中，听的时间占54%，说的时间占30%，读的时间占16%，写的时间占9%。这说明，听在人们交往中居于非常重要的地位。

（1）聆听的方式

交谈中善于聆听的确有许多好处，但要真正做到洗耳恭听，仅仅对人抱有尊敬之心还不够。也就是说，听不光要用耳，还要用心，用整个身心。但有些人做不到这一点。他们听时心不在焉，或左顾右盼，或处理他事，或摆弄东西，或不时走动。这种方式最易伤人自尊心，使说者不愿再讲，更不愿讲心里话，因此无法收到较好的效果，还会影响到双方的关系。也有的人，听时虽然很认真，但却挑其毛病，或者频加批判，或速下判断，或发出争论，这种方式使人讲话时不得不十分小心，字斟句酌，同时也担惊受怕，不敢吐露真情，从而影响交谈正常而深入地进行。这两种听的方式都不利于交谈的进行。其实最好的听的方式，是要站在对方的立场去听，去反映，去认识，去理解，去记忆，因为这种听话的方式，既能使听者集中注意力全神贯注地听，又能较好地理解说话者的原意，使对方受到尊敬和鼓舞，愿意讲真话、说实话，并发展彼此友好的往来关系。

(2) 聆听应注意的问题

除了听的方式外，在聆听对方谈话时还要注意以下几方面：

一要选择一个安静的环境进行交谈，以减少外界噪音的干扰。如果交谈环境不理想，比如外界干扰、噪音太大，或者室温过高、过低，要尽力设法摆脱。同时保持冷静，不受个人情绪和当时气氛的影响。这样才能保证有效地倾听。

二要设法使交谈轻松自如，不要使对方感到拘束，同对消除心理上的障碍；不要预先存在想法，不可显示出不耐烦的样子，也不要过早地作出判断，因过早表态往往会使谈话夭折。要少讲多听，不要随意打断对方。

三要注意谈话者的神态、表情等非语言传播手段，这些往往会透露出话外之意。

四要注意自己的“身体语言”。在他人讲话时，应尽可能地以柔和的目光注视着对方，以便与对方进行心灵上的交流与沟通。要学会用声音、动作去呼应，也就是说要随着说话的人情绪的变化而伴以相应的表情，身体稍稍倾向于说话人，面带微笑。在说话者谈到要点，或是其观点需要得到理解和支持时，应适时适量地点点头，或是简洁地表明一下自己的态度；或通过一些简短的插话和提问，暗示对方对他的话确实感兴趣；或启发对方，以引起感兴趣的话题。这样做，会使对方感受到无声的鼓励或赞许，可以赢得其好感。

2. 交谈中说话的礼仪

说话的艺术应该说是一门综合艺术，与人的知识修养、道德修养、审美修养、礼仪修养以及社会阅历、气质风度等有直接关系。

交谈应保持谦虚，三思后言。交谈主要是在两个人间进行，为了礼貌，任何人都不可能也不应该想怎么说就怎么说，必须顾及对方的情感和情绪，防止“祸从口出”，无意伤人，引起不必要的麻烦和矛盾。谦虚慎言，自我克制，不仅能满足对方的表现欲，还可以为自己提供机会，使自己显得更成熟、更稳重、更有涵养。切忌说话时把话说得太满、太绝、太俗、太硬、太横。说话时应注意以下事项：

一是话题应尽量避开个人隐私和一些不宜在友好交谈中出现的事情。

二是话题应尽量符合交谈双方的年龄、职业、思想、性格、心理等特点。比如，同是四十岁的女士，一位安于现状，不思进取；另一位不甘落后，仍在努力拼搏。你如在第一位女士面前夸奖第二位女士，肯定会引起此女士不快，谈话亦无法继续下去。

三是应尽量寻找双方都感兴趣的话题，使谈话富有创新性和吸引力，始终在趣味盎然的氛围中进行。所谓“道不同不相与谋”，志同道合是双方走到一起交谈的前提。

四是再好的谈资也要看对象、分场合。一个关心国家政治经济发展的人和一个只知道埋头做生意的人，大谈政治体制改革、经济发展格局，就好像对牛弹琴，丝毫引不起对方的共鸣，谈话也很难进行。

五是适度幽默，轻松活泼。恩格斯说：“幽默是具有智慧、教养和道德的优越感的表现。”幽默是智慧、爱心和灵感的结晶，是一个人良好修养的表现。日本心理学家多湖辉把幽默称作“语言的酵母”，创造出幽默，就创造出快乐及令人回味的思索。幽默能表现说话者的风度、素养，使人在忍俊不禁之中，借助轻松活泼的气氛赢得对方的好感，完成公共关系任务。要善用情感，绘声绘色，使说话在友好愉快的气氛中进行，

六是控制声调、表情等因素。20 世纪 70 年代，美国心理学家阿尔培特曾经通过研究，给友好合理的谈话立了一个公式：“7％的说话内容＋38％的声调＋55％的表情”。的确，只有在说话时语调平静，音幅适中，音质柔和饱满，表情轻松自然，面带微笑，才会给人以客气、礼貌的感觉。就拿最简单的一个字“请”来说，如果用不同的声调和表情来说，就会产生不同的感觉、不同的含义。

七是有勇气，适时说“不”。无论是人际交往，还是公共关系交往，有求必应是每个人都在追求的理想目标。但是。由于主客观条件的限制，我们事实上不可能有求必应。实际上，拒绝别人的思想观点、利益要求及行为表现的时候总是多于承诺、应允的机会。然而，在现实生活中，我们常常遇到一些人，或怕伤了对方或自己的自尊心，怕伤了和气或招来不测的后果，也有的是在利益面前经不住诱惑，不愿、不敢说“不！”。结果并不一定就好，往往落个“言而无信”或“不负责任”的恶名。说“不”，的确需要勇气，然而为了长远、有效、脚踏实地地发展公共关系或人际关系，公共关系人员应建立起随时说“不”的自信。

四、公共关系接待礼仪

接待工作是公关人员日常工作的一项重要内容，要做好这项工作就要注意把握以下几点。

1. 办公室接待礼仪

公关部经常需要在办公室接待各种来访者，倾听他们的投诉，回答他们的

咨询，解决他们的问题，或商量、讨论某项事宜。

对于来访者，无论是何人，首先应以微笑礼貌地表示欢迎，热情招呼来访者坐下，给来访者端上一杯热茶。然后委婉而迅速地了解清楚来访者的身份、来访目的和具体要求，以便决定接待的规格、程序和方式。

对于特别重要的来访者，应由公关部经理亲自出面接待并立即传报上级主管乃至最高负责人；按照客人的身份安排对等的接待者是必要的，但通常公关部经理被授权代表组织，甚至代表最高负责人出面接待，可适用于各种级别或不同层次的客人。

对于专业性较强的访问，公关部应立即与有关的专业技术部门联系，积极引荐有关方面的权威人士，并协助做好一切安排。

对于一般的顾客，应耐心地倾听他们的投诉，热情地回答他们的咨询，尽可能解决他们的实际问题，让他们带着满意的心情离去。

2. 迎送礼仪

公关接待工作的“善始善终”往往表现在车站、机场、码头的迎送环节上。迎送工作的有关事项如下：

(1) 了解客人的基本资料

准确记住客人的名字、相貌特征（如事先有照片的话），弄清楚客人的身份、来访目的、与本组织的关系性质和程度，到来的时间，乘何种交通工具，以及其他背景材料。

(2) 确定迎送规格

根据以上资料，结合本组织的具体情况，确定迎送规格。对较重要的客人，应安排身份相当、专业对口的人士出面迎送；亦可根据特殊需要或关系程度，安排比客人身份高的人士破格接待，或安排副职、助理出面。对于一般客人，由公关部派员迎送即可。

(3) 做好迎送准备工作

比如，与有关交通部门联系，核实客人的班机或车船班次、时间；安排好迎送车辆；预先为客人准备好客房及膳食；如果对所迎接的客人不熟悉，需要准备一块迎客牌子，写上“欢迎×××先生（小姐、女士）”以及本组织的名称；如需要，可准备好鲜花等。

(4) 严格掌握和遵守时间

无论迎送，均需要提前 15 分钟赶到车站或机场迎候客人，要考虑到中途交通与天气原因，绝不能让客人在那里等你。如果你迟到了，无论怎样解释，都很难消除客人的不快和对你失职的印象。如送行时客人需办理托运或登机手续，可由公关部派员提前前往代办。

(5) 迎接与介绍

接到客人后,即表示欢迎或慰问,然后相互介绍。通常先将前来欢迎的人员介绍给来宾;或自我介绍,并递上名片。客人初到一般较拘谨,应主动与客人寒暄,话题宜轻松自然,如客人的旅途情况,当地的风土人情、气候特点、旅游特色,客人来访的活动安排、筹备情况、有关建议,以及客人可能关心的其他问题。除客人自提的随身小件行李外,应主动帮助客人提行李。

(6) 妥善安排

客人抵达住地后,尽可能妥善安排,使客人感到宾至如归。例如,向客人提供活动的日程计划表、本地地图和旅游指南;向客人介绍餐厅用膳时间及主要的接待安排,了解客人的健康状况及特殊需要(如回程机、车、船票);到达后不要马上安排活动,迎接人员不必久留,以便让客人更衣、休息和处理个人事务;分手前应该约好下次见面的时间及联系方法等。

五、公共关系宴请礼仪

为了表示欢迎、答谢、祝贺,为了融洽气氛、联络感情,公关部门常常要设宴招待客人。根据宴请目的,确定规格、种类。宴请规格对礼仪效果的影响是十分明显的。

1. 宴请的种类

宴请的种类和形式较多,但以宴会、招待会、茶会、工作餐为主。

(1) 宴会

宴会为正餐,分国宴、正式宴会、便宴和家宴四种,需坐下进食。按照举行的时间来分,宴会分为早宴、午宴、晚宴。一般情况下,晚宴和家宴最为隆重。

(2) 招待会

招待会是指各种较为灵活的、不备正餐但准备有食品和酒水饮料的宴请形式。招待会期间不排座位,宾客自由活动。常见的有冷餐会、酒会两种形式。

冷餐会,即自助餐。其特点是不排座位,菜肴以冷食为主,也可有热菜,供客人自取,客人可以自由活动,也可以多次取食,酒水可以放在桌上,也可由招待端送。冷餐会可在室内或庭院、花园等地举行。可设小桌、椅子自由入座,也可不设椅子站立进餐。举办时间在中午 12 时至下午 2 时或下午 5 时到 7 时。

酒会又称鸡尾酒会。这种宴请形式活泼,便于广泛接触交谈。招待品以酒水为主,略备小吃。不设坐椅,仅设桌、几以便客人随意走动。酒会举行的时间亦较灵活,中午、下午或晚上均可。

(3) 茶会

这是一种简单的招待形式。举行的时间多在上午10时或下午4时左右，以茶或咖啡招待客人。茶会通常设在客厅，而不用餐厅。厅内设茶几、座椅，不排座次。茶会对茶叶和茶具的选用应有所讲究，一般用陶瓷器皿，而不用玻璃杯。

(4) 工作餐

这是现代交往中经常采用的一种非正式宴请形式，利用进餐时间，边吃边谈问题。这类活动一般只请与工作有关的人员。工作进餐按时间可分为工作早餐、工作午餐和工作晚餐。宴请的菜肴、程序从简，甚至采用快餐形式或由参加者各自付费。

2. 宴请活动的组织工作

成功的宴请需要成功地组织。一般来说，宴请的组织工作主要包括以下内容。

(1) 确定宴请的目的、对象、范围与形式

① 宴请目的

宴请的目的多种多样，既可以为某人，也可以为某件事。如为某人某团赴约谈判；为某展览、展销、订货会的开幕与闭幕；为某工程的破土与竣工等。总之，目的需要明确。

② 对象

对象是指要明确主客双方的身份，即主宾双方身份要对等。

③ 范围

邀请范围是指请哪方面人士，哪一级别，请多少人。主人一方请什么人出陪，这要考虑宴请的性质、主宾身份、惯例等多方面因素，不能只顾一面。邀请范围确定后，就可草拟具体邀请名单。

④ 形式

采用何种形式，很大程度上取决于习惯做法，根据习惯和需要选择宴请形式。

目前，无论是国际或国内，礼宾工作都在简化。宴请的范围趋向偏小，形式更加简便，更注重实际效率和效果。酒会、冷餐会被广泛采用。

(2) 确定宴请的时间、地点

宴请的时间对主、宾双方都应适宜。一般不要选择对方的重大节假日，有重要活动或有禁忌的日子。宴请时应先征求对方的意见，口头当面约定较方便，也可用电话联系。

宴请地点的选择，一般讲，正式的隆重的宴请活动安排在高级宾馆大厦内举行。其他可按宴请的性质、规模大小、形式、主人意愿及实际可能而定。原

则上选定的场所要能容纳全体人员。

(3) 发出邀请及请柬格式

① 发出邀请

各种宴请活动，一般都发请柬，这既是礼貌，也是提醒客人备忘之用。请柬一般提前一到两周发出，有些地方还需要再提前，以便被邀人及早安排。

② 请柬格式要求

请柬的内容包括活动形式、举行的时间、地点、主人的姓名。请柬行文不加标点，所提到的人名、单位名、节目名等都应用全称。中文请柬行文中不提被邀请人姓名，其姓名写在请柬封面上。请柬可以印刷也可以手写，但手写字迹要美观清晰。请柬信封上被邀请人的姓名、职务书写要准确。

(4) 订菜

宴请的酒菜根据宴请形式和规格及规定的预算标准而定。选菜不以主人的爱好为准，主要考虑主宾的爱好与禁忌。如果宴会上有个别人有特殊要求，也可以单独为其上菜。无论哪种宴请，事先都应列菜单，并征求主管负责人的同意。

宴请的菜肴一般都较丰盛。如在中餐宴席上，除冷盘和甜点外，还有鸡鸭鱼肉虾等数道热菜。最后是汤、冷食和水果。一般都备有精致的菜谱，分别放在第一主人及第二主人的下手。上菜的先后与菜谱相符。

中餐宴会菜肴的道数，并不一定以主宾身份的高低而定。一般国宴在礼仪规格、场面上，虽然都十分宏伟壮观，但菜肴并不一定十分丰富。而往往一些企业间的互相宴请，其费用标准之高，菜肴道数之多，山珍海味之丰盛，选料之精，往往是国宴无法相比的。

西餐宴请的菜肴与中餐不同。一般菜肴道数不多。其选料、丰盛程度及可口美味诸方面，实在无法与中餐相比。西餐一开始先喝汤，然后陆续上两三道菜，这些菜或是肉类与蔬菜搭配，或水产品(如鱼类)与蔬菜搭配，之后就是甜点、冷饮(如冰激凌)等。至于咖啡，可离席而饮。

(5) 席位安排

正式宴会一般均排席位，也可只排部分人的席位，其他人只排桌次或自由入座，无论哪种做法，都要在入席前通知到每个入席者，现场还要有人引导。

国际上的惯例，桌次的高低以离主桌位置远近而定，右高左低。同一桌上，席位高低以离主人远近而定。西方习惯，男女穿插安排，以女主人为准，主宾在女主人右上方，主宾夫人在男主人右上方。我国则习惯于按各人本身的职务排列，如夫人出席，通常把女方排在一起，即主宾坐男主人右上方，其夫人坐女主人右上方。

有关宴会座位具体安排，大致可分为下列几种情况：

① 圆桌

如宴请只设一桌时，一般以设宴的房间正对着房门的一边为正席，排第一主人席。正席的正对面为副席，排第二主人，也可排第一主人的夫人。与正席和副席呈 90°角的线上为两个侧席，右侧的为右侧席，排第三主人；左侧的为左侧席，排第四主人。

关于客人的排列法，一律按先右后左排列。在正席的右侧和左侧排第一客人夫妇；副席的右侧和左侧排第二客人夫妇；在右侧席的右侧和左侧排第三客人夫妇；在左侧席的右侧和左侧排第四客人夫妇。

如果未请宾客的夫人赴宴，则可将第一、第二宾客，以先右后左的次序，排在正席两侧；将第三、第四宾客排在副席的右侧和左侧，其余以次类推。

如果参加宴请的人数较多，可排多桌。如桌次多，第一桌称为主宾桌，人数可适当安排得多一些，十几人到二十几人均可。其他桌次以十人至十二人为好。多桌的正席，应面向主宾桌的正席（第一主人席）。排法也如同圆桌的排法一样。在每桌上，应设置桌序牌，供来客按桌次与席次入座。桌序号的排法，除主宾桌外，自右向左，按二、三……依序排列。

② 长方桌

要排席桌，常常根据房间的形状和席桌的形状而定。如举行宴请的房间是长方形的，也可将主宾全安排到一长方桌就座。其排法如下：

正席可安排在长方桌一顶端，也可安排在长方桌宽边的中央。

如果正席安排在长方桌顶端，则副席为长方桌的另一顶端。来宾与陪客按身份高低的礼宾顺序，仍以先右后左的次序，间隔地分坐于第一主人和第二主人两侧。

如果正席安排在长方桌宽边的中央，则另一宽边中央为副席。来宾与陪宾也按礼宾顺序，以先右后左的顺序，间隔地分别坐于第一主人或第二主人两侧。

不论圆桌，还是长方桌，也不论是一桌还是多桌，一般将参加宴会的人的姓名与职称写在名签上，摆在每人应坐的桌前。

(6) 现场布置

宴会厅、休息厅的布置取决于活动的形式、性质。官方的和其他正式活动的场所的布置应严肃、庄重、大方。不要用彩灯、霓虹灯装饰，可以用少量点缀鲜花、刻花等。

宴会上可用圆桌、长桌或方桌。桌子之间距离要适当，各个座位之间距离要相等。

冷餐会常用方桌靠四周陈设，也可根据情况摆在房间中间。座位要略多于全体人数，以便客人自由就座。

酒会一般摆小圆桌或茶几，以便放花瓶、烟灰缸、干果、小吃等，也只在四周设些椅子供妇女和年迈体弱者用。

(7) 宴请程序及现场工作

主人一般在门口迎接客人。客人握手后，由工作人员引到休息厅，无休息厅可直接进入宴会厅，但不入座。休息厅内应有相应身份的人员照料，由招待人员送饮料。

主宾到达后，由主人陪同进入休息厅与其他客人见面。如其他客人尚未到齐，可由其他迎宾人员代表主人在门口迎接。

主人陪同主宾进入宴会厅，全体客人就座，宴会即开始。吃完水果，主人与主宾起立，宴会即告结束。

主宾告辞，主人送至门口，主宾离去后，原迎宾人员按顺序排列，与其他客人握别。

本章小结

“公关礼仪”，是指产生于一定文化道德基础之上的用以调节组织与公众关系、促成相互均衡和谐发展的行为规范和准则，是人们在现代社会交往中各种符合公关精神、准则、规范的交往方式、行为方式、社会活动、典礼程序以及与之相适应的标志、服饰等的总称。

公关礼仪有利于提高个人素质，有利于建立良好的人际沟通，有利于提升组织的形象。要成为一名优秀的公关人员，必须具备一定的文化知识，要性格乐观、气质不凡、风度翩翩、服饰美观。真诚、热情、大方、温和、幽默、注意小节是公关人员所必须具有的行为修养。

仪容礼仪指一个人在容貌、举止方面保持美好的礼节规范和要求，主要包括个人卫生礼仪、举止礼仪和服饰礼仪等。见面礼仪包括介绍、握手、称呼、致意、问候和递接名片几个重要细节。交谈礼仪是指人们在交谈活动中应遵循的礼节和应讲究的仪态等，包括听和说两个方面。

迎送客人要做好接送的准备工作，确定迎送规格，掌握客人抵离时间。交谈时要尊重对方，谅解对方，及时肯定对方，并注意自己的语速、语调和音量。会见客人时要做好相应准备，介绍得体，时间长短适宜。在公关活动中，无论参加宴会、招待会、茶会还是工作进餐，都应注意餐桌上的各种礼仪。

复习思考题

1. 什么是公共关系礼仪？公共关系礼仪有什么特点？
2. 为什么要重视公共关系礼仪？
3. 公共关系礼仪有哪些形式？分别有哪些特点？
4. 如何做好个人仪容、见面、交谈、接待、宴请等礼仪工作？
5. 模拟宴会，拟一份座位安排表，并说明理由。

第十章　公共关系广告

【学习目的与要求】

通过本章的学习，掌握公共关系广告的概念、特点、作用和类型；了解在公共关系广告的设计制作过程中应注意的战略和战术问题。

【开篇案例】

联想奥运火炬手选拔

为吸引更多的公众参与和关注奥运火炬手选拔活动，更好地传播奥运精神，联想集团携手中央电视台和全国各地 31 家报业集团，协力举办"你就是火炬手"大型公开选拔节目。该节目持续时间长达 5 个月。其间，联想集团在全国各地开展形式多样的奥运火炬手选拔活动，并通过中央电视台展播；同时联想集团还通过覆盖全国的万家店面和全国一百个主要城市的奥运火炬巡展等一系列活动进行品牌传播，以此吸引更多的人关注联想集团和奥运火炬手选拔。通过这一系列策划和实施，奥运火炬手选拔活动圆满结束，同时也使"联想"的品牌知名度在全国范围内得到极大地提高。"联想奥运火炬手选拔活动"入选 2007 年十大公关事件。

广告是现代社会的一种重要传播方式，已成为人们日常生活中必不可少的一部分。它作为商业和艺术相结合的产物，以其独有的方式和作用，引导着社会公众的消费和生活，加速了组织形象的传播和商品的流通，促进了社会生产。广告以其丰富多彩的形式和无孔不入的手段，将特定的信息传播到社会的每一个角落。公共关系的传播活动需要借助一切传播媒介和传播方式来扩大组织知名度，提高组织美誉度，当然也要借助广告这种方式，需要制作公共关系广告。因此，公共关系人员应了解广告的基本特点和一般形式，掌握广告制作的基本原理。本章主要介绍公共关系广告的概念、特点、作用及类型，公共关系广告与一般商业广告的区别以及公共关系广告的设计制作。

第一节　公共关系广告概述

一、广告与公共关系广告

1. 广告概述

（1）广告的概念

广告是由广告主以付费的方式，通过一定的传播媒介向目标市场介绍商品、报道服务内容或观念等的一种宣传手段。

从公共关系工作角度看，可以把广告分成两种性质的广告。一种是一般商业性广告，这种广告的目的是侧重于直接推销产品和服务，广告的内容是列举或证明产品和服务的优点，广告的信息是消费导向或告之产品和服务；另一种是公共关系广告，这种广告的目的是向公众介绍一个社会组织，改善组织形象，提高组织声誉。

（2）广告的基本特点

广告一词在古代的含义是"某人注意到某事"，直到18世纪，"广告"才和商业活动紧密联系起来，具有将某种商品介绍给消费公众、以引起注意、诱导并激发购买欲望的含义。这其中有特定的客观原因，例如机器大生产的出现导致产品过剩，资本家需要让买主知晓自己的产品；经济大萧条限制了人们的购买能力，资本家需要使用广告来刺激和推动人们进行消费等。

广告具有四个特征，即有偿性、自主性、真实性和艺术性。具体分析如下：

① 有偿性

有偿性是指广告必须由广告主付费才能获得某种专业传播媒介的使用权。比如中央电视台午间新闻前5秒的广告收费为105万元/月，体育赛事转播中的广告是3万元/秒～4万元/5秒。

② 自主性

自主性是指广告主付费以后就有权依法决定广告的内容、形式和发表时段。这也是广告与新闻的区别所在。

③ 真实性

真实性是指广告内容虽然由付费的广告主确定，但必须以事实为依据。作"燕山雪花大如席"般的艺术处理是可以的，但若作"广州雪花大如席"般的胡编乱造、浮夸欺骗，不但损害公众利益，最终也自毁声誉。

④ 艺术性

艺术性是指广告应该以某种艺术形式表现出来，并且符合美学的原理和规则。因此，广告可调动美术、摄影、歌曲、诗词、戏剧、舞蹈等多种艺术形式，表现主题和创意，同时以此迎合观众的审美需求。

（3）广告的类型

① 按照广告的性质分类

可分为商业促销广告、公共关系广告和社会公益广告三大类。

② 按照广告的传播媒介分类

可将其分为报纸广告、广播广告、电视广告、书刊广告、路牌广告、霓虹灯广告、印刷广告、橱窗广告、售点广告、交通广告、邮寄广告、灯箱广告、音响广告和实物广告等等。

③ 根据广告的表现形式分类

可将其分为印象型广告、说明型广告和情感诉说型广告。

④ 按照广告表现的艺术形式分类

可将其分为图片广告、文字广告、表演性广告、演说广告和情节性广告等。

⑤ 按照我国现行的广告管理办法分类

可将其分为经济广告、文化广告、社会广告、来华广告以及政府公告、出口广告六类。

2. 公共关系广告的概念

公共关系广告即组织声誉广告，它通过一定的传播媒介，有计划地向公众传递组织信息，使公众了解组织情况，取得公众对组织的信任和支持，树立组织的良好形象与声誉。

公共关系广告的内容主要包括介绍组织的历史和发展、组织的价值观、组织对社会所作的贡献、组织的理想和奋斗目标、有关组织产品和服务的科学知识。广告的信息偏重于取悦公众和争取公众的理解。公共关系广告又称为“观念广告”或“形象塑造广告”。

如在元旦、春节、国庆节等重大节日时，企业主要负责人以企业的名义，向大家致以节日祝贺之类的广告就是如此。它的用意不在于宣传企业一种过硬的技术，也不在于宣传企业的某种产品，而在于使更多的公众认识企业，了解企业，从而提高企业的知名度和影响力。

二、公共关系广告的主要特点

公共关系广告就是塑造形象、强化品牌、体现宗旨、改变观念，其特点表现如下。

1. 广泛性

公关广告的内容十分广泛，各种组织都可以运用公关广告做宣传，以引起社会公众对组织的注意，激发起社会公众的兴趣，以达到“推销”组织机构的形象、显示企业自身的能力和实力、提高组织知名度和美誉度的目的。

2. 长期性

一个组织，无论生产何种产品或提供何种服务，其自身都需要长期稳定地发展下去，这就决定了公关广告的目标要着重于长期的、长远的利益。

3. 间接性

公关广告并非直接劝告人们去购买商品或享受服务，而是通过间接的手段让公众了解组织并产生好感。

除以上三个鲜明的特点，公共关系广告还具有多功能（对内对外开放信息）、多层次（环境、公众、竞争者、市场、营销渠道）、多成效（产品促销、鼓励投资、吸引人才）的特点。

三、公共关系广告对组织的主要作用

从广告的具体作用看，一般商业性广告的经济效益较为明显，它对产品和服务的推销有着直接的作用。公共关系广告的经济效益较为长远，它对产品和服务的消费导向起着间接的作用。它虽然不能使消费者在看过这种广告之后立即产生消费动机，但是它透过客观事实和友好的姿态，使得消费者对该社会组织及其产品、服务产生兴趣和好感，并且可以避免商业广告“王婆卖瓜、自卖自夸”带来的不信任，使这种广告更加深入人心。具体来说，公共关系广告具有以下作用。

1. 提高组织声誉

公共关系广告通过强调组织为社会、公众服务的宗旨和决心，说明组织的不懈努力和对社会的贡献，宣传产品和服务的科学知识，不仅能促进企业的社会影响，引起公众的注意和重视，而且能提高其声誉，赢得公众的赞许和好感。

2. 协调职工关系，提高职工士气

公共关系广告关于社会组织经营方针、经营状况、职工政策的公告，可以使公众更加了解社会组织，对组织内部的管理协调、利益分配措施更加理解和支持，从而使职工关系更加协调、融洽。另外，公共关系广告使组织社会地位提高，还能使职工对组织成员身份引以为自豪，有助于提高职工士气，吸引和招揽人才。

3. 给投资者以好印象，争取更多投资

人们的一般心理是：经济实力不雄厚的社会组织是无钱登广告的；登商业性广告的社会组织经济实力又不如做公共关系广告的社会组织“财大气粗”。

因此，公共关系广告尤其能给投资者留下较深印象，这就有利于社会组织争取更多的投资。

4. 消除误会，促进谅解

通过公共关系广告说明社会组织的政策、经营状况和实际能力，能消除公众对组织的不当期望，消除一些心理隔阂。一些问候、致礼的公共关系广告可以消除或减少积怨；而致歉广告通过赔礼道歉，说明事实真相，讲清善后措施则可避免因事故和失误造成的不良影响继续扩大，甚至可给更多的公众留下诚实、诚恳的印象，从而恢复信任，赢得谅解。

正是由于公共关系广告的上述作用，所以有广告专家预测："未来的广告世界中，公共关系要素将逐渐增加，商业痕迹将逐渐淡化，由原来仅仅引起顾客消费欲望的直接商业性广告，转换成建立顾客消费预备基础的公共关系广告。"

四、公共关系广告的类型

公共关系广告随着时代的发展，内容和方式都有不少创新。如果进一步划分，大致有以下几种类型。

1. 组织形象广告

这类广告的主题旨在建立组织的良好形象，其内容大致有四个方面：一是宣传该组织的价值观念，力图使这一价值观念符合公众心理，并为公众所接受，以便对内产生凝聚力，对外产生号召力；二是介绍自己的业务范围和经营方针，阐述自己的生产目的，使公众对组织的活动予以理解和配合；三是介绍自己的财力、物力和人力，有些组织还开列出组织的高级技术人员名单和他们的成果，详细介绍装备情况，以便公众对组织的能力产生信任感；四是阐述组织生产流程和制造工艺，宣传自己在新技术开发、技术革新、经营管理、职员考核方面的不懈努力，以便给公众留下一个朝气蓬勃和充满生机的印象。

2. 公众服务广告

这类广告的主题旨在于通过自愿的义务的社会公益活动，扩大组织知名度和提高美誉度，主要通过一系列社会公益活动来展示。这类广告又有两种形式：一种是率先发起某种社会活动，如植树造林、敬老周活动、举办艺术品展览等；一种是响应别人发起的某种社会活功，如响应政府的法制宣传月活动，参加体育比赛和文艺演出等。公众服务广告能给公众留下组织热心关注社会公众利益、积极参与社会活动、组织与社会公众利益一致的良好印象。

3. 驳斥广告

这类广告的主旨在于对各种诬蔑不实之词和流言飞语予以驳斥，以正视

听，从而维护组织的声誉和尊严。

4. 人事关系广告

这类广告的主题旨在讨论组织的人事和职工的福利，感谢职工家属，感谢有关方面的协助和支持，以进一步密切种各关系。例如在节日期间向公众问候、祝贺等。

5. 致歉广告

这类广告的主题旨在通过公开赔礼道歉，向有关方面谢罪，并表示诚意；以消除不良影响。

6. 特殊事项广告

这类广告的主题旨在通过宣传组织的重大活动、周年庆典、陈列展览等，以引起公众的注意，扩大组织的知名度。

7. 社会贡献广告

这类广告的主题旨在通过总结的形式，向社会公众说明组织对国家经济、社会发展所作的贡献，并感谢公众的合作，以求得公众更好的理解和支持。

第二节　公共关系广告的设计与制作

一、公共关系广告制作的战略

制作公共关系广告，应研究和注意广告制作的战略。战略是指重大的、带全局性的谋划。公共关系广告战略则是为实现组织的长远目标，在设计制作、运用广告的过程中，对工作重点所做的统筹部署和设计的总方案，对经济、文化、公众心理、资源、时间、地点、媒介选择等因素利用的总体安排和指导原则。

要制定正确的、切实可行的公共关系广告战略，首先要了解公共关系广告市场的现状和布局，通过市场调查，了解公共关系广告的现实市场和潜在市场，了解公共关系广告业的发展水平、现有条件、时代特点和公众心理，分析竞争对手的经济实力、广告特点、对公众的影响及市场占领的情况。

其次要衡量自己组织的经济实力、设计水平、可能利用的资源优势，以及欲建立的形象目标怎样才能符合和深入公众心理等。然后制订出公共关系广告的基础策略：在一个时期之内如何安排广告活动，明确各阶段、各个广告之间的衔接配合关系，各自突出的重点和中心。为完成这些广告准备花多少经费和人力、物力，对广告设计制作费用、广告媒介刊载费用、广告调研费用、广告管理费用以及其他费用等做出广告预算；对何时、何阶段选用何种广告媒介作出安排。在经费许可的条件下尽可能采用“立体战争”的形式，将电视、广播、报纸、杂志等各种广告媒介相互配合；在经济条件不许可的条件下，则应有重点地选择符合自己组织特点、最利于传播组织形象的媒介，对广告使用的基本内容、阶段目标和广告文稿作出总体设想和安排，对广告过程的监控和效果的评价衡量提出相应措施。

在制订公共关系广告战略时要注意几个问题：一是公共关系广告战略必须照顾到组织的长远利益，注意到公众的心理需求，着眼于市场的开拓，与组织的整体活动相协调。二是各阶段的公共关系广告目标应清楚明确，切实可行，并根据自己面对的对象公众具有一定弹性，使广告目标具有个性和新颖性。三是选择传播媒介时不能只看经费支出的大小，而应将经费支出大小和有效传播相结合来计算，即计算千人成本。比如甲种杂志的读者约二百万人，一整版四色广告的费用是一万元，那么千人成本是五元。乙种杂志的读者约四十万人，一整版四色广告的费用是四千元，那么千人成本是 10 元。公共关系人员应综合考虑究竟利用何种传播媒介刊登广告效益最高。

二、公共关系广告的制作原则

1. 实事求是的原则

公关广告必须以事实为依据，对人民负责，既不能夸大，也不能掺假，始终按客观事实的本来面目进行宣传。广告的基础是事实，广告的内容应与事实相一致，不能文过饰非，不能抬高自己贬低别人，更不能轻率地宣称自己是一流，是誉满全国、全球，否则就失去了公共关系广告的特点。只有这样，企业才能通过公关广告宣传，扩大自身的知名度，树立企业的良好形象。如果不说实话，不办实事，甚至为了达到某种目的而故意制造一种假象，其结果必然使公众对企业产生反感，形成一定程度的抵触心理。公共关系广告不是在自吹自擂上做文章，而是在内容准确、可靠，形式鲜明、生动上做文章。

2. 合规重德的原则

合规是指公关广告符合国家有关方针政策、法律和广告管理条例的规定。公共关系广告是塑造组织形象的广告，而形象中最重要的一点就是奉公守法，这是取信于民的根本。国家的法律、法令也是加强广告管理，使所有的广告有章可循、有法可依的重要手段，公共关系人员应主动配合，做好这方面工作。

重德是指公关广告注重社会主义道德规范的要求。在当前的新形势下，社会主义公关广告不仅是一种简单的经济现象，而且是一种社会意识形态，它的内容和形式对社会文化和社会风气的好坏都将产生一定的影响。因此，公关广告的制作必须符合党和国家现阶段的宣传方针和经济政策，把民族精神和时代特征同广告内容和形式有机地结合起来。

3. 立意深刻的原则

公关广告要宣传一个什么主题,要达到一个什么样的宣传效果,要运用什么样的宣传方式使听众最易接受、启迪最深,这就成为公关广告立意构思的重要内容。公关广告的创作必须通过宣传使用户看到组织的整体形象,领悟到组织的群体精神,感受到组织的强大凝聚力。这就需要加强对外部信息和内部信息的收集和加工整理,只有“知己知彼”,方能立意深刻。

4. 构思新颖的原则

公关广告的效果在于新颖性、启发性,有吸引力。为此,创意要时时更新,用语要时时出新,不能格式化。要做到这一点,就必须注重在企业生产经营活动中培养职工的开拓精神和成就意识,多提出一些探索性的建议和设想,这样才能使构思新颖的公关广告的出现具有广泛的群众基础。

广告欲给公众以深刻持久的印象,必须使文字尽量精练简洁,朗朗上口,从而使公众过目不忘,并能广为传诵。同时,还应使广告的内容、角度、手法不断推陈出新,避免给公众以呆板、陈旧、模仿他人的印象。应通过不断创新,既使公众喜闻乐见,又使公众感到组织总是具有新的灵感、新的成就、新的活力。

5. 聚焦广变的原则

公共关系广告的创意不能太分散,必须聚焦于一个主题,广告主题亦要保持连续性。组织形象远非一朝一夕所能建立起来,这就需要公共关系广告围绕一个主体形象进行持续不断的宣传,形成始终如一的风格和一致形象,使组织的名称、形象、信念、宗旨和口号融为一体,给公众以稳定、一致的印象。另外,公共关系广告的制作和推出均要做到审时度势,适应环境的变化,具有动态性,因此要搞好调查和预测十分关键。

6. 注重效益的原则

公关广告的制作和推出必须遵循效益的原则,既注重社会效益,又注重经济效益。首先,企业公关人员要将公关活动效果的考核纳入日常的公关活动和其他各项公关活动中,并在开展活动的同时,运用定量测试和抽样检测的方法,注重对效果水平的把握。其次,对于付费较高的公关广告还必须进行公关调查和可行性论证分析,并在定性、定量分析对比中,进行最后的审定。

7. 避免商业化的原则

公共关系广告尤其要注意力求避免在文字表达上商业化痕迹过重。因为公关广告都应有自己独立的特点和方式,不应混同于一般推销部门的产品广告，始终坚信成功的公共关系广告必定会使企业带来长远的利益。自私、自大、虚假、功利性过分明显的广告，常常会引起公众的反感和疑虑，使效果适得其反；而成功的公共关系广告则常常是以公众的立场和利益为着眼点，这样才能给组织带来长远的利益。

8. 友善悦人的原则

公共关系广告的宗旨是尽可能多地争取朋友，密切与同行间的关系。在广告创作的过程中，要通过文字的表达和感情的倾诉密切组织与同行间的关系，在和谐的气氛中使接触者感受到组织的亲切和温暖。对于竞争对手，也不能肆意贬低。日本索尼公司公关交往的基本原则之一，就是贬低别人等于贬低自己。另外，公关广告应给人以美的教育和熏陶，使人获得精神上的享受。

9. 攻心至上的原则

科学成功的公共关系广告是依照人们的心理规律制作的，尊重并符合公众的心理要求。公共关系广告欲达到最佳效果，就必须了解公众的注意特点、兴趣热点、知觉和理解的水平以及态度和情感的趋向，了解公众的动机和愿望。在了解的基础上，使广告尽可能符合公众的心理要求，这样才能使广告具有强烈的吸引力和感染力，才能使公众对广告印象深刻。尊重公众的心理要求，还包括尊重公众的文化心理和习惯。日本索尼公司曾经在泰国推销录音机，广告中的佛祖释迦牟尼也被录音机中的美妙音乐所打动，全身随音乐而摆动。结果在佛教之邦的泰国引起轩然大波，不仅公众十分愤怒，而且泰国当局也提出抗议。最后索尼公司以致歉而告终。同样，某些过分夸张的、华而不实的广告词，也易引起公众心理上的抵触和反感。

三、公共关系广告标题的语言艺术

公共关系广告能否以一个醒目、新奇、鲜明的标题吸引观众，是广告成功与否的基础和关键。从公共关系广告问卷调查的数据来看，企业负责经营工作的主要负责人对公共关系广告标题的重视程度是对正文重视程度的 6.83 倍；企业一般供销人员和其他具体部门的管理干部对公共关系广告标题的重视程度是对正文重视程度的 4.34 倍；一般顾客对广告标题的重视程度是对正文重视程度的 3.06 倍。可见，公关广告必须讲究标题语言艺术优良的广告一般具有以下特点。

1. 简练易记

公共关系广告标题的语言只有简洁、精练，才易于听众记忆。有人曾进行过这样的测试:广告标题在16个字时,给人们留下的印象相当一般,甚至个别广告效果不理想;当降至12个字时,在不影响概括内容精度的前提下,收看效果可提高33.35%;当降至8个字时,在不影响概括内容精度的前提下,收看效果可提高54.14%;当降至6个字且不影响概括内容精度时,收看效果可提高60.2%。因此,广告的标题首先要简洁、精练,“意则期多,字唯期少”。

2. 醒目诱人

眼睛是人类五官之中最敏感的,它要概括约70%的感觉领域。因此,公共关系广告标题只有醒目,才能吸引人的注意。国外有人经过试验得出结论是,一则广告中的留白,如果占整个画面的60%,其视觉效果就较好。在广告画面色彩的对比艺术方面,广告心理学指出:红、橙、黄等暖色调比绿、青、紫等冷色调更能引起人们的注意,更富于吸引力。广告标题的字体,一般来说选择粗重注目的黑体字或刚劲简洁的仿宋体及舒展灵巧的隶体。

3. 新颖独特

公共关系广告的标题形式如新奇独特,能为人们提供最新信息,就会在广告的海洋中赢得公众。有人对我国名牌彩色电视机的广告标题进行了分析,发现注重标志性和象征性手法的运用,有独特美感的广告标题,比一般广告标题能多吸引33.49%到46.71%的观众。另据美国广告界人士说:“带有信息的广告标题,往往会多出22%的人记住它。”标题的表现形式要独特新颖,就要将商品的标记性和象征性的价值融于标题设计的形式艺术之中,并不断翻样更新。例如,某手表的广告标题是“升学就业时节,孩子最需要你——一‘表’情深”。这样,一语双关,言在其中。再如,某汉堡包的广告标题,是一个胖娃娃在沙滩行走而留下的脚印,从而巧妙地设下悬念,引起人们的好奇和注意。

4. 语含力强

广告标题的语言,若动机明确且语意含蓄,往往鼓动性、号召力较强。直赞产品,明誉企业,反而会引起人们的逆反心理。例如,奔驰牌汽车的广告标题是“如果有人发现‘奔驰’牌汽车突发故障,被迫抛锚,本公司将赏一万元”。这种假设语+极端语的广告标题,对提高该企业及产品的可信度,效果更加强烈。555牌香烟的广告标题是“禁止抽各种香烟,连555牌香烟也不例外”。这种否定语+说明语的广告标题,是形式上的否定、内容上的肯定。一个巧妙的“连”字,说明了555牌香烟不同凡响的特色和质量,对刺激公众的购买欲望和行为,比直接宣传的效果更好。

四、公共关系广告正文的结构及其语言艺术

1. 公共关系广告正文的结构

公共关系广告的正文，是广告的主体部分。其层次结构一般分为发端语—中心语—结束语。发端语是紧跟在标题之后的导入文字，它不仅要对标题中所提出的问题、涉及的内容做一精练概括的说明，而且要为中心语的出现创造一个适宜的语言气氛，从而增强中心语的分量。中心语是用充分有据的事实和严谨的逻辑思维来丰富、论证发端语，不仅使发端语的各个方面逐层深入，而且可提高其可信度。结束语是紧跟在中心语之后的一两句话，它的作用是再次点明组织和产品的名称及特点，以加深公众的印象，结束语一般以十个字左右为宜。

2. 公共关系广告正文的语言艺术

公共关系广告正文的语言艺术在于简明与重复、真实与夸张的有机统一，同时还要赋予语言以情感化，用亲切感人的人情去吸引人、打动人、激励人。如美国某轮胎公司的商品广告就利用了“情感效应”。“当您的太太驾着车子，在四顾无人的崎岖山路上抛了锚，那种焦急的心情您曾想过吗？本公司出品的轮胎，具有双层构造，任凭跋山涉水，永不爆裂。身为一家之主的您，请为您的太太设想，改换本公司出品的新式轮胎吧！”这则广告用唤情的方式，达到提醒、诱导的诉求效果。

五、公共关系广告推出的战术运用

公共关系广告在何种媒介物上、以什么方式、在什么时间推出，是一个战术性很强的问题。战术对头，才会有很好的广告传播效果。

1. 稳健推出战术

这是一种在固定时间、固定的广告强度上保持不变的推出战术，它适用于需要长期不断地推出广告的企业，或适合于销售环境十分稳定的产品使用。

2. 重点推出战术

这是一种根据环境的变化规律，预先选定一些时间点为重点时机即刻推出广告的战术，它适用于中小企业，使广告资金能集中使用。

3. 波浪式推出战术

这是一种对以上战术综合使用的战术，它能弥补前面战术各自的不足，是一种理想的广告推出战术，尤其适合于资金雄厚的大型企业使用。

4. 大周期式推出战术

这是一种以广告对象物的变化周期为依据而采取的推出战术，它预示着某种经济活动的高潮即将周期性地到来。优点是能保证广告作用的充分发挥，几乎没有无益的花费，效果十分明显。

5. 渐强、减弱式推出战术

渐强式推出战术特别适用于企业的新产品上市，它帮助新产品度过导入期，再加大强度，使新产品进入成长期。渐弱式则正好相反，它在短期内形成强大的广告声势，然后随着时间的推移逐步减弱，直至停止。它适合于特殊的推销活动，能在短期内形成广告优势。

6. 组合式推出战术

这是对以上战术进行综合使用的推出战术。如在大周期式推出中配备渐强式推出战术，在重点推出战术中配备渐强、渐弱式推出战术，使广告推出活动从内容到形式上臻于完善。

本章小结

公共关系广告是现代社会的一种重要传播方式，它在现代社会经济生活中的重要性日益为人们所重视。人们已经认识到，在激烈的生存和发展竞争中，宣传不宣传，效果大不一样。新产品、新社会组织要想引起公众注意，赢得公众信任，争取老牌产品的市场，争取老牌组织的公众，就必须通过公共关系广告来宣传自己、推销自己。而老牌产品、老牌社会组织，面临众多同类产品、同类组织的竞争，要想保住自己已有地位，或继续改善、提高自己的地位，也需要通过公共关系广告来宣传自己。国内外许多声誉卓著的组织、销路极畅的产品至今每年都要花费巨额广告费，努力让自己的质量、信誉、形象更加深入人心。

复习思考题

1. 什么是广告和公关广告？两者有什么区别？

2. 什么样的公关广告易引起公众的共鸣，并产生较好的社会效益和经济效益？试举例说明。

3. 结合所学的知识，分析下列两则广告运用了哪些传播谋略和语言艺术？

(A)天有不测风云，人有旦夕祸福，疾病、伤残万一不幸来临，您有权利拒绝吗？岁月不饶人，老年、晚年的来临，您有权利拒绝吗？那么，你有理由拒绝“南山人寿”保险专业人员的关心吗？

(B)国外一家化学公司研制出一种新的化妆品，在某日报上用了整整一个版面，只登出一个大问号“?”，公众好生奇怪，议论纷纷，真可谓“不著一字，尽得风流”。第二天，报纸一到，人们竞相翻阅，急于弄清昨天那个问号的答案，可是，报纸上仍然还是那个大问号，只在大问号的下面加上该公司的名字。公众还是纳闷，满腹狐疑。第三天的报纸才刊登出该公司的新产品，详尽地介绍了产品的功效、价格、售货地点和销售方式。如此这般，这家公司的化妆品，给公众留下了深刻的印象。

第十一章　公共关系专题事务

【学习目的与要求】

通过本章的学习，了解公共关系专题活动的概念及类型、公共关系文书的特点；掌握组织常见公共关系专题活动和公共关系文书写作的方法与技巧。

【开篇案例】

“上帝”剪彩与同庆生日

青岛星火家具大世界开业之际，举行了一场别开生面的开业仪式。开业仪式上，既听不到震耳欲聋的鞭炮轰鸣，也看不到各位领导光临，伴随阵阵悠扬悦耳的军乐声，商店工作人员向在场的第一批顾客散发了20束鲜花，然后由得到号码8和18的两位顾客当众为公司剪彩。

此时此刻，此情此景，人们感到顾客就是“上帝”已不再仅仅是商店里装点门面的标语条幅。

长沙友谊华侨公司于1990年11月中旬开始对店堂进行重新装修，将营业面积扩大了四百多平方米，商品品种增加了二百余种，准备在1991年元旦重新开业。但有一件事却使该公司总经理犯难，焕然一新的“友华”怎样才能吸引更多的顾客呢？深夜12点钟了，他还无法入睡，随手翻起床头一本香港出版的《国外营销术》，突然看到一篇谈营销主体如何以贴近顾客的方式来促进销售的文章。于是，他的脑子里蓦地迸发出灵感的火花，能不能用“友华”的名义请长沙市区内在历年元旦这天出生的人在开业的同一天到店里来过生日？

第二天，公司同仁听经理谈了这个想法后，都认为这是一着新招，可行。于是他们邀请广州乐华电子联合有限公司为联办单位，赶制了一批精巧的生日纪念卡和小礼品，接着在报纸和电视上打出广告，邀请市内历年元旦出生的人趁“友华”重新开张之际，来店同庆节日之喜。

开业那天，过生日的顾客怀着兴奋的心情手持户口簿排队领取生日礼品，他们三五成群而来，吸引了不少过往行人。没过多久，店里就挤得水泄不通。

一位81岁高龄的老人闻讯后，高兴地说："我活了81岁，从来没有看到过商店为顾客过生日的，今天看到了。"他特地打发自己60岁的儿子到店里代他领取这份特别礼品。进得店来，这位花甲老人替父亲领了生日礼品后，又被琳琅满目的商品所吸引，看了这个柜台又看那个柜台，边看边买，出店时，大包小盒提了一大串。下午两点钟，一名男子手持医院证明来到店里，说他女儿当天上午10点钟才降生。经理代表公司向他表示祝贺，并向他女儿赠送礼品，他激动地说："你们给顾客带来了生日的乐趣，把'友华'的美好情意送到了顾客心里。"到下午5点钟，商店共发出生日礼品千余份，而商店的客流量已超过20万人次，销售额达100万，相当于过去日平均数的十几倍，创该店历史上的最高纪录，并为以后扩大销售奠定了良好的基础。

第一节 公共关系专题活动

一、公共关系专题活动概述

公共关系专题活动简称公关活动，是组织为塑造自身形象围绕某一公共关系主题，有计划、有步骤组织目标公众参与的集体行动，是组织与公众沟通的有效途径。公关专题活动有鲜明的目的性，以公共关系主题传播为目的。公关专题活动有清楚的诉求对象，这些对象是公关的目标公众。公关专题活动是有计划、有步骤开展的团体活动。

1. 公共关系专题活动的基本特点

(1) 针对性

公关专题活动是在审时度势后，根据组织或公众的某种特殊需要而举办的，这就使得它的目标明确，同时活动也比较集中，能较好地解决某一特殊问题。

(2) 传播性

公关专题活动的策划者把活动作为一个信息传播的载体，通过活动内容把信息传达给活动参加者，并且进一步通过参与者的人际传播和大众传播媒介把信息传播到更大的范围。

(3) 协调性

公关专题活动的协调性表现在专题活动过程的各个方面与各个环节。主要协调的内容有：

第一，目的与内容的协调。一个既定的目的，要通过内容来体现，两者之

间只有协调,策划构思才能实现。

第二,内容与形式的协调。

第三,实施操作管理的协调。公关专题活动在实施管理过程中,管理事项纷繁复杂,各个实施项目之间要综合协调,否则专题活动不能实现既定的目的。

(4) 效率性

公关专题活动讲求效率性,主要体现在两个方面:一是对每个专题活动都应该考虑投入了一定数量的人力和物力,能产生多少效益;二是现代社会的人们讲究时间观念,参与活动的公众付出了时间的代价,活动策划者应该予以有效的回报。

(5) 灵活性

公关专题活动方式多样,举办时间的长短也受限制,其规模大小随需要而定,活动内容也可以根据需要不定期安排,在活动过程中也可以做适时调整。

2. 公共关系专题活动的基本类型

公关专题活动有许多不同的类型,可以有以下几种划分。

(1) 按公关专题活动的规模分类

① 大型系列活动:以同一目标为出发点,形成不同内容、不同形式、不同场所,或由不同机构、众多人参加的多项活动。

② 大型活动:有目的、有组织、有计划的众多人参加的协调行动。

③ 小型活动:在某个机构场所和人员范围内举行的或人数在一百人以下的活动。

(2) 按公关专题活动场地分类

① 室外活动:在室外进行,受天气影响大,要考虑天气状况、布置物的安全性和公众对环境的适应性等。

② 室内活动:要考虑室内通风设施安全性和房间的整洁性,以及出入通道是否畅通。

③ 野外活动:活动在野外进行,要考虑在野外活动中必需的设备,如救伤、通讯、交通设备等。

(3) 按专题活动性质分类

① 商业性活动:商业促销活动和商业推荐活动等。

② 公益性活动:环保、敬老、慈善、救灾活动等。

③ 专业性活动:科技、文学、艺术、体育等某一专业内容十分突出的活动。

④ 社会工作活动:属于社会工作范畴类的活动,如道德、公民教育等。

⑤ 综合性活动:集各种性质为一体的活动。

(4) 按专题活动形式分类

① 会议型活动:新闻发布会、研讨会、洽谈会、交流会、鉴定会和培训类活动。

② 庆典型活动:奠基礼、周年庆典、落成典礼、开业典礼、颁奖典礼、庆功会等。

③ 展示型活动:展览会、展销会、促销活动等。

④ 综合型活动:集各种活动形式为一体的系列活动。

3. 公关专题活动的一般原则

公关专题活动种类繁多,策划各有不同,但是也有着一般的原则要求:一是必须有明确的公关目的;二是要有周密的活动计划;三是设计醒目的标题或口号;四是组织精明能干的领导班子;五是保证必需的活动经费;六是根据具体情况,确定活动时间、地点、规模大小;七是做好新闻传播计划,争取尽可能广泛的社会影响。

二、常见的公共关系专题活动

1. 对外开放参观

对外开放参观是指组织为了让公众更好地了解自己或为消除对本组织的某些误解,通常由公关部门负责组织和邀请有关公众前来本组织参观。对外开放参观这种公关活动有时会起到意想不到的效果。组织的对外开放参观,既是一种很好的公关活动,也是一项很繁杂的工作。应做好以下几方面的工作。

(1) 明确对外开放参观的目的

任何一次对外开放参观活动都应有明确的目的。公关人员要搞清楚通过参观活动可以达到怎样的效果,让观众留下怎样的印象,是否有真正值得报道的材料。

(2) 确定对外开放参观的规模

参观活动开展之前要确定规模的大小,从而作出相应的安排。如果只是少数几个人参观,可以陪同他们到几个部门去,并介绍情况,赠送资料和纪念品等;如果是较大规模的团体参观,最好制订一个计划,安排好接待次数、每次参观人数和开放时间等。通常一次接待15个人比较恰当,每天接待2~3次,有专人伴随进行讲解介绍,回答参观者所提出的问题。

(3) 安排对外开放参观的时间

不但要考虑开放参观的时间,而且要考虑整个参观活动所需的时间。开放参观的时间最好安排在一些特殊的日子,如周年纪念日、企业开工日、节日

等。如上海电视台每逢元旦、中秋节、春节便邀请本台职工家属来电视台参观，让他们为自己的亲属在这里工作而感到骄傲，使他们支持并协助本台职工的工作。

要有足够时间准备对外开放参观活动。规模较大的开放参观活动需要3～6个月的准备时间，如果还要准备大规模的展览会，编印纪念册或其他特别项目，则需时间更多，这时就需要注意时间安排的合理性，要尽量避开假期，并考虑好天气、季节的变化等。

(4) 选派对外开放参观的筹备人员

从有开放参观的构想起一直到活动的结束，都应有高层主管人员参与其事。组织大型的参观活动，最好成立一个专门的活动筹备委员会。委员会成员应包括企业领导、公关人员、行政和人事部门人员等。还要根据参观的不同目的，选择不同的人参加，如果参观的目的是强调服务或产品，还要请销售部门人员参加。

(5) 准备宣传材料

要想使开放参观获得成功，最重要的是做好各种宣传工作，准备一份简单易懂的说明书或宣传材料，发给参观者。

(6) 划分参观线路

提前画好参观线路，防止参观者越过参观所限范围，出现不必要的麻烦和事故。有些组织的主管人员往往顾虑开放参观活动会使某些秘密技术或某些制造过程的细节泄露。其实，只要安排得当、向导熟练，就可以防止泄密事件，因此，不必在这方面有过多的顾虑。

(7) 做好接待服务工作

对参观者应热情周到地做好接待工作，如安排合适的休息场所和备好茶水饮料；需要招待用餐的，也要事先做好安排；如果邀请的对象有儿童，更要特别小心，要准备点心、休息场所、必要的盥洗设备等，也可送一些印有介绍组织材料的玩具。

2. 展览会

展览会是公关活动中经常采用的形式。它是通过实物的展示和示范表演来展示社会组织的成果、风貌的公共关系宣传活动。展览会是一种综合运用各种媒介、手段推广产品，宣传组织形象，建立良好公共关系的大型活动，比较容易引起公众和新闻界的注意。展览会上不仅可安排实物、模型、示范表演，可放映幻灯片、电视、电影，还可展出照片、图片，并加以解说等，使展览会具有一定的知识性和趣味性，使公众更直观、更全面地了解组织及其产品，从而留下深刻的印象。另外，在展览会上还可以了解公众的反映和意见，相互沟通，增进友谊。可见，展览会的确是一种树立组织形象、推广产品的一种好形式。

(1) 展览会的类型

根据展览会的性质、内容、规模等因素，可将展览会分为大型综合性展览会和专题性展览会两类。

① 大型综合性展览会

综合性展览会通常是由专门性的组织机构或单位负责筹办、企业应邀参加的一种全方位的展示活动。它的规模一般很大，参展项目多，参展内容全面，综合概括性强。综合展览会的时间一般都较长，影响也相当大，是组织宣传形象的好机会。但由于其形式不拘一格，对主办者和参展者的技术要求很高，故需要做充分的准备。

② 专题性展览会

专题性展览会通常是由企业或行业性组织，围绕某一特定专题而举办的展示活动。与综合展览会相比，其内容较为单一、规模较小、无综合性，但更要求展示的主题鲜明、内容集中而有深度。像“中国酒文化博览会”，就是专门以展示酒为核心，通过酒来展示企业文化和中国传统的酒文化。专题展览会不像综合展览会那样繁杂，故比较多见。如“北京计算机产品展示会”、“全国医用设备展览会”等，都是以某一专题为主要内容的展示活动。此外，更有一些小型展览会，是由企业自办的，所以灵活性很强。企业自办的小规模新产品展览会、企业产品(样品)陈列、与产品销售相结合的展销(以展为主)和橱窗展示，也都是专题展示活动。

(2) 展览会的特点

① 直观性

展览活动是一种非常直观、形象的传播方式。它把实物直接展现在公众面前，并有现场操作表演，给人以“亲眼目睹”、“眼见为实”的感受。

② 双向性

展览活动不仅可以当面向公众展示自身形象，同时还可以收集公众反馈意见，有针对性地就个别公众或某种特殊情况进行交谈，做到良性的双向沟通。

③ 复合性

展览活动是一种复合性的传播方式，它通常用多种媒介进行交叉混合传播，往往以实物展出为主，配以文字宣传资料、图片、幻灯、录像、电脑等，再加上动人的解说、友好的交谈、优美的音乐、生动的造型艺术，综合了多种媒介的传播优势，具有很强的吸引力。

④ 高效性

展览活动可以一次展示许多行业的不同产品，也可以集中同一行业的多

种品牌来展示，是一种高度集中和高效率的沟通方式，它为参观者提供了更多的机会并节省了大量的时间和费用。

⑤ 新闻性

展览活动是一种综合性的大型活动，除本身能进行自我宣传外，往往能够成为新闻媒介追踪的对象，成为新闻报道的题材。通过新闻媒介的报道宣传，展览活动的宣传效应将大大扩展。

(3) 展览会的组织

展览会的组织工作，由如下几个步骤组成：

第一，确定主题。只有明确了主题，才能使图、文、物的组合更加有针对性，才能使展示活动的整体效果得以体现。主题要写进展示计划，并且成为日后评价效果的依据。确定了主题，就要围绕主题进行准备。

第二，编辑。依据主题进行整体展示活动的规划和构思。与演戏一样，展示活动是利用展览会这一舞台来演企业形象这出戏。因此，需要有专人对展品、图文等进行编辑，撰写出展览脚本。整个展览会各部分之间如何衔接，会标和主题画设计等，也都要有专人负责。

第三，搜集实物和有关资料。组织人员根据展览大纲的要求，搜集实物及有关资料。

第四，确定展品排列方式，画出展板小样。

第五，进行版面上文字图表的制作、图片的裱贴和版面加工的美化。

第六，撰写解说词。解说词要写得具体、精练。撰写好后，交各解说员，要求他们正确流利地讲解展览内容。

第七，预算展览会的费用开支。一个展览会的费用通常包括：场地费用、设计和布置费用、工作人员的费用、联络费及交际费、广告费、印刷品费、运输费、保险费等。因此，需要根据展览所要达到的效果来考虑费用的标准。

(4) 举办展览会应注意的问题

第一，确定参展单位、参展项目和展览会的类型。可以采取广告和向有可能参展的单位发邀请信的方式吸引单位参展。广告和邀请信要写清楚展览会的宗旨、展出项目类型、对参观者人数和类型的预测、展览会的要求和费用等，应给潜在的参展单位提供决策所需的资料。

第二，选择展览会的地点。在地点的选择上，首先考虑的是方便参观者，如交通方便，易寻找等；其次，要考虑展览会地点周围环境是否与展览会主题相得益彰；第三，要考虑辅助设施是否容易配备和安置等。

第三，培训工作人员。展览会工作人员的素质和展览技能的掌握，会对整个展览效果产生重要影响。必须对展览会工作人员如讲解员、服务员等进行良好的公关训练，并对每次展出的项目进行最基本的专业知识培训，以满足展览会的要求。

第四，成立专门对外发布新闻的机构。专门的机构要负责制定新闻发布的计划和组织实施计划，负责与新闻界联系的一切事务。

第五，准备展览会所需的各种辅助宣传材料。如拍摄幻灯片和录像、制作各种小册子和目录等。

第六，准备展览会的辅助设备和相关服务项目。如处理对外贸易业务的部门、附设产品订购的洽接室以及文书业务、邮政、检验、海关、交通运输、停车场等。在入口处应设置咨询台，贴出展览会平面图，作为参观者的指南。

第七，设计制作展览会徽志，备好展览会纪念品，提前印好入场券并分发出去，准备好售票的地点和窗口等。

(5) 展览会效果的评估

展览会结束后，要测定展览的实际效果。测定的主要方法有：

第一，主办有奖测验活动。试题的内容可根据展览的内容有重点、有选择地确定，可以有填空题或问答题，当场测验，当场解答，然后根据成绩，当众发送奖品。这样做既活跃了展览气氛，也起到了宣传教育的作用，同时为测定展览效果提供了统计的依据。

第二，设置观众留言簿，主动征求观众意见。

第三，举办观众座谈会，请观众畅谈观后的感想和意见。

第四，登门访问。

第五，发出问卷，进行问卷调查。

通过这些活动，对展览会进行效果测定，同时也了解了公众对主办单位的意见和建议，为以后的展览会提供参考。

3. 新闻发布会

新闻发布会又称记者招待会，是社会组织为公布重大新闻或解释重要方针政策而邀请新闻记者参加的一种公共关系专题活动。任何社会组织如政府、企业、社会团体都可以举行新闻发布会。

(1) 新闻发布会的特点

新闻发布会是一种两级传播，即组织先将信息告知记者，再通过记者所属的大众传播媒介告知公众。它一般具有以下特点：

① 以新闻发布会发布消息，其形式比较正规、隆重、规格较高，易于引起社会广泛的关注。

② 在新闻发布会上，记者可根据自己感兴趣的方面进行提问，能更好地发掘消息，充分地采访本组织，同时使组织更深入地了解新闻界。在这种形式

下的双向沟通，无论在深度上和广度上都较其他形式更为优越。

③ 新闻发布会往往占有记者和组织者较多的时间，经费支出也较多，因此，成本较高。

④ 新闻发布会对于组织的发言人和会议主持人要求很高，如发言人和主持人需要十分敏感、善于应对、反应迅速等。

（2）新闻发布会前的准备

第一，确定举行招待会的必要性。根据新闻发布会的特点，在招待会举行之前必须对所要发布的消息是否重要、是否具有广泛传播的新闻价值及新闻发布的紧迫性与最佳时机进行分析和研究。只有在确认召开的必要性和可能性后，才可决定召开新闻发布会。一般地说，社会组织举行招待会的原因，有以下几方面：出现紧急情况，如爆炸事件、起火事件等；对社会产生重大影响的新政策的提出；企业的新技术、新产品的开发和投产；组织对社会做出重大贡献或善事；推出影响社会的新措施；企业的开张、关闭、合并、转产；组织的重大庆典等。

第二，确定应邀者的范围。应邀者的范围应视问题涉及的范围或事件发生的地点而定。如事件在某城市发生，一般就请当地的新闻记者到会。邀请的记者应该有较大的覆盖面，既要有报纸、杂志方面的记者，也要有广播、电视方面的记者；既要有文字方面的记者，也要有摄影方面的记者。

第三，资料准备。新闻发布会需用的资料主要有两个方面：一是会上发言人的发言提纲和报道提纲；二是有关的辅助材料。前者应在会前根据会议主题，组织熟悉情况的人成立专门的小组负责起草。其内容要求全面、准确、简明扼要、主题突出。发言人的发言提纲和报道提纲的内容在组织内部通报一下，统一口径，以免引起记者猜疑。

辅助材料的准备，应围绕会议主题，尽量做到全面、详细、具体和形象。它可以包括发给与会者的文字资料，布置于会场内外的图片、实物、模型，也包括将在会议进行中播放的音像资料等。

第四，选择新闻发布会的地点和时间。在地点选择上主要的考虑是要给记者创造各种方便采访的条件。例如：是否有拍摄的辅助灯光、视听的辅助工具以及幻灯、电影的播放设备；会场的对外通讯联络条件如何，交通是否便利；会场是否安全舒适，不受干扰；会场内的桌椅设置可方便记者们提问和记录；等等。

新闻发布会的日期，应尽量避开节假日和有重大社会活动的日子，以免记者不能参加会议，影响招待会的效果。

第五，确定主持人和发言人。由于记者的职业要求和习惯，他们常常在会上提出一些尖锐、深刻甚至很棘手的问题，这就对主持人和发言人提出很高的要求。要求主持人思维敏捷、反应机敏、口齿伶俐、有较高的文化修养和专业水平。会议的主持人一般可由具有较高公关专业能力的人来担任。会议的发言人应由组织的高级领导来担任，因为高级领导清楚组织的整体情况，掌握组织的方针、政策和计划，回答问题具有权威性。若高级领导尚不胜任，需要在会前进行必要的训练和准备，以达到在会上应付自如的目的。

第六，组织记者参观的准备。在新闻发布会的前后，可以配合会议主题组织记者进行参观活动，给记者创造实地采访、拍摄、录像等机会，增加记者对会议主题的感性认识。应在将要参观的地方派专人接待、介绍情况。

第七，小型宴请的安排。为了使新闻发布会收到最大的实效，在本组织财力允许的情况下，可以安排小型宴会或工作餐。这也是一种相互沟通的机会，可以利用这种场合融洽与新闻界的关系，及时收集反馈信息，进一步联络感情。

第八，其他。如应根据会议的规模和规格做出费用预算。费用项目一般有场租、会场布置、印刷品、茶点、礼品、文书用具、音响器材、邮费、电话费、交通费等。在发出邀请信后，开会前应再打电话落实。此外还应安排接待人员，布置会场，准备音响器材、签到名册等。

(3) 新闻发布会中的注意事项

第一，会议发言人和主持人应相互配合。新闻发布会在进行过程中，应始终围绕着会议主题进行。这就需要会议的发言人和主持人配合一致，相互呼应。如当记者的提问离开主题太远时，主持人要能巧妙地将话题引向主题，发言人通过回答问题将话题引到会议的主题上来。

第二，对于不愿发表和透露的内容，应委婉地向记者做出解释，记者一般会尊重东道主的意见。不可以“我不清楚”或“这是保密的问题”来简单处理。

第三，遇到回答不了的问题时，应告诉记者如何去获得圆满答案的途径，不可不计后果随意说“无可奉告”或“没什么好解释的”，这会引起记者的不满和反感。

第四，不要随便打断或阻止记者的发言和提问。即使是记者带有很强的偏见或进行挑衅性发言，也不要显出激动和失态，说话应有涵养，切不可拍案而起，针锋相对地进行反驳。

(4) 新闻发布会后的工作

作为一项活动的完整过程，新闻发布会结束之后，要及时检验会议是否达到了预定的效果。所以，会后工作主要有以下内容：

第一，搜集与会记者在报刊、电台上的报道，并进行归类分析，检查是否达到了举办新闻发布会的预定目标，是否由于工作失误造成消极影响。对检查

出的问题，应分析原因，设法弥补损失。

第二，对照会议签到簿，看与会记者是否都发了稿件，并对稿件的内容及倾向做出分析，以此作为以后举行新闻发布会时选定与会者的参考依据。

第三，收集与会记者及其他代表对会议的反映，检查新闻发布会在接待、安排、提供方便等方面的工作是否有欠妥之处，以利改进今后工作。

第四，整理出会议的记录材料，对新闻发布会的组织、布置、主持和回答问题等方面的工作做一总结，从中认真汲取教训，并将总结材料归档备查。

4. *庆典活动*

社会组织一般会在发生值得庆祝的重要事件时，在人们共同庆祝的重大节日里举行隆重的庆典活动。这种庆典活动实际也是一种展示组织形象、提高社会知名度的公关活动。

组织庆典活动有三大效应：引力效应、实力效应、合力效应。引力效应指组织通过庆典活动吸引公众的注意力。实力效应指通过举办大型庆典，显示组织强大的实力，以增强公众对组织的信任感。合力效应指举行大型庆典，能增强组织内部职工、股东的向心力和凝聚力，提高公众对组织的信任感。

(1) 庆典活动的类型

① 开业典礼

开业典礼，是组织或企业向社会和公众第一次展现自身、以引起社会与公众关注的公关专题活动。开业典礼不同于组织平常的活动，鉴于其特殊性和隆重性，往往会引起社会公众较多的关注，因此是扩大组织社会影响的极好机会。由于开业典礼一类的活动已经司空见惯且很容易雷同，很难引起人们的注意，而开业典礼又是社会组织的第一次“亮相”，因此，举办开业典礼要精心策划，力求创新。

② 周年纪念庆典

社会组织利用本单位的周年纪念日，尤其是逢 5 年或 10 年的纪念日举行庆典活动，既可以对外宣传本单位的成就，扩大社会影响，又可以对内展望未来的远景，鼓舞士气，凝聚人心。从这个意义上看，周年纪念庆典也是一种很好的公关活动。

③ 剪彩仪式

通常，开工典礼、竣工典礼、奠基仪式、开业仪式、展销会、展览会等活动，都要举行剪彩仪式。

(2) 组织庆典活动的一般方法

① 精心拟定出席典礼的宾客名单

邀请的来宾要注意有代表性，一般包括政府有关部门负责人、知名人士、新闻记者、同行业代表、社区负责人、员工代表、有关社团与公众代表等。通常以发送请柬的形式邀请。

② 确定典礼程序

在做好必要的准备工作之后，庆典活动的正式仪式可遵照下列程序操作：

第一，由主持人宣布典礼开始。

第二，宣读重要来宾名单。

第三，来宾代表致贺词（致贺词者名单应事先确定）。

第四，本单位负责人致答词。

第五，剪彩（剪彩人员应事先确定，除本单位负责人外，还应包括来宾中地位较高、有一定声望的知名人士）。

③ 安排好各项接待事宜

确定专人负责，做好诸如来宾签到、接待、剪彩、放鞭炮、摄影、录像、播音等方面的工作，并保证他们在活动开始前即已进入指定岗位。

④ 安排余兴节目

在典礼进行过程中可进行相宜的喜庆文艺节目，如锣鼓、鞭炮礼花及小型歌舞等等。

⑤ 处理好参观、宴请等事宜

典礼结束后，可适当请组织来宾参观单位有关设施。这既可传播组织有关信息，也可通过交谈和留言的方式，请来宾提出意见和建议，这些意见和建议经过综合整理也是很好的公关素材。典礼、仪式完毕后，也可根据情况安排宴请。

庆典活动的形式不复杂，用时也不多，但要办得热烈隆重、丰富多彩、给人留下强烈而又深刻的印象并不是容易的事。这就要求公关人员既要有热情的举止，又要有冷静的头脑；既要善于鼓动，又要指挥有序。

5. 赞助活动

赞助活动是社会组织无偿提供资金或物质支持某一项社会事业或社会活动，以获得一定形象传播效益的公共关系专题活动。目前，社会组织通过对文体、福利事业和市政建设以及一些社会活动进行赞助，来扩大组织影响、提高美誉度，已经成为十分普遍的现象；特别是一些效益比较好的企业，由于具有经济实力，经常被广泛邀请进行赞助。我们常常可以看到，服装公司为体育代表团赞助服装，饮料厂为体育代表团赞助比赛期间的饮料，社会组织、个人赞助教育事业。对于提供赞助的组织来说，一方面是为了表达爱心，承担社会责任，关心社会公益事业，树立起良好的组织形象；另一方面也是一次十分有效的宣传机会，而且这比商业广告更具说服力，是各种广告形式所无可比拟的。

因此,组织应该重视搞好赞助活动。

(1) 赞助活动的类型

① 赞助体育运动。这是组织赞助中最常见的一种形式。随着我国人民生活水平和体育运动水平的提高,人们对体育运动越来越感兴趣。因此,企业通过对体育运动的赞助,往往较易于提高对公众施加影响的深度和广度。

② 赞助文化生活。组织进行文化生活方面的赞助,不仅可以培养与公众的良好感情,而且可以大大提高组织的知名度,创造良好的社会效益。这类赞助有两种形式:一种是对文化活动的赞助,如对大型联欢晚会、文艺演出的赞助;另一种是对文化事业的赞助,即定期的或不定期的对某个文化艺术团体的赞助,通过这个文化艺术团的活动,扩大组织在社会上的影响和知名度。

③ 赞助教育事业。组织赞助教育事业,是一举两得的事情,一方面为组织与有关院校建立良好关系打下基础,有利于组织的人才招聘与培训;另一方面,更为组织树立起关心教育事业的可敬形象。赞助方式可以是赞助学校建图书馆、实验楼,设置奖学金、助学金和其他有关教育方面的奖金或奖励。对组织而言,这既是一项智力投资,又是一项公关投资,应当给予充分的重视。

④ 赞助社会慈善和福利事业。这是组织和社区、政府搞好关系,扩大组织社会影响的重要途径,是组织对整个社会承担义务和责任的重要手段,也是组织在社会获得知名度、美誉度的重要方面。如捐赠或资助慈善机构,在一些地区或单位遭受灾难时提供资助等。

⑤ 赞助学术理论研究活动。这是一种高层次的、直接追求组织的社会效益和长远影响的赞助活动。各种学术理论研究活动,有的是直接服务于整个社会的,如医学方面的研究,经济和改革理论的研讨;有的是某些社会生产技术的发展战略研究。组织可以自己设立机构,也可以长期支持某些学术研究机构的研究活动。在我国,这种赞助活动还不太普遍,有待于企业组织重视和开拓这一领域。

⑥ 赞助宣传用品的制作。

⑦ 赞助建立某一职业奖励基金。

⑧ 赞助各种展览和竞赛活动。

总之,组织进行赞助的形式很多,公关人员应善于设计出各种新颖的赞助形式,使组织获得最佳的信誉投资。

(2) 提供赞助的决策依据

组织所提供的赞助,或者是由组织主动选择赞助对象,或者是在接到请求时再作出反应,组织为提供某项赞助而进行决策时,主要应考虑以下几点:

第一,此项赞助的社会效益。提供赞助时,应优先考虑社会效益,如社会的救灾活动、对残疾人的福利赞助、希望工程的赞助等。

第二，在考虑社会效益的前提下，也要考虑组织的经济效益，使两者能有机地结合在一起。

(3) 赞助效果的检测

赞助是一项重大的专题活动，每次赞助活动结束后，都应对其效果进行调查测定。效果检测主要是了解各方面公众及受赞助的组织或个人对提供赞助的组织或个人的看法。调查是否达到了预期的效果，实现了哪些预定的目标，总结完成或未完成的原因，将各方面的情况写成总结报告，为以后赞助研究提供参考。

第二节 公共关系文书

一、公共关系文书的写作要求

公关文书是为实现公共关系目的和开展公共关系活动而制作使用的各种书面材料。公关文书与一般应用文书有一些共同点，如实用性、程式性、广泛性、时效性等。但由于公共关系独特的职能，公共关系文书具有不同于其他应用文体的独特之处，因此对其写作方式也有着特定的要求。公共关系文书写作特点有：

1. 沟通性

公关活动可以借助于写公函、拍电报、写书信、发请柬、发聘书、送慰问信、送表扬信等，达到传递信息、安排工作、争取社会效益和经济效益的目的。公关工作的沟通是双向的，公关文书的使用也要考虑反馈效应。理解、信任、支持与合作，是在相互交往中建立的。公关文书可以作为联络的纽带和架设友谊的桥梁。

2. 竞争性

开展公关活动要善于利用文字手段，在同行或同类产品中，争取社会与公众的支持与赞誉，进而树立组织的公关形象，开拓并占领广大市场，在竞争中求得组织与产品的生存与发展，使自己立于不败之地。

3. 时效性

作为传播、服务的工具，公关文书必须公开、迅速、通畅地发挥作用。它的写作要快，传递要快，反馈要快。要紧密配合社会经济的发展，联系贯彻国家现行方针、政策的实际，及时地抓住时机开展工作，求得高速度、高效率。时间

就是生命，就是金钱，任何迟滞都会使公关文书失去作用。

4. 务实性

公关文书的写作是一种实用写作，每种文书的起草都要明确写作目的和意图，从公关工作实际出发，提出和解决现实中的问题。

5. 可信性

公关文书的写作必须说真话、办实事，与公众坦诚相见，凡是文书上允诺的就要执行。

6. 简洁性

公关文书是处理公务的实用文，为便于沟通、交往与传播，必须去芜求精，简明概括，切忌拖泥带水。

7. 规范性

为便于流通与管理，提高用文的效率，公关文书的写作必须按习惯通用的格式与要求进行写作。

8. 精美性

公关文书不仅要求内容的新与实，而且对文面的设计也要求庄重大方、热烈而富于艺术感染力。

9. 准确性

运用语言的准确严密，合乎逻辑与语法，合乎事实与政策，是公关文书用语的基本要求之一。

二、公共关系事务类文书的写作

1. 公共关系企划书

公共关系企划书是企业系统、科学地策划公关活动的一种书面材料。公共关系企划书通常要有明确的内容，有活动主题、活动目标、综合分析、活动程序、传播与沟通方案、经费预算等。

(1) 活动主题

主题的拟定应言简意赅，并易于公众理解、记忆。

(2) 活动目标

活动目标既应与企业总体目标相一致，又应体现某次活动的具体特点。简而言之，活动目标应是企业总体目标在某次活动中的具体体现。

(3) 综合分析

综合分析包括对企业概况的介绍、产品简况、市场分析、消费者分析。在单个活动的企划书中，综合分析可以略去，但企划者必须对上述企业概况、产品、市场、消费者等四个方面的情况有较深入的了解，否则企划就难免不切实际。

(4) 基本活动程序

即本次活动的基本安排，什么时间由什么人做什么。

(5) 传播与沟通方案

活动宣传应通过什么样的传播媒介进行传播与沟通。

(6) 经费预算

本次活动需要的各项费用是多少。

2. 公共关系简报

公共关系简报，是机关团体组织内部交流、汇报情况的文字材料或刊物。包括工作简报、信息简报、会议简报、动态简报等多种。另外，动态、简讯、内部参考等都属于简报的范畴。写作时应事先制订编写计划，通过通讯系统或个人来组织稿件，采用汇编、摘编、编写等方式，按版面要求设计报头、正文与报尾，并把名称、期数、编印单位、日期、份数、按语、发送单位等一一列清楚。简报多数为内部使用，有的也可直接向外发送，但要注意发送的范围与要求，不能像报纸一样到处分发，人人使用。简报的编发有定期和不定期两种。简报不是正式公文，不具备法律效力和行政效力。

简报具有以下特点：一是简明扼要，抓住事物的实质，抓住代表性的典型材料；二是迅速，像新闻一样快编、快写、快印、快发；三是真实，材料确凿，反复核实，表述讲究语法逻辑；四是新颖，立意要新，情况要新，抓新人、新事、新问题。

(1) 公关简报的内容

公关简报是公关业务活动的简要报道，通常包含以下内容：一是有关组织形象的材料，文献检索，调查了解到的内部公众和外部公众的意见、评价和要求；二是组织内部工作生产情况和思想状况等方面的动态、经验、趋势；三是公共关系部门开展的一些公共关系活动；四是公共关系部门对各项工作的咨询意见和建议；五是公共关系有关会议。

(2) 公关简报的写作要求

一是要用第三人称；二是要求重点突出，有明确的主题思想，做到主题单一，内容集中；三是必须及时、准确、客观，内容真实，据事直说，不夹杂评述性意见，但编者按除外；四是必须简短、通俗，有可读性、指导性；五是格式要规范。

(3) 公关简报的写作格式

① 报头

占简报首页的三分之一到四分之一左右。居中写简报的名称，要用较大的字体。名称下方写简报编号"第×期"。简报编号下面的左侧写编发单位，右侧写简报的印发日期。报头与正文部分用一条横线隔开。

② 正文

正文是简报的内容所在。正文分导语、主体、结尾三部分。正文的标题与新闻的标题相似,应力求简明、准确、扼要地概括出正文的内容。主体是简报内容的主干和中心部分。主体的内容要抓住关键问题,把本单位在贯彻执行上级指示,开展工作中出现的情况集中地反映出来,与之无关的琐碎小事不能上简报。正文的结尾,要用括号注明写稿单位和写稿人名字。

③ 报尾

报尾在简报的最后一页下方,画上两条平行横线,在横线内注明本简报的发送范围和印发份数。

3. 公共关系新闻稿

新闻稿是组织公关部门(人员)撰写的以目标公众为宣传对象的文字作品,包括提供给媒介的消息和通讯。撰写新闻稿,是公关人员利用大众传播媒介对公众施加影响的重要手段,也是组织与新闻界保持密切联系的纽带和桥梁。

(1) 一般新闻稿

一般新闻稿,也就是人们常说的"消息"。它往往以鲜明的主题、简练的文字,迅速及时地反映现实生活中新近发生的具有特定意义的事件,并因此而成为新闻媒介最经常使用的一种文体。一篇新闻稿通常包含六个基本要素,也称"六 W",即 who(何人)、what(何事)、when(何时)、where(何地)、why(何因)、how(何果)。除了以上六个 W 外,公共关系从业人员撰写消息稿的目的是供新闻媒介刊发,所以,不能仅满足于对六个 W 的掌握,最好还要加上两个 W,即什么主题(what theme)和什么意义(with what meaning)。

① 新闻稿的结构

新闻(消息)一般由标题、导语和主体组成。新闻中时常也要介绍一些背景资料,但由于它不是一个单独的组成部分,无固定地位可言,因而不能看做是新闻结构的一个独立的层次。新闻结构组成部分中还有个结尾,但对多数新闻来说,结尾不是非有不可的。

② 新闻的类型

以写作特点来区分,新闻(消息)可以分为四类:动态性新闻、经验性新闻、综合性新闻和评述性新闻。

a. 动态性新闻

所谓动态性新闻,是对新近发生或正在发生的事件和活动的报道。它重在揭示事物发展、变化的特征，长于反映社会生活中的新气象、新情况、新问题，是最基本、最常见的一种新闻报道形式。

b. 经验性新闻

所谓经验性新闻，是指对一个社会组织乃至于一个行业领域先进经验、成功典型的新闻报道。这类新闻往往偏重于交代情况、介绍做法、反映变化与效果，较多提供背景材料，因而篇幅比其他类型的新闻要长一些。

c. 综合性新闻

所谓综合性新闻，是指把发生在不同地区或部门的性质相似又各有特点的事件综合起来，从不同侧面阐明一个共同的主题思想，反映一个时期内带有全局性的情况、成就、趋势或问题的新闻报道。它纵览全局、报道面广、声势较大，给人以较为完整的印象。常见的综合性新闻有两种类型，一种是横断面的综合，一种是纵深度的综合。

d. 评述性新闻

所谓评述性新闻，是指一种且述且评、夹叙夹议的新闻报道体裁。它在“用事实说话”、报道具有普遍意义的新闻事实的基础上，结合形势和动向，对事实进行适当的分析、评述，揭示其本质意义，指明其发展趋势，以指导实际工作。

(2) 新闻通讯

新闻通讯，亦是新闻媒介传播信息的基本文体之一。它的特点是：通过对现实生活中有关事件和人物的真实而详细的报道，更加生动、具体地传播某一方面信息，表现某一主题思想，从而给读者留下更为深刻的印象。

① 新闻通讯的类型

新闻通讯可以分为事件通讯、人物通讯、工作通讯。所谓事件通讯，即以记叙事件为主的通讯。这类通讯侧重于较为生动地报道某一事件的详细过程，虽有人物出现并给予一定描述，但不作着力刻画。所谓人物通讯，即以记叙和刻画人物为主的通讯。这类通讯侧重于描写某一人物或人物群体，让读者对这一人物或人物群体的思想、行为有一形象感受。所谓工作通讯，即以反映综合性事件和经验为主的通讯。这类通讯往往以点带面，视野较为宽阔，或提出一些问题，或总结些带指导性的经验，有时近似于调查报告，但在文法上更为生动形象。

② 新闻通讯的写作要点

a. 要认真把握素材，反复提炼主题

通讯面对的是事件的全部纷繁复杂的事实和素材，要求在生动描写的同时，尽可能表现出较为深刻的主题思想。这就需要写作人员认真把握原始素材，提炼出既富时代感又精心独到、有一定深度的思想内涵来。

b. 要精心构思,写好通讯的开头和结尾

新闻通讯是一种带有一定文学性的新闻文体,讲究结构的完整合理,尤其强调文章的开头和结尾。

c. 善于抓取和选择典型事件

这对于一些以写人物为主的通讯和某些综合性的工作通讯来说尤其重要。

d. 通过生动细节的形象描绘来烘托事件和人物

消息以叙述为主要手段,只需把事件说清即可,一般不用生动描写。通讯是一种带有文学色彩的新闻体裁,则应该通过有关细节描写,生动形象地描绘人物,反映事件,烘托气氛,增强感染力。

e. 注意叙述、描写、议论和抒情手法有机结合

通讯的主要表现手法是叙述和描写,但可以穿插运用议论和抒情的方法,以增强文章的思想性和感染力。

4. 公共关系广告

公共关系广告是公关实务活动中塑造组织形象、传递新信息的一种宣传方式,通常包括公司广告、响应广告、倡议广告、致歉广告、公益广告等。它公开面向广大公众,具有传播性和告知性;它借助一定的媒介进行有计划的、非个体的活动,具有接受性和说服性;它融语言、文字、音乐、美术、摄影于一体,具有综合性;它对传播信息、加速流通、认识与审美具有重要作用。公共关系广告常用的媒介有印刷媒介、电子媒介、物体媒介等。

公共关系广告写作时需要考虑的因素有:

(1) 目标

必须清楚地了解所要达到的目标,而且必须是了解广告的单一目标而不是多重目标,广告中的一切都应该为目标服务。在编辑广告的时候,要去掉任何没有对目标进行深入发掘的词句或音像。

(2) 事实

只有在对所有与事件有关的事实进行谨慎而全面的检查之后,才能为广告选择出一个特定的目标。只有这样,才能根据信息就组织和竞争对手的优劣势做出有意义的判断,并且找到一个能利用自身的优势或攻击对手劣势的广告目标。公关广告文案写作中要严格尊重客观事实,语言表达要精确清晰,正确处理好艺术表现与客观真实的关系。

(3) 公众

在进行广告写作前,应该对目标受众的特性有全面的了解,知道他们的欲望、需求和价值观。

(4) 媒体

在撰写公关广告前，必须清楚正在为哪个或哪些媒体写稿。首先要考虑的问题就是满足媒体的技术要求。一个为报纸准备的广告可能不符合杂志的要求，肯定也不符合电台、电视台或互联网的要求。

5. 公共关系危机事件处理书

公关危机事件处理书是企业在面对公关危机时所采取的应对策略的文字材料。公关危机事件处理书通常包括背景介绍、主要问题、公众分析、传播渠道分析、应对计划与措施等内容。

三、公共关系礼仪类文书的写作

1. 请柬

请柬又叫柬帖或请帖，是人们在社会活动和相互交往中(如开业、奠基、庆典等礼仪性活动前)以书面形式通知、邀请参加者的文体。

(1) 请柬的写作方法和格式

请柬的最大特点就是既言简意赅，又要表达出较浓的感情色彩和诚意。它的书写格式由以下几部分组成：

① 标题

标题用较大的字体书写"请柬"两个字，可写在第一行正中，也可放在首页的正中当作封面。

② 正文

正文前顶格写明邀请的机构全称或个人的姓名，如果邀请的是个人的话，那么除了要写上他的姓名外，有的还要写上其头衔或职务；第二行空两格写正文，写明事由，时间和地点；最后，换行空两格写上"敬请参加"或"恭请届时光临"等词。

③ 落款

正文下面靠右写明发请柬的单位全称或个人的姓名和头衔，换行写发请柬的年、月、日。一般为表示诚意和恭敬，落款的个人姓名由本人书写。

(2) 请柬的语言要求

① 简洁明了

请柬的文字要简洁明了，三言两语说明问题，切忌重复啰嗦；如果需要被邀请人在活动中讲话，也可在请柬中写清讲话的内容和时间要求。

② 礼貌典雅

从某种意义上讲，请柬和信函具有同样的作用，只是请柬的形式要求语言更凝练，更具感情色彩。因此请柬的语言要热情、真诚有礼，尤其需要写得庄重典雅，给人一种神圣感。

【案例 11-1】

请　柬

李忠总经理：

为庆祝我公司成立10周年，特定于2010年8月18日上午8时，在本公司大礼堂举办庆祝活动。

恭请届时光临

帝王电器公司公关部

2010年8月8日

2. 信函

信函是社会组织之间联系工作的公用信件，它是企业、事业单位公关事务活动中不可缺少的重要传播工具。因为它是对外联系中的一种正式形式，所以其语言、意图均要慎重斟酌，才能发往对方，以免造成不良后果。

公关信函的主要作用是沟通组织与公众之间的感情，交换某些与双方有关问题的意见和建议，协调、建立和发展组织与公众之间的关系，树立本组织良好的形象，争取公众的理解、信赖、支持与合作。

公关信函有别于一般书信，它是代表本组织说话，带有一定的公关目的，不代表个人办私事。

平常的公关活动中遇到较多的信函是公函与便函。公函是公文的一种，按公文体式制作；便函不按公文体式制作，而按一般信件写作，不拘格式。

公函就其内容与作用来看又可分为商洽函、询问函、答复函、委托函和告知函五类。

(1) 商洽函

商洽函是最为常用的一种公函，用于社会组织之间商量和接洽工作。这类公函多半是主动发出的，即要求对方给予协助。有的则是向对方提出共同办理某事的要求，也有的是向对方提出处理某一问题的意见。商洽函正文一般包括两个部分：一是商洽缘由，即写明发函的原因；二是商洽事项，这部分是主体，应写清所商洽的具体事项，写清对对方的要求。

(2) 询问函

询问函主要用于向对方询问问题，也可以简述某一事项并提出处理方法，然后征求对方意见，要求答复。询问函正文一般也由两部分组成：一是说明询问的目的和缘由；二是询问事项的主要内容，这是询问函的主要部分，因此要写得既明确而又具体、简洁，让人一目了然，以便答复。

(3) 答复函

答复函是用来答复对方询问函的问题。答复函正文一般由三部分构成：一是说明对方函已收到，并写清收文的日期；二是简要复述对方函件所询问的主要问题或所提要求；三是答复内容。这部分是答复函的主体，因此要写得明确具体、简明扼要，所答问题的内容要有条理性、针对性和顺序性。

(4) 委托函

委托函用于委托有关组织代为办理某一事项。这类公函，过去使用得不多，但随着公共关系活动的不断扩大，这类公函的使用也随之增加。委托函正文一般由两部分组成：一是原因，这部分既要写清委托的目的，又要写清所委托代办或代办事项的基本情况；二是委托事项，这部分是主体，因此要写得清楚明了，尤其要写清托办或托查的要求。此外还可以加上"以上事项希大力协助办理（查清），并请尽快答复"做结束语。

(5) 告知函

告知函一般是用在办理受托代办事项之后告知代办情况，或主动告知对方某种情况或某一事项，以引起对方注意。其正文包括两部分：一是告知发函缘由；二是告知事项。

公关信函是社会组织与内外公众交流思想、互通信息、商洽联络的一种信件，因此要注意语言的文明、礼貌、庄重、典雅，要充满真挚的感情，并遵循信函的格式，这样才能为树立良好的组织形象起到积极的作用。

【案例 11－2】

关于委托××行政管理干部学院
举办成人高等教育专业培训班的函

××函[2010]8号

××省教育厅成人教育办公室：

为提高我公司行政人员的管理水平和专业知识水平，我公司拟委托××行政管理干部学院举办行政管理专业成人高等教育专业培训班，学制为一年半。从今年7月到明年12月招收学员50名。我们将配合学院严格按照教育部和××省教育厅的规定举行入学考试，安排教学工作，保证教学质量。

望予审批。

××××集团公司

2010年3月16日

3. 发言稿

公共关系发言稿一般可以分为公关致词和演说稿。

(1) 公关致词

在公共关系活动中,有许多迎来送往的场合,需要有关人员致词。常见的致词有欢迎词、欢送词、祝贺词和答谢词等。这类致词的结构,一般由标题、称呼和正文三部分组成。

① 标题

标题的写法:一种是只写"欢迎词"、"欢送词"、"祝贺词"或"答谢词"即可;另一种是在"欢迎词"、"欢送词"、"祝贺词"或"答谢词"前加上一定的修饰限定词语。

② 称呼

标题的下一行顶格写致词对象的称呼,称呼后加冒号。称呼要用尊称,一般在称呼前加上表示敬意、亲切的修饰语,如"尊敬的"、"敬爱的"、"亲爱的"等。在被称呼者的姓名后加上职务、职称。称呼对方单位名称或个人姓名时必须用全称,不得用省称、简称。

③ 正文

正文包括开头、主体、结尾三部分。开头应首先表明这一致词的主旨。主体部分则是结合活动的特定内容和出席对象的具体情况,围绕致词的主旨适当进行阐述。结尾比较简单,一般是向致词对象表示祝愿、祝福或希望。

(2) 公关演说稿

撰写公关演说稿是公关从业人员日常要承担的工作之一。演说稿和致词相似的地方,在于两者都是在一定的场合、面对特定的公众所发表的讲话。但相比之下,致词更多地用在一些礼仪场合,主要用来表达某种情感和意愿;而演说则较多用在展示性的场合,主要用来宣传某一观点、推荐某一形象。

撰写演说稿,应注意把握以下几点:

① 标题

通常演说稿的标题为"在××场合的演说",以免和其他演说稿相混。但在实际演说时不必照背照念。

② 称呼

一般情况下,可以对这一活动的主持人特别提出并加以称呼,而对在座领导则不必如此。例如,以"尊敬的×××先生(或女士、小姐)"称呼主持人,再以"尊敬的各位领导、女士们、先生们、朋友们"这些泛称涵盖所有在场人员。

如果演说的场合并无明确主持人，则可以省略对主持人的称呼。在某些比较随意的场合，只需简单地称呼“各位朋友”。

③ 正文

演说稿的正文分为三个部分，即开场白、主体和收尾。

演说稿的开场白比较重要，因为它事关能否马上吸引听众的注意。在撰写时，一般可采用下列几种方式：一是开门见山，直奔主题，一般用于比较正式的场合；二是先作简单的自我介绍，让人们对自己发生兴趣；三是由某一看似不相干的话题突然切入，激发人们的好奇心理；四是抓住现场情境，即兴发挥，适当调侃，活跃气氛。

演说稿的主体部分是整篇演说的最核心部分。主体部分的撰写，根据内容需要和具体场合、听众的不同，可有各种方式。但不管用什么样的方式，有三点是要注意的：一是要突出演说主题，不在次要问题上多作解释和说明；二是逻辑严密，结构紧凑，围绕主题层层推进，具有较强的说服力；三是表述通俗流畅，力求口语化。

演说稿的收尾部分，一般有下列几种方式：一是概括演说的主题，加深听众印象；二是提出希望或发出倡议，激发听众的情绪；三是提出一个或几个思考的问题，让人感到意味深长，意犹未尽。这几种方式，可以根据不同情况灵活运用。但都应注意，收尾应尽可能干脆利落，不拖泥带水。

4. 书信

公共关系书信是在公共关系活动中使用的一种书信体的礼仪类文书。

（1）贺信

贺信是表示祝贺的专用书信。贺信既可以宣读也可以通过邮寄送达对方。

贺信的写作格式与一般书信大致相同，由标题、称谓、正文、结语、落款几部分组成。写作要求内容切合具体的祝贺情境，感情真挚，喜庆色彩浓郁。贺信以书面表达为主，语言力求简练、明快、生动、流畅，恰当地使用对偶、比喻等修辞手法，使贺信显得优美文雅。

（2）感谢信

感谢信是一种礼仪文书，用于商务活动的许多非协议的合同中，一方受惠于另一方，应及时地表达谢忱，使对方在付出劳动后得到心理上的收益。感谢信是一种不可少的公关手段。

感谢信在写作时不应篇幅太长；对收信人为自己做的好事要了然于胸，不要忘了什么；把对方给自己带来的好处都写清楚，不要含糊其辞；表示感谢的话要合乎商家往来习惯，语气不应过于谦卑。

本章小结

公共关系专题活动指组织为塑造自身形象围绕某一公共关系主题，有计划、有步骤组织目标公众参与的集体行动，是组织与公众沟通的有效途径。公共关系专题活动的基本特点是针对性、传播性、协调性、效率性、灵活性。公关专题活动常见的形式有庆典活动、开放参观活动、社会公益活动、展览会和新闻发布会等。

公关文书是为实现公共关系目的和开展公共关系活动而制作使用的各种书面材料，具有沟通性、竞争性、时效性、务实性、可信性、简洁性、规范性、精美性、准确性等特点。其中，事务类文书包括公共关系企划书、公共关系简报、公共关系新闻稿和公共关系广告，礼仪类文书包括请柬、信函、发言稿、书信等。

复习思考题

1. 公关专题活动有哪些主要类型？
2. 如何做好公共关系专题活动的策划工作？
3. 公共关系文书有何特点？
4. 写一篇公共关系演讲稿，并尝试着面对同学们进行演讲。

第十二章　公共关系危机管理

【学习目的与要求】

通过本章的学习，掌握公共关系危机及相关概念的含义；了解公共关系危机的特点并能够掌握公共关系危机管理的方法；重点掌握在网络环境下公共关系危机处理的方法。

【开篇案例】

2009年2月12日，石家庄市中级人民法院发出民事裁定书，正式宣布石家庄市三鹿集团股份有限公司破产。一场由“肾结石事件”引发的危机，在历经半年多的时间，终将一个具有50多年发展历史，并且在发展过程中有着一系列的辉煌成就（中国食品工业百强、中国企业500强、农业产业化国家重点龙头企业、全国轻工业十佳企业、全国质量管理先进企业、科技创新型星火龙头企业、中国食品工业优秀企业等省以上荣誉称号二百余项；三鹿奶粉产销量连续14年实现全国第一，酸牛奶产销量进入全国第二名，液体奶产销量进入全国前四名；三鹿品牌被世界品牌实验室评为中国500个最具价值品牌之一，2007年被商务部评为最具市场竞争力品牌、中国顶尖企业百强乳品行业第一位）的三鹿集团推向死亡。品牌价值高达149.07亿元的“三鹿”化为乌有。

乳品业巨人的倒下，给中国企业界留下了无穷的思考，使人们再次认识到公共关系危机管理的重要性。

第一节　公共关系危机的基本概念

市场经济的不断发展和经济全球化的影响，使企业处于复杂多变的社会环境中，制约企业生存发展的因素在增加。企业在与社会和公众交往过程中难免会产生各种矛盾、冲突，进而演化为公共关系危机。在传媒发达的今天，企业公共关系危机可能在很短的时间内迅速、广泛地扩散。面对公关危机，一

些企业成功地化危为机，一些企业在危机中遭到损失，甚至遭受灭顶之灾。不同的企业在对待公关危机时采取的不同的态度和处理方法所产生的截然不同的结果，这让人们清醒地认识到，企业要持续生存并获得发展，必须进行科学的公共关系危机管理。

一、危机的相关概念

正确地理解危机的相关概念是进行科学的公共关系危机管理的前提条件。

1. 危机

通常意义上的危机有三种含义：一是指令人感到危险的时刻；二是指一种产生危险的祸根；三是在严重困难的紧要关头。在这里主要体现的是“危”的概念。比如经济危机指的是一个或多个国家国民经济或整个世界经济在一段比较长的时间内不断收缩的现象。

用辩证的观点来理解危机，可以这样解读：“危”可以理解为危险，而“机”则完全可以理解为“机遇”；危机是指“危险中蕴藏着机遇，而机会中同样暗藏着危险”，也就是说危机是一个不稳定的时机，是一个新局面的开始，是一个转折点。往往有危险才有机会，危机仅代表在转机与恶化之间的一个不稳定的阶段；只要处理得当，就可以获得转机，因祸得福。面临危机，必须马上对事情做出决定，尽管决定后所获得的结果可能会好，也可能会坏。正是从这个意义出发，公共关系危机管理才具有重要意义，它能够帮助企业化“危”为“机”，使企业能够持续发展。

2. 公共关系危机

公共关系危机又称公关危机，是公共关系学的一个较新且较专门的术语(英文为 public rdatins crisis)。

公共关系危机是指由于组织自身的原因，或者组织外部社会环境中某些事情的突然发生，对组织声誉及其相关产品和服务声誉产生不良影响、导致组织在公众心目中的形象受到严重损害的现象。公共关系危机是企业所面临危机中的一种。

3. 公共关系危机处理

公共关系危机与公共关系危机处理是两个既有联系又有区别的概念。所谓公共关系危机处理，又称为危机公关，是指在公共关系理论和原理的指导下，公关从业人员运用公共关系的策略、措施与技巧，来改变因突发性事件而造成的公共关系主体所面临的危机局面的过程。狭义上的危机公关是对公共关系危机的处理，广义上的危机公关是对企业面临的各种危机的公共关系处理。

4. 公共关系危机管理

危机管理有广义和狭义之分。广义的危机管理是指公共关系从业人员在危机意识或危机观念的指导下，依据危机管理计划，对可能发生或已经发生的公共关系危机事件进行预测、监督、控制、协调处理的过程，也是对其他已经发生的危机进行处理的过程。狭义的危机管理通常与危机处理的概念一致，指对已经发生的公共关系危机事件的处理过程。它是处理危机事件过程中的公共关系管理，是企业为了解决自身陷入的危机，挽回不良事件给公众造成的影响和带来的损失，在出现公关危机状态时，采取的一系列具有预防、扭转、挽救作用的策略和措施，它的过程是消除企业危机因素的系列活动。

5. 公共关系危机管理计划

公共关系危机管理计划是特定企业或社会组织为了预防危机的发生或在危机发生时尽可能减少损失而制定的较为全面具体的关于危机事件预防、处理和控制的书面计划。制定公共关系危机管理计划是公共关系危机管理的重要工作，也是公共关系工作的重要组成部分。该计划明确包括危机管理的责任、具体的运作方式和注意事项等，并以书面的形式表现。危机管理计划是制定危机管理手册、开展危机管理教育的基本依据。

二、公共关系危机的类型

美国危机管理专家诺曼·奥古斯丁说："危机就像普通的感冒病毒一样，种类繁多，难以一一列举。"因此，对公共关系危机进行分类，有利于有针对性地开展公共关系危机的预防以及对已经发生的危机采取有效的措施。

公共关系危机从不同的角度可以划分为不同的类型。常规的方法可以按危机的内容和形式两个方面去划分，因为任何事物的基本组成部分是内容和形式两个方面。从内容方面来看，公关危机可以分为信誉危机、效益危机和综合危机；从形式方面来看，公关危机包括点式危机、线性危机、周期性危机和综合性危机。在公关实践中还可以根据公关危机危害程度的不同将危机分为一般型公关危机和重大型公关危机。前者程度较轻，是局部性的，危害小；后者情况严重，是整体性的，危害深重。另外，根据公关危机事件呈现的状态，还可以分为隐性公关危机（即某些局部要素上的隐患）和显性公关危机（即已经形成事实的整体性危机事件）。

在现代社会，企业出现危机的可能性明显增加。一是由于在经济全球化的背景下，经济环境不确定的因素在增多，一国出现经济问题都会传导给其他国家。2007 年由美国"次贷危机"所引发的金融危机席卷全球，不计其数的企业倒闭。二是企业市场的拓展，既会增加企业的经营机会，也会增加企业的风险。企业面临公众的不确定性、各地公众的差异性，公众对企业评价的依据的变化，都会给企业带来危机。正是基于这些因素，在对危机分类中，有必要引入一种新的概念，根据危机生成的主导因素，将危机分成系统性危机与非系统性危机。

所谓系统性危机，是社会政治、经济环境以及自然环境等企业无法抗拒的力量发生突然性变化给企业带来的危机。比如在全球金融危机中，有的企业本来经营活动很正常，但由于市场突变或关联企业出现问题，导致自身的资金链突然断裂，引发企业对其他客户的信用危机。类似这样的危机，在经济波动频率加快的时候尤其容易出现。这种危机的产生可能不是因为企业公共关系工作没有做好，但危机的出现会导致企业公共关系状况出现恶化，扭转危机仍然需要做大量的公共关系工作。

所谓非系统性危机，是企业自身的原因所导致的危机，比如企业在经营活动中所出现的产品质量问题、服务方式问题、经营理念问题、环境污染问题、承担社会责任和义务问题等所引发的社会公众不满而产生的危机，这类危机是真正意义上的公共关系危机，是公共关系危机管理中的重要工作内容。

三、危机的特点

1. 必然性

危机的必然性是指危机不可避免，就像人在生存的过程中不可避免地要生病一样，企业在发展历程中，不可避免地会出现各种各样的危机。因此，危机的防范是危机管理中的日常工作。

2. 突发性

大部分的危机事件都是在人们无法预料的情况下突然发生的，它往往会使企业措手不及。为了在危机发生时能够积极应对，企业应当对可能出现的危机提前做好应急方案。

3. 紧迫性

危机一旦发生，就像一颗突然爆炸的“炸弹”，在社会中迅速扩散开来，对社会造成严重的冲击。如能快速遏制危机，就可以最大限度地减少危机带来的不利影响。

4. 危害性

任何危机事件不仅会给组织的经济利益和声誉造成不利的影响，破坏组织的正常运转或生产经营秩序，带来严重的形象危机和巨大的经济损失，而且对于社会也会造成严重的危害，给社会公众带来恐慌，甚至造成直接的损失。

5. 渐进性

冰冻三尺，非一日之寒。公共关系危机的爆发是一个从量变到质变的过程。酿成危机的因素是一个累积渐进的过程，这些因素通过一定潜伏期的隐藏和埋伏后，如果未能得到有效控制，就会继续膨胀，以致形成企业公共关系危机的总爆发，并迅速蔓延，产生连锁反应，使公众与企业关系突然恶化，使大量的顺意公众变成逆意公众，对企业产生强烈不满。一个企业突然爆发了危机，事实上不会没有任何潜在的因素，这些因素无论是来自主观，还是来自客观，抑或两者都有，都是公共关系人员平时疏于警觉的后果。因而防微杜渐是公共关系危机管理中不可缺少的思想。

6. 可变性

危机事件是可变的，既可以发生，也可以消除。在现代市场经济条件下，处于动态环境系统中的企业，往往要面临复杂多变的局面，因此，处在顺境中的企业也有可能发生危机事件。

第二节　企业公共关系危机管理

公共关系的危机管理是公共关系工作的重要环节，企业如果能够处理好各种公共关系，则企业的发展态势会非常良好。在实际的公共关系工作中会受到各种不利因素的影响，企业不会总处在理想的发展状态，有时会因为某种非常性因素的作用，使企业难以控制，从而处于不利的局面。特别是在当今的社会中，由于企业构成因素的复杂多样，周围的社会环境处在变化之中，各种企业组织出现各种公共关系危机的可能性也就不断地增大。公共关系危机会给企业造成危害，轻则会影响企业的正常运营，重则会危及企业的发展和生存。

一、企业公共关系危机成因分析

分析企业公共关系危机产生的原因，对于制定正确的预防和处理对策有着十分重要的意义。企业公共关系危机产生的原因很多，一般来说，大致可以分为企业内部环境原因和企业外部环境原因两个方面

1. 公共关系危机产生的内部原因

(1) 企业社会责任感的缺失

前些年出现的“假奶粉大头婴儿事件”、“苏丹红事件”、“陈化粮事件”、“齐

二药亮菌甲素注射液毒针事件”、“三鹿奶粉事件”等，都使相关企业产生重大的公共关系危机，有的企业虽然克服了危机，但危机给企业带来的打击是沉重的，例如三鹿集团在这场危机中就未能幸免，走向了死亡。这些危机的根源，就是企业社会责任感的缺失。我国《公司法》第五条规定：“公司从事经营活动，必须遵守法律、行政法规，遵守社会公德、商业道德，诚实守信，接受政府和社会公众的监督，承担社会责任。”社会责任对企业而言不是可有可无的，而是必须承担的法律义务，企业的行为只有符合社会利益和可持续发展的要求，才能获得社会的赞许。企业只有时刻记住自己应当履行的社会责任，才能够避免致命的公共关系危机的发生。

(2) 企业经营决策失误

企业经营决策失误也是造成企业公关危机的重要原因之一。在现代社会中，企业的经营决策都应自觉考虑到社会公众、社会环境的利益和要求，不能有损于公众，不能有损于环境；反之，即属于决策的失误。经营决策失误情况繁多，主要体现为方向的失误、时机的失误和策略的失误等。各种失误都可能导致企业公关危机的出现，特别是其中的方向性和策略性失误更是导致企业公关危机的关键原因。如背离公众和环境的利益与要求作出决策，或采取有损公众和环境的策略实施各种决策，都是可能严重危及公众和环境的，也都有可能引发公众对企业的抵触、排斥和对抗，从而使企业陷入危机状态。例如，新天国际葡萄酒业公司在果酒市场看好时，为了保证有充足的原料供给，与当地 60 多个村委会签订为期 30 年的酿酒葡萄收购合同。合同规定，农民按照企业的标准种植合格的葡萄，由企业全部收购。合同中规定收购价格执行当年新疆地区的市场价，为提高农民的积极性，合同还确定了每公斤 2 元的保护价。但新天酒业公司在产大于销时，却要求农民限产，并采取降价收购方式，把企业决策失误转嫁到农民头上，从而引起农民的强烈不满。

(3) 企业在信息传播上失策

现代社会的公共关系工作实际上是一种社会信息交流工作。在信息交流的过程中，要遵循以客观事实为基础的原则，不得传递虚假信息、损伤公众感情的信息、误导公众的信息。如违背这些原则，就有可能引发公众的反对和抵制，最终使企业与公众之间的关系走向恶化，形成危机。例如，2006 年肯德基一则电视广告曾引起高考考生大为不满，广告表现的是三个正在准备高考的伙伴之间的故事。其中，男生小东勤奋用功，还为另一名女生和一名穿红衣服的男生在肯德基餐厅里补课，而那位穿红衣服的男生只顾着吃肯德基而不认真学习，意外的是，高考结束后，认真备考的小东落榜了，而“红衣男生”与那名女生都考上了北京的大学。一网友就此在互联网上很有影响的天涯社区网络论坛上，贴出了一篇题为《肯德基现在放的老北京鸡肉卷广告好过分》的帖子。帖子一出，立即吸引了超过 6 万次的点击率，一些比较激烈的网友感慨："这个广告让努力学习的同学看到后不是备受打击吗？""认真学习看来还抵不上吃 KFC 管用？"。

(4) 企业产品或服务质量上存在问题

质量是企业的生命，这是众多企业用经验和教训总结出来的结论，大家已经深信不疑。这句话的含义就是：如果产品质量达不到标准的话，公众的利益就会受到损害。轻则为公众所拒绝，重则可能发生恶性事故，危及人们的生命安全。当因产品质量问题而发生恶性事故时，就会引发企业重大的公共关系危机。例如，丰田汽车因油门踏板存在缺陷，造成的已知事故有数千起，其中 19 人丧生，于是丰田公司在全球召回 850 万辆车。美国政府 2010 年 4 月 5 日宣布拟对丰田公司处以最高达 1637.5 万美元罚款。此次大量的召回不仅使丰田公司在财务上出现危机，更重要的是在不断召回的过程中，消费市场对此作出了更为直接的反应，信誉危机从未以如此的方式笼罩在这家汽车制造企业头上。在丰田汽车公司的历史上，这样的情况极少出现。不断爆发的各类汽车质量问题，已渐渐让部分消费者失去了耐心。丰田公司现正在加大力度进行危机公关，能否度过危机，人们还将拭目以待。

能够引发公共关系危机的内部因素还包括企业员工的素质、员工的公共关系意识、企业的管理水平等。

2. 公共关系危机产生的外部原因

(1) 自然灾害

自然界所发生的变化，是不以人的意志为转移的，它往往给企业活动带来意想不到的突然打击。例如地震、海啸、旱灾、涝灾、火山爆发、河流改道等。这些灾害具有很大的突然性、无法回避性和重大损失的特点，常常使遭受打击的企业面临灭顶之灾。例如，2008 年发生的汶川大地震，使震区内大多数工业企业的厂房、设备不同程度受损和几乎所有的商贸企业的商品被埋没。虽然自然灾害所引发的危机不可避免，但是在灾后重建中却需要大量的公共关系活动，以寻求社会对灾后重建的支持。

(2) 经济环境的变化

自 2007 年由美国"次贷危机"所引发的世界金融危机爆发以来，虽然各国采取了积极有效的应对措施，世界经济正在走向复苏，但依然存在很多不确定的因素，经济波动不可避免，给企业的经营运作带来很大的困难。因此，任何贸然决策，都会带来经营困境或者灭顶之灾。现代企业同其他组织和社会公众都存在着密切的联系，当企业出现经营困境时，势必会引发公共关系危机，

对此企业应当高度重视。

(3) 企业间的恶性竞争

恶性竞争即不正当竞争，指在市场经济活动中，企业违反国家政策法令，采取弄虚作假、投机倒把、坑蒙诈骗手段牟取利益，损害国家、生产经营者和消费者的利益，扰乱社会经济秩序的不良竞争行为。恶性竞争作为引起企业公共关系危机的一个外部因素，是指企业受到其他企业的不正当竞争，引起严重的经营危机和信用危机，从而发展成为企业公共关系危机。在市场活动中，一些不正当竞争者或散布谣言恣意损害竞争对手的形象，或盗用竞争对手的名义生产假冒伪劣产品，或进行比较性广告宣传有意贬低竞争对手的能力，或采取恶劣行径严重扰乱竞争对手的经营秩序等，这些恶性竞争行为，都可能导致企业组织严重的公共关系危机。

(4) 社会公众自我保护意识增强和对企业的评价标准发生变化

随着社会的发展和保护消费者权益的法律不断完善，消费者自我保护的意识明显增强，并且学会了运用法律的手段保护自己的利益。当企业有触犯消费者利益的行为发生时，就有可能引起法律诉讼，引发公共关系危机。现在社会公众对企业的评价，不单纯从企业向社会提供产品的优劣来评价企业，而是从多方面考量企业。比如企业在经营活动中是否有污染环境的行为、有没有尽到一个企业应尽的社会责任。2008 年汶川地震之后，很多企业慷慨解囊，支援灾区，受到社会公众的关注和赞誉，但也有些比较著名的企业却没有表现出社会公众所期待的善举，社会公众对这些企业颇有微词，并在网络上发表了很多意见，这不能不对这些企业产生负面影响。

能够引发公共关系危机的外部因素是错综复杂的，例如政策的变化就可能对企业发展产生影响。国家宏观经济政策对各行各业都会起到引领的作用，对具体企业而言，有的政策可能对企业的发展起到抑制的作用，企业必须能够认真对待。科技的进步既能够给企业带来发展的动力，同时也能够对企业造成威胁，技术进步所带来的技术标准的变化，对企业的影响是广泛的。由于企业技术手段(设备)不可能总是处于先进状态，所以企业总是受到高新技术及其高标准规范的冲击，每项新质量标准的实施就意味着在原标准下生产的合格产品变为新标准下的不合格。社会公众的误解也会影响企业的发展，现代社会资讯特别发达，往往某个公众对某企业产生一些疑问，或者新闻媒介的一个错误报道，都可能演化为一场由误解而引发的公共关系危机。

二、企业公共关系危机的预警

公共关系危机管理的真正作用不是处理危机，而是要尽可能争取不要让危机发生。预防是解决危机的最好方法。公共关系危机预防应着眼于未雨绸缪、策划应变,建立必要的危机预警系统,及时捕捉企业危机征兆。

1. 制定危机管理预警方案

危机管理预警方案是企业或社会组织为了预防危机的发生,或在危机发生时尽可能减少损失而制定的较为全面具体的关于危机事件预防、处理和控制的方案。危机管理预警方案必须书面化。这样可以全面反映企业高层领导的危机管理意识,为企业树立全员危机管理意识提供依据,同时,也为企业员工迅速而正确地处理危机事件提供依据。危机管理预警方案的内容应该包括:企业高层领导对危机管理的重视程度、预测可能发生的危机、建立公共关系危机管理小组、确定危机发生时共同遵守的准则、明确工作步骤和清楚责任要求、对策与预演准备、监督执行情况。

2. 成立危机公关的核心机构——危机管理小组

充分发挥危机管理小组的核心作用,是危机能否得以圆满解决的关键所在。纵观国内企业,重视危机公关的微乎其微,在组建危机管理机构方面有所建树的更是少之又少,大多是在危机发生时,才临阵磨枪。危机管理小组由企业领导、公共关系专业人员、生产和品质保证人员、销售人员、消费热线接待人员组成。危机管理小组的作用是:① 全面、清楚地对可能发生的各种危机情况进行全面预测,建立完善的预警系统。制定危机公关的具体策略和步骤,形成易于执行的固定模式。② 对员工进行危机公关的培训。培养员工的危机管理意识,使员工掌握危机公关应对的方法和技巧。③ 建立并维护良好的媒体合作平台:定期与媒体进行沟通,获得媒体的信任与支持。④ 在危机管理小组中指定企业公共关系危机的新闻发言人。在危机来临时刻,企业内部很容易陷入混乱的信息交杂状态,不利于形成有效的危机传播,因而形成统一的对外传播声音是危机处理的必然要求。新闻发言人专门负责与外界沟通,尤其是与新闻媒体沟通,及时、准确、口径一致地按照企业的对外宣传的需要把公关信息发布出去,形成有效的对外沟通渠道。⑤ 负责监督危机公关策略和步骤的正确实施,以及危机发生时负责危机全面管理工作的具体协调指挥和政策咨询。⑥ 危机消除后,负责总结经验与教训,为企业提出改进建议并提升企业的危机公关水平。

3. 进行公共关系危机管理预警方案的演练

演练的作用:① 通过演练来强化危机意识。观念的确立有一定的过程,也需要一定的时间。一个企业或组织可能更换领导人,危机管理小组的成员也可能调动工作,新的员工在不断地增加。这些情况都可能导致危机管理意

识的削弱。通过适当的演习就可以确立或强化它们的危机管理意识。② 通过演习来检验准备工作。③ 检查企业或组织在真正面临危机时的协调程度。日常工作的琐碎以及工作本身的冲突，常常造成部门之间的协调存在或重或轻的问题。只有通过演习才能检查企业或组织在真正面临危机时的协调程度。④ 完善和修正危机管理方案。任何预警方案都是设想。这种设想本身可能存在不足，只有通过演习，才能发现其不足，以便修正完善方案本身。在可口可乐公司，每年都要进行数次危机管理的训练，多采取情景模拟、角色扮演等主观有效的方式。例如，模拟危机公关中新闻记者深入企业采访，企业如何应对；经理与公关人员角色互换，试图从不同思维、不同角度分析危机、把握危机。

三、企业公共关系危机的处理

1. 公共关系危机处理的原则

（1）及时、准确、全面性原则

危机处理的目的在于尽最大努力控制事态的恶化和蔓延，把因危机事件造成的损失减少到最低限度，在最短的时间内重塑企业的良好形象。公共关系危机事件可能会涉及或影响企业内部和外部的诸多方面，及时与组织内外沟通，准确地传播组织信息，有助于提高员工的危机意识。对于危机事件的处理，尤其值得注意的是应该努力掌握对外报道的主动权，主动协助新闻媒介参与处理，将有利于引导新闻报道的趋向。

（2）理性原则

危机事件发生后，处理人员应冷静、沉稳和镇静，不要因头绪繁多、关系复杂的事件使自己变得急躁、烦闷、信口开河。

（3）公正性与公众至上原则

要公正处理与受到危机事件影响或危害的公众之间的关系。在处理危机事件的过程中，要排除主观因素，公平而正确，坦诚对待受损害的公众。不管事件的责任在谁，组织都必须站在公众的立场上考虑问题，以公众利益为重。

（4）灵活性原则

要随客观环境的变化而有针对性地提出有效的措施和方法。

（5）权威性原则

发生危机时，组织的一项关键任务就是重建市场信任，只有在重建信任的基础上展开危机公关，沟通有效性才能得以提升。在某些特殊的公关危机处理中，企业与公众看法不尽一致，难以调解，这时，必须依靠权威发表意见，与那些受人尊敬、立场公正的机构进行公开的合作，是解决危机的关键。

(6) 人道主义原则

在多数情况下，危机会造成生命财产的损失。因此，危机处理中首先要考虑人道主义的原则。

2. 公共关系危机处理

(1) 控制危机的发展

首先，应当迅速弄清危机发生的原因，采取有效措施，控制危机的进一步发展。其次，能够坦然地面对事实，迅速利用传播媒介等有效手段，及时公开组织所采取的处理危机的一切措施，以控制影响的扩大，表明企业积极处理危机的态度，赢得时间去化解危机。

(2) 迅速查明原因

企业出现危机事件后，应及时组织人员，运用有效的调查手段，深入公众，尽力找到目击者和当事人，迅速开展危机调查工作，尽快查明基本情况，了解危机事件的各个方面，收集危机事件的综合信息，并形成基本的调查报告，为处理危机、制定相应政策及应急措施提供基本依据。

(3) 制订危机处理方案

危机管理小组在分析危机发生的原因之后，要迅速对危机做出判断，并将基本情况通告全体员工，以统一口径，协同行动；同时，制订出处理危机的基本方针和对策，以统一思想，指导具体工作。

(4) 采取对策

在对危机事件真相调查分析的基础上，就可以针对不同的对象公众确定相应的对策。这些对策大体上包括以下几个方面：

① 对组织内部的对策。危机发生后，企业应及时向员工通报危机的现状，以及公司准备采取的应对措施，让员工对企业保持信心，相信企业能够化解危机。企业还应要求员工统一口径，不要对外传播任何对组织不利的言论。

② 对受害者的对策。首先要站在受害者的立场上来考虑解决方案。客观分析企业应当承担的责任，向受害者表示企业解决问题的诚意，了解和满足有关赔偿损失的要求，把握分寸，注意方式；应力戒在公开的场合，现场与受害者发生争执，而应有分寸地做出让步。

③ 对新闻界的对策。由危机管理小组新闻发言人代表组织向公众和社会各界公布真相，介绍组织正在做的各项工作；专人负责发布消息，主动向新闻界提供真实准确的消息，公开表明组织的态度和处理原则；集中处理与事件有关的新闻采访，给记者提供权威的资料，公布的数据要准确无误，简明扼要，以避免误解致使报道失实。

④ 对其他公众的对策。公共关系危机一般会引起社会公众的关注，公关

危机处理后，必须对关注危机的社会公众有一个交代。通过新闻发布会或通过新闻媒介将事件真相向公众披露，诚挚地向受害者致歉，以取得社会公众的谅解和理解。

第三节　网络环境下公共关系危机管理模式

网络的出现和普及，使得整个舆论环境随之改变。近几年发生的一些企业公关危机案例表明，传统的危机公关管理模式已经不能完全适用于新的形势，同时网络环境下的企业公关危机管理呈现出新的特点。网络环境既存在加速危机爆发的条件，也为处理危机提供新的方法和渠道。

一、网络环境下产生公关危机的新特点

1. 意外性

网络危机爆发的具体时间、实际规模、具体态势和影响深度，是始料未及的，并且会以最快的速度引起全社会关注。以往的企业公共关系危机在初期往往影响面比较小，甚至在未被大量关注的阶段就可以被解除。但是在网络环境下，企业少量的负面信息极有可能在短时间内成为“全民风暴”。网络上危机事件几乎无一例外成为传统舆论媒体争相关注的焦点，网络力量越来越不可忽视，而舆论关注度更是前所未有地增大。

2008 年 8 月 7 日，一篇名为《康师傅：你的优质水源在哪里？》的网络文章，揭露康师傅矿物质水广告中声称的“选取的优质水源”竟是自来水。这篇帖子立即引来大量的网友跟帖，很快传遍各大论坛。在第一篇网络帖子出来之后，康师傅公司对其随之引发的舆论批判狂潮预料不足，所以在回应态度与控制策略上明显做得不尽如人意。于是，“水源门”议题在多种因素的作用下，演变成为一场网络的话题“狂欢宴”。议题的升级使得所有人认为谈论或参与此话题是一种时髦（议题传播的从众心理），每个人都争先恐后地对议题进行再诠释、再传播，而千千万万个“网络杀手”的汹涌而出，使得康师傅“水源门”事件最终大规模爆发。

2. 聚焦性

进入信息时代后，企业危机的信息传播比危机本身发展要快得多。2008 年 5 月 12 日四川汶川地震当天，万科曾宣布捐款 200 万元。但在全国人民爱心涌动，全国企业界动辄千万、上亿元的捐款面前，这笔捐款数额以及之后万科董事长王石的表态迅速给万科带来了近年来最大的一次公众信任危机。万科捐款 200 万元的数目公布以后，网民立即将万科列入吝啬排行榜。针对网上的意见，王石在博客上发表了“十元论”，更引发如潮的网络批评，甚至有网

民呼吁一起抵制购买万科的房子。事件发生不久，天涯论坛即出现大量批评王石的帖子，并被诸多博客以及论坛转贴，在网络上引起强烈反响。即使万科追加善款之后，网络上同样出现《万科捐款一个亿的背后》等所谓"揭黑幕"文章，又掀起一轮批判和质疑的狂潮。

3. 破坏性

由于危机常具有"出其不意，攻其不备"的特点，不论是什么性质和规模的危机，都必然不同程度地给企业造成破坏，造成混乱和恐慌，而且由于决策的时间以及信息有限，往往会导致决策失误，从而带来无可估量的损失。2007年春季海南香蕉上市时，地头价格从往年的每斤1.3元下跌到每斤0.2元。是什么原因导致香蕉价格的暴跌呢？原来3月13日，广东某网络媒体刊载一则消息称，广州有超过3000公顷香蕉林感染了号称"香蕉癌症"的"巴拿马病"，且每年以20%的速度扩大感染面积。这种病目前世界上没有有效的治疗方法，被感染的香蕉只能死去。正是报道中提到的"癌"字，导致有人担心食用染病香蕉对人身体有害。然而正是这则没有科学根据的报道在网络上广泛流传，导致海南的蕉农损失惨重。直到4月3日和4月5日，海南省农业厅先后召开新闻发布会，请专家澄清谣言，并采取各种措施促进销售，才使香蕉的价格有所回升。

4. 辐射性

对企业来说，危机一旦爆发，其破坏性的能量就会被迅速释放，并呈快速蔓延之势，如果不能及时控制，危机会急剧恶化，使企业遭受更大损失。例如，从2008年4月9日开始，数十家海内外网站论坛的部分中国网民，先后发起了一场抵制家乐福超市的行动，理由是奥运火炬在法国传递期间遭到干扰。引起这场抵制风波的主要原因是，由于LVMH集团涉嫌捐巨资给达赖集团，而LVMH集团刚刚成为家乐福超市的最大股东，所以网友把家乐福超市拉进了抵制名单。这个名单里还包括LVMH集团旗下的LV、迪奥等品牌。海外的声讨声浪很快蔓延到中国的网站，天涯、西祠、猫扑等中国几大论坛相继出现抵制法国货的帖子。从传统的BBS论坛，到博客、个人空间，再到门户网站的投票调查、MSN和QQ，这些互联网工具使得每个人都成为一个威力巨大的信息传递器。接着传统媒体纷纷介入报道，继续激发起民众的愤怒情绪，网上的抵制舆论迅速演变成现实的抵制暴力，各地陆续有民众举着抗议牌匾到家乐福超市各分店示威，使得家乐福超市在各地的销售面临着巨大的阻力。

二、网络环境下公关危机管理的新模式

在面对网络日益成为一个极为重要的信息传播方式，企业的公关危机管

理工作遇到了巨大的挑战，因而调整、改进公关危机管理工作十分必要。根据网络环境下公关危机的特点，有效地利用网络发现危机、消除危机将是公关危机管理的重要的内容。

1. 利用网络技术为企业建立起高效的危机预警监测系统

企业可以在公关危机管理机构中成立专门的网络信息监控小组，对网络上的信息进行监控。企业可以通过网络平台，建立起完整的信息收集、监测系统，收集与企业发展有关的信息，集中精力分析处理那些对企业经营和发展有重大或潜在重大影响的外部环境的信息。互联网是一个技术性很强的媒体，同时又是一个社会性非常强的社区，在这个社区里可以畅所欲言，如果企业不多关注这类信息，在沟通上就会积累起越来越多的信息障碍。因此，企业必须在重点社区进行监测，随时监控各类行业、专业网站上的信息，通过对信息的分类评估，及时将有利或者不利的信息反馈到相关部门，并做出积极的回应；尤其是当发现不利于企业的舆论，要马上采取相应的手段进行沟通，以消除误解，维护企业的形象。

2. 利用电子邮件、视频会议等形式做好企业内部成员间的沟通

企业内部沟通是解决危机公关的基础性工作，例如在组织内部形成一致的声音，尽量得到员工的理解与支持，包括危机公关解决方案的落实等，这对于危机公关有着十分重要的作用。互联网背景下的企业，要重视电子邮件、视频会议这类沟通方式，因为它们能够在最短的时间内进行较大范围的沟通。

3. 企业通过建立网站，构建与社会公众沟通的平台

企业可以将经营理念、价值观、企业的产品（服务）信息、部门设置及联系方式等全方位的信息发布在自己开办的网站上，用以增进公众对企业的认识和了解。公众对企业了解得越多，由误解产生危机的可能性就越少。企业还可以通过网站，进行各种调查和资料的收集工作，收集各类利益相关者的信息，从而制定出更符合公众利益的目标与政策，以减少危机发生的可能性。企业还可以建立相关的电子公告板，以便公众与企业进行积极的双向沟通，同时也有利于企业发现潜在的危机因素，针对顾客对产品的抱怨，及时化解和疏导，防止事态的扩大。这对于企业的经营发展大有裨益。

4. 建立网络条件下的新闻发言人制度

据悉，截至2010年5月，中国网民人数已达到4.04亿；互联网普及率达到28.9%，超过世界平均水平，使用手机上网的网民达到2.33亿人。现在网民已经比较习惯从网上获取信息，当一个企业发生了引起社会关注的重大事件，立刻会引起网民对相关问题的搜索。然而，网络上也充斥许多虚假信息，

企业必须在第一时间进行准确、权威的信息发布，以正视听。

5. 管理好企业主要负责人的博客

如何去写个人博客，一般来说是私人的事情，但是作为一个公司主要负责人的博客，却不能当做私人的事来对待。因为社会公众往往希望通过公司领导人的博客来了解公司，领导人的思想、作风，往往反映公司的经营理念。因此，领导人应当在写博客时慎之又慎，否则有可能祸起笔下。例如，万科董事长王石曾因博客引发“捐款门事件”。万科“捐款门”的引爆点是 2008 年 5 月 15 日，王石的博客文章《毕竟，生命是第一位的》。王石写道：“我认为：万科捐出的 200 万元是合适的。这不仅是董事会授权的最大单项捐款数额，即使授权大过这个金额，我仍认为 200 万元是个适当的数额。”在上述博文中他还写道：“中国是个灾害频发的国家，赈灾慈善活动是个常态，企业的捐赠活动应该可持续，而不成为负担。万科对集团内部慈善的募捐活动中，有条提示：每次募捐，普通员工的捐款以 10 元为限。其意就是不要让慈善成为负担。”

上述两段话随即开始在网络上传播。针对“万科捐 200 万元合适”的观点，有网友将万科与同行相比较并回帖：“同为房地产企业碧桂园，除公司捐款 300 万元外，大股东杨惠妍个人捐款 1000 万元；合生创展捐资 1000 万元，其董事长朱孟依个人捐款 500 万元；珠江以及国企华侨城集团均捐资 1100 万元。总资产不及万科十分之一的世茂股份、泛海建设、中型房企四川蓝光，捐款也为 1000 万元”。

有网友认为，万科既不想多掏钱，又想摆姿态。有网友认为不宜让赈灾成为企业负担之类的话，在此空前国难之下显得冷血。针对“员工捐款以 10 元为限”，有网友回帖：“当你登山快要掉下悬崖需要拉一把的时候，你希望别人伸过来一只手臂还是一个手指头？”

平心而论，王石博客中的观点是有一定道理的，但发表在那个特定的时间、特定的救灾情节中是不适宜的。这场危机给万科和王石本人都带来了不利的影响，王石在后来认识到博客所产生的不良效果：一是伤害了网民的感情；二是造成了万科员工的心理压力；三是对万科的公司形象造成了一定的影响。

在公司发生危机时，公司领导人的博客往往又是化解危机的重要工具。例如，2008 年是中国乳品行业最黑暗的一年，“三聚氰胺事件”让中国最著名的乳品企业都卷入其中，蒙牛公司也未能幸免，企业形象受到前所未有的打击，企业面临着“三聚氰胺”带来的危机。在国家质检发布从 22 家乳制品企业的婴幼儿奶粉中检出了三聚氰胺消息的次日，蒙牛公司董事长牛根生在自己的博客中发表了题为《在责任面前，我们唯一的选择就是负起完全责任》的文章。

在这篇博客中，他阐述了为消费者负责、为奶农负责、为股民负责、为自己负责的观点，其中有一些比较精彩的话语，为蒙牛公司、为他自己赢得了好评。他说：为了承担责任，我们做好了不惜一切代价的准备。即使公司完蛋，我们也要毫不犹豫地履行承诺，把细节做到位，哪怕牺牲自我也要营造出一个干干净净的乳制品市场，坚持我们一贯的"始终将消费者的安全与健康放在第一位"的立场。我们宁可轰轰烈烈地死掉，也不能猥猥琐琐地活着。如果因为负大责任而死掉，死而无憾！至少，负责任死了比不负责任死了光荣得多。这就是我们的"终极思考"。他的博客自发表后有近 200 万的网民阅读过，近两万网民发表了评论，还有网民进行了转载。可以这样认为，牛根生的博客为蒙牛公司化解"三聚氰胺"危机起到重要的作用。

本章小结

公共关系危机是指由于组织自身的原因，或者组织外部社会环境中某些事情的突然发生，对组织声誉及其相关产品、服务声誉产生不良影响、导致组织在公众心目中的形象受到严重损害的现象。公共关系危机是企业所面临危机中的一种。

公共关系危机处理，又称为危机公关是指在公共关系理论和原理的指导下，公关从业人员运用公共关系的策略、措施与技巧，来改变因突发性事件而造成的公共关系主体所面临的危机局面的过程。狭义上的危机公关是对公共关系危机的处理，广义上的危机公关，是对企业面临的各种危机的公共关系处理。

公共关系危机具有必然性、突发性、紧迫性、危害性、渐进性、可变性，在网络环境下公共关系危机还具有意外性、聚焦性、破坏性、辐射性等特点

企业公共关系危机管理包括企业公共关系危机成因分析、企业公共关系危机的预警、企业公共关系危机的处理等内容。

企业的公关危机管理工作还要根据网络环境下公关危机的特点，有效地利用网络发现危机、消除危机。

复习思考题

1. 什么是公共关系危机？公关危机与危机公关的区别是什么？
2. 公共关系危机的特点有哪些？
3. 如何利用网络的特点来处理公共关系危机？

第十三章　涉外公共关系

【学习目的与要求】

通过本章的学习，了解涉外公共关系的概念与特征、涉外公共关系的内容和主要方式。掌握开展涉外公共关系的必要性、涉外公共关系原则的运用、公关人员在涉外公共关系活动中的工作要领。

【开篇案例】

“走向世界的青岛”公关策划方案

一、青岛为什么要走向世界

提起城市建设，人们想到的是大连、珠海、威海；提到城市经济，人们想到的是深圳、上海；提到流行前沿，人们想到的是大连；同样是沿海城市的青岛，至今在世人心中还没有一个明确的具体的定位。

说她是美丽的海滨城市，她却缺少自身的优势。

说她是山东的经济龙头，对青岛这样一个立足向世界发展的城市又太局限。

说她是国际化城市，概念太大。

其实青岛在诸多方面都比其他沿海城市有潜在优势，只是对内在很多方面没有深入挖掘，向全国、向世界的整体宣传太少，这都大大地限制了青岛目前和未来的发展。

因此，只有在世人心目中树立起青岛的明确、具体、有个性的形象，才会更好地促进青岛的工业、旅游、外贸等众多行业的发展，形成良性循环的态势。因此，青岛必须走向世界，以一个整体形象向世人推销自己。

二、青岛凭什么走向世界

1. 青岛的优势

(1) 海

青岛的海造化了宜人的气候，吸引了无数的游人，也带来了发达的对外贸易及海洋产业。

(2)山

青岛的崂山是道教第二大圣地，景色秀丽，她的存在，使山海相依的青岛明显区别于其他沿海城市；而她的泉水更是造就了闻名世界的青岛啤酒和崂山矿泉水。

(3) 道

青岛是一个年轻的城市，百年岁月确实无法与其他古城相比，但青岛也并非像人们想象的那样没有历史，没有文化内涵。崂山，作为中国本土文化的瑰宝——道教的第二大圣地，它的历史正是中国文化发展的历史，而即墨田横岛及秦始皇时期就闻名九州的琅琊台等，也都是文化渊源极其长远的见证。这都是青岛可以充分利用的文化资源。

(4) 节

青岛的国际啤酒节已成功地举办了九届，在海内外都有相当高的知名度。啤酒节不仅为岛城的旅游业和啤酒工业增辉无限，更为青岛搭起了与世界沟通、交流的桥梁。

(5) 会

作为山东经济的龙头城市，青岛名优产品交易会不仅是山东省各城市展示形象的经济舞台，更是国内外商家走向山东的起点。

(6) 工业

青岛众多的国际名牌企业，如海尔、海信、澳柯玛、青啤、颐中等，为青岛经济腾飞奠定了坚实的基础。

(7) 城市建设

目前青岛的城市建设已经不逊于大连、中山、珠海等城市，佳士客、家乐福、沃尔玛等世界商业巨头都看好青岛并陆续落户岛城。郎讯、锦湖等世界大型跨国公司也都看好前景良好的投资环境并投资青岛。这都为青岛吸引游客、商家和人才做了良好的铺垫。

2. 青岛的不足

(1) 海

① 青岛的海滨浴场是其他沿海城市特别是北方沿海城市所无法比拟的。同样是以游泳为特色的避暑胜地，北戴河能成为众多游人的首选，而青岛却显得默默无闻，原因是我们的宣传还不够。

② 青岛的海洋产业还没有真正建立起来，虽然青岛已经提出“海上青岛”的构想，但却没有给世人较为明确的概念和更为深刻的了解。

③ 青岛的海洋节在一定程度上推动了海洋文化的发展，但在实际上没

有对海洋文化进行深入的探讨和发掘，并没有达到青岛所期望的人人皆知海洋奥妙、人人都拥有或多或少的海派文化的目的。

(2) 山

崂山是青岛的一大名胜，但由于宣传不力，在人们的印象中，它似乎仅是崂山而非青岛的崂山，即无法让人感觉到崂山和青岛实为一体。

(3) 道

① 泰山和崂山之所以被并称为山东的两大名山，是因为它们都拥有极其浓厚的文化内涵。但青岛对崂山的开发和宣传显然无法和泰山同日而语。崂山，作为中国本土宗教——道教的第二大圣地，无论是山色、海景还是文化渊源都是首屈一指，拥有如此丰富内涵和资源，崂山不应再被如此忽视。

② 青岛拥有崂山、即墨田横岛及琅琊台等众多历史悠久的文化景点，但是在宣传中，它们却没有汇集于青岛，以至于世人只能把这些景点理解为单个的文化景点，却无法与青岛这个城市结合起来。

虽然悠久的历史在一定程度上会带来浓厚的文化蕴涵，但历史并不等同于文化，没有历史也并不等于没有文化。君不见渗透于全球让世界为之瞩目的美国文化，它的历史也不过仅仅二百多年。可见，我们在文化的总结、开发等方面仍需努力。

(4) 节

① 啤酒节作为青岛最大也最有特色的节日盛会，本应该成为全体青岛人的节日，成为大街小巷人人参与、人人讨论的喜庆的大众节日，但却没有达到期望值。

② 作为岛城最具特色的节日盛会，国际啤酒节不仅仅是个欢庆的节日，更应该是世界了解青岛、走入青岛的舞台。但目前，啤酒节不仅没有很好地发挥这个舞台的作用，更未体现出其深刻的文化内涵。

(5) 会

① 青岛名优产品交易会目前无法与“大连全国糖酒会”、“深圳高交会”和“上海财富年会”相比，我们应该扩大青岛名优产品交易会的规模和影响面，让它走向全国，走向世界。

② 青岛只是大陆商品交流网的一个末端，我们应该借助青岛沿海的优势及发达的海陆空交通网，使青岛名优产品交易会成为海外市场和中国市场的交接点。

(6) 工业

① 青岛知名企业的单兵作战能力非常强，在全国乃至世界上都有一定

知名度。但就整个城市来说，显然缺乏整合，缺乏对城市名牌的整体宣传。这不仅不利于青岛整体形象的树立，更不利于海内外投资者对岛城整体投资环境的评价。

② 工业旅游作为一种新的旅游资源，已经得到了众多国家、城市及国际知名企业的首肯和重视，而在工业名牌荟萃的岛城，它却没有得到充分的重视和开发。

三、青岛如何走向世界

1. 战略

第一，以人性化的形象走向世界。让政府作为青岛的代言人，向世界介绍自己，并邀请全世界的游客、商家和人才到青岛来。

青岛的迷人之处在于她的秀外慧中。秀在其外，作为一个以美丽著称的城市，她懂得发掘自己的美丽。慧在其中，作为一个年轻的开放的城市，她又在不断地向世界学习，并以此走在世界的最前沿。

第二，以个性鲜明的整体形象向世界推荐自我、展示自我。通过举办引导世界时尚潮流的丰富多彩的节日盛会，以吸引全世界关注青岛，并通过电视、互联网等多种媒体把青岛展示在世界面前。

2. 策略

第一，每年一次由青岛市政府在人民大会堂召开岛城形象发布会，向世界介绍青岛的优势及青岛在当年能为大家提供的政治、经济、人文环境，让全世界关注青岛，请世界评价青岛、监督青岛。

第二，充分利用海洋资源，深入开发海洋科技、海洋文化。我们展示给世人的不仅是大自然的赐予，更是我们对海洋资源的利用，是我们的海洋科技、海洋产业、海洋文化。我们要让青岛成为一颗真正的璀璨夺目的“海洋之星”。

第三，借助沿海的优势，把青岛发展成中国与世界的接口，不仅是海外市场和中国市场的接口，更是海外文化和中国文化的融汇处，是国际流行趋势的流行情报站。

第四，利用电视、报纸、互联网等各种媒体向世界介绍青岛，让世界了解青岛。

3. 建议

制作30秒的电视广告、15分钟的专题片及图文并茂的报纸广告，首先在国内发布，之后在国外发布。

第一节 涉外公共关系概述

一、涉外公共关系及其特点

1. 概念

涉外公共关系是指社会组织在与他国公众的交往中，通过国际各种信息传播活动，增进本组织与他国公众之间的了解和信任，维护和发展本组织的良好国际形象的一种公共关系。涉外公共关系与国内公共关系不同，它是对外交往中的公共关系，是一种跨国界的活动。涉外公共关系活动的地域大致可分为两种情况：一是在本国境内与他国公众开展公共关系活动；二是在他国境内与他国公众开展公共关系活动。无论属于何种情况，随着公共关系的日趋国际化，如何有效地做好涉外公共关系工作，是我国各类社会组织尤其是企业所面临的一个新课题。

2. 特点

涉外公共关系具有以下几个特点：

(1) 非本土性

涉外公共关系活动是组织在其所在国以外的国家和地区开展的。因此，涉外公共关系面临的公众主要是外国人或侨民。有些人把面向本国的外国公众开展的公共关系活动也误认为涉外公共关系活动的一部分。实际上，这类公关活动属于面向特殊公众的国内公关活动，而非涉外公共关系。

(2) 跨文化性

各国和各地区由于地理位置、交通条件、地形、气候等的差异，加之长期的历史沉淀，形成了丰富多彩的民族文化或区域文化。跨国家、跨地区进行的涉外公共关系活动，必然具有跨文化的特征。涉外公共关系的成功，既有赖于对目标国公众文化的了解，又有赖于对目标国公众文化的主动适应或必要的诱导。

(3) 针对性

这一特征是由涉外公共关系的非本土性、跨文化性决定的。任何涉外公关活动必须有的放矢，如信息沟通方式应视不同公众的文化背景不同而不同，公关主题应针对不同目标公众而调整，等等。国家与国家之间的正式外交关系中所出现的各种问题，一般都是经过谈判，采取经济、行政、司法等手段来解决，有时也诉诸武力。而涉外公共关系则是民间各种组织之间的对外交流关系，即某一具体的经济组织或社会团体，为了维护本部门的利益而在国际公众

中树立形象的活动，它一般采取传播手段来实现。

二、涉外公共关系的兴起和发展

涉外公共关系以及与之密切相关的国际广告业务自20世纪60年代以来得到了迅速发展，其主要原因是：跨国公司的兴起，对外贸易的发展，各国人民生活水平的提高及其交通和通信事业的发展。

首先，跨国公司的兴起。跨国公司的兴起是第二次世界大战以来国际中意义最重大的事情之一。第二次世界大战以来，许多资本主义国家实行自由贸易政策，减少关卡限制，大大刺激了跨国公司发展。这些规模庞大的全球性公司和企业把触角伸向世界各个角落，实行最有效的全球范围专业化分工，把资源开发、产品设计、零部件制造、产品装配、市场销售等环节分布在不同的国家和地区进行，以求最低消耗和最大利润。跨国公司的全球经营要求全球性的信息交流。它需要在世界各地推销产品和提供服务，因而导致了国际广告及涉外公共关系事业飞速发展。

其次，各国对外贸易的繁荣。20世纪60年代以来，世界各国的对外贸易都有了很大的发展，进口贸易额在各国国内生产总值中所占的比重越来越高。外国产品进入本国市场以及本国产品打入国际市场都需要广告宣传，这便促进了国际广告及涉外公共关系事业的发展。

再次，人民生活水平的提高。20世纪60年代以来，在经济发达国家和一些发展比较快的发展中国家，人民生活水平有了很大提高，过去被认为奢侈高档的商品，现在已成为人民日常生活的必需品。消费者在购买商品之前，需要更广泛、更深刻地了解各国商品知识，以及制造和销售这些商品的企业的信息。这一因素就促进了通过大众传播媒介进行国际广告与涉外公共关系事业的发展。

三、开展涉外公共关系活动的必要性

当今的世界是一个开放、竞争的世界，任何一个国家都不能闭关自守、夜郎自大。现在的中国已是一个对外开放、融入国际社会的国家，中国已走向世界，世界也急于想了解中国。在这种新形势下，开展涉外公共关系，密切中国和世界的联系，已经显得越来越必要和迫切。

其一，开展涉外公共关系活动能促进国家间的贸易、科技、文化的传播，增进各国人民之间的了解。根据涉外公共关系活动来分析，一个国家的对外贸易活动在其国际交往中占有很大的比重。在我国，对外贸易部门是我国涉外经济的主体，各种外贸公司直接参与国际市场的经济活动，广泛地与外商及外国公众打交道，越来越需要大量的公共关系技巧与方法。各国的科研机构、高等院校以及社会文化团体，彼此交流科学技术和文化，互派访问团和参观团。这些活动，实际上就是一种涉外公共关系活动，它推动着世界科技、文化事业的发展。随着我国对外开放政策的不断深化，增进中国与世界各国政府和人民之间的相互了解已显得非常重要，因此，开展团结国际公众、协调涉外公共关系的涉外公共关系活动已是非常迫切的任务。

其二，开展涉外公共关系活动能广泛收集国际信息，这对我国的政治、经济等各种决策活动大有益处。许多西方国家在世界各地都设立了涉外公共关系公司，组织广泛的信息传播网，并充分利用这些分公司及时收集当地的政治、经济、文化信息。在我国，一些大型的经济信息咨询公司也正在起着涉外公共关系咨询的作用。目前，我国已有不少高级旅游部门和外向型企业都设立了公共关系的信息部、广告部、对外宣传部；有的大型进出口公司还在深圳、香港及世界各大贸易中心设立了办事处，起着了解国际市场信息、推销产品等作用。

其三，开展涉外公共关系活动是吸引外国投资的需要。目前我国对外开放的一个重要内容就是吸引外国投资，建立中外合资企业，这样既能学到外国的先进经验，又能从中得到利益。而且，由于双方共同介入管理和销售，特别是介入国际销售，这就与国外公众有了更多的交往，这本身就是一种涉外公共关系。改革开放以来，中国银行在国外的代理行已遍及 150 多个国家和地区，能否处理好与这些客户的关系，尽可能地多吸收外资，涉外公共关系也必将是一个重要环节。

第二节　涉外公共关系活动的内容和原则

一、涉外公共关系活动的内容

涉外公共关系活动的基本内容包括以下几方面。

1. 对外贸易

对外贸易是指一国或地区同别国或地区进行商品交换的活动。从一个国家或地区看，这种商品的交换活动，称为对外贸易；从国际上看，这种商品交换活动，称为国际贸易或世界贸易。

2. 对外技术交流

这是指与外国科研单位或企业公司进行技术合作而开展的涉外公共关系活动，具体如技术培训、技术引进、技术观摩、技术研讨、技术洽谈等。

3. 参观访问

参观访问是本国政府或民间组织，或个人与外国政府或民间组织或个人之间为了建立友谊，以达到长期合作而开展的涉外公共关系活动，如参观、文艺晚会、电影招待会、座谈会、体育表演赛、舞会等。

4. 友好往来

友好往来即本国政府、组织或个人与外国的政府、组织或个人之间的关系往来，如迎送、庆贺、会见、拜访、洽谈、宴请等。这种交往实际上是一种交际性的公共关系活动，通过这种活动，有助于加深中外友谊，传递中外信息。

二、涉外公共关系活动的主要方式

涉外公共关系主要通过以下几种方式开展活动。

1. 利用各国新闻单位发布新闻

目前，发达国家的许多新闻媒介都已成为跨国性的大企业，在世界各地采访报道新闻、发行报刊、播放广播电视节目等。其中有美国的美联社、合众国际社、《纽约时报》、《华尔街日报》、《时代周刊》、《新闻周刊》及三大广播电视公司；英国的路透社、《泰晤士报》、《经济学家》杂志、《远东经济评论》杂志；法国的法新社、《世界报》等杂志。我们在开展国际公共关系活动时，要充分运用这些新闻媒介，传播有利于我们的信息。当前需要全面了解这些新闻机构，有条件时要与之建立联系，并邀请他们的记者前来采访。

2. 放映纪录片

纪录片是一种很好的公共关系传播工具，其目的就是介绍组织或企业。纪录片可以在下列情况下使用：组织或企业负责人到国外访问时放映；借给当地的分公司或代理人向有关方面放映；在国外举办展览会、博览会时放映；提供给国外电视台放映等。

3. 举办展览会、博览会

展览会、博览会的形式多种多样。有综合性的，有专业性的；有某个方面内容的，也有专题的。因此，要充分发挥其作用，以提高涉外公共关系活动的效果。

三、涉外公共关系活动的原则

由于涉外公共关系的环境（如目标国的政治制度、经济条件和语言习俗等）与组织和个人的所在国存在着差异性，因此，在涉外公共关系中，必须注意遵守不同于一般公共关系工作的若干原则。

1. 维护国家尊严和利益原则

国家是组织和个人走出国门参与国际合作与交流的后盾和基础。组织和个人在国际上的活动也可以说在很大程度上代表了国家。因此，涉外公共关系活动所要遵循的一个基本原则就是要维护国家的尊严和利益。

【案例 13－1】

上海某公司为引进一条生产线赴美国与G公司谈判。引进设备虽然是由国家贷款支持的，但为了尽量替国家节省外汇，我方与G公司展开讨价还价。然而美国G公司代表Z先生不但态度强硬，而且还傲慢地说："你们别搞错了，我们不是日本公司，也不是香港公司，而是美国公司，我们美国人是实打实的，没有一点水分。"听到这样的话，中方人员都感到很生气。怎么办？是忍辱负重继续谈下去，还是拍案而起中止谈判？

这时，一直没有发言的富有公关经验的中方邹先生开口了。他从Z先生的广东口音中猜测他可能是广东人，于是问道："Z先生原籍是广东哪里？"Z先生脸红了："广东东莞"。既是广东人，那么Z先生刚才"我们美国人……"的发言就成了自打耳光。邹先生接着问："我们在座的工贸人员是这个项目的全权代表，我们说了是算数的，如果合同条款谈妥了，你能代表G公司签字吗？"Z先生却没有这个权利，他只负责谈判，合同要让老板签。至此，G公司代表的傲气荡然无存，结果是按我方能接受价格签订了协议。

这则国际交往中的小小插曲揭示出这样的道理：组织和个人参与国际交往时不应只关注狭隘的自我利益，当涉及国家尊严问题时，要自觉维护国家尊严。组织和个人涉外公共关系在兼顾这两者的问题上应发挥积极作用。

2. 充分了解公共关系对象所在国的风俗习惯、语言等文化背景

不同国家和地区的不同民族文化差异很大，如不进行深入了解，就无法制定有效的涉外公共关系计划。文化背景包括以下方面：

其一，物质文化水平。指经济发展程度和人们的生活水平。

其二，教育普及程度。反映一国（或地区）的人民文化水平，它与消费结构和购买行为有着密切的关系。

其三，语言文字。语言文字是交流思想的工具，但也常常成为沟通的障碍。

其四，宗教信仰。宗教信仰为人们树立道义准则和禁忌，直接影响不同社会、不同信仰的人们的生活习惯和消费行为；

其五，审美观念。不同民族和国度的公众对音乐、舞蹈以及色彩、图案等有不同的理解。

其六，价值观。指人们对事物和行为的心理评价标准以及认同崇尚的观念，不同民族和国家的公众对事物和行为的心理评价往往存在很大的差异。了解公众的文化背景，有助于增强涉外公共关系活动的针对性，更好地实现公共关系的目标。

【案例 13－2】

南美地区的居民文化程度普遍较低，他们认为消费品的颜色越鲜艳，质量就越好。他们尤其看重金黄色，只要包装是金黄色的商品，就很受欢迎。美国一家食品公司根据南美地区居民的消费心理，将咖啡的红色包装改成金黄色，结果销售量在两个月内增加了三倍。

3. 体现本国的民族特色

涉外公共关系活动要尊重国外的风俗、语言，但又不能一味地迎合，而是要努力在活动中体现本民族的特色。“民族的就是世界的”，富有民族特色的涉外公关系活动才会产生巨大的吸引力，使活动的效果更好。

【案例 13－3】

1992 年 7 月，在芝加哥世界贸易中心展览会上，不到三天时间，具有民族特色的中国工艺品，如岫岩玉工艺品、草编织品、碎布被面、工艺首饰盒等几千件展品全部销售一空。日本松下公司无论在世界的哪个市场，其富有民族性的精神、理念、口号始终如一，消费者在赞美松下公司产品的良好质量的同时，也被松下公司独具民族特色的企业文化所吸引。

4. 平等待人，共同发展

在涉外公共关系活动中，对待国外公众应当像对待本国公众一样，而不论其人种、国籍等方面的差异。只有平等待人，以诚相见，才有可能获得目标公众的理解和支持，任何傲慢无礼的活动都是必将要失败的。平等待人还要求在国际交往活动中考虑对方的要求和需要，在涉及经济利益的问题上要互惠互利，共同发展，这样做有助于建立双方的相互好感，促进双方的合作。只有坚持平等待人、共同发展的原则，才能在国际上树立良好形象，达到企业涉外公共关系活动的目标。

【案例 13－4】

健力宝饮料走向世界市场的经历是一个以平等待人、共同发展的涉外公共关系活动取得成功的典范。健力宝公司把香港作为打入国际市场首先要攻克的“桥头堡”。它首先与香港十大财团之一的香港利嘉安集团达成销售协议，双方携手合作，本着在第一年互不赚钱的原则，以 1000 万港元的巨资在香港展开大规模的宣传广告活动，推销 1000 万罐健力宝饮料。在签约仪式和后来的宣传活动中，香港许多社会名流和影视红星都应邀参加，宣传活动产生了理想的轰动效应。

健力宝公司在向国际市场进军过程中，灵活采取了不计成本的办法，使经销商觉得有利可图，甘心情愿地出钱去为健力宝饮料进行广告宣传，从而形成了厂方与经销商之间的一种互助互利的良好合作关系。健力宝公司以这种成功的国际公关战略迅速打入了美国、加拿大、日本等几十个国家和地区的市场。

第三节　公关人员在涉外公共关系活动中的工作要领

一、遵守时间，信守约定

涉外交往应做到言必信、行必果，积极兑现承诺。公关人员在涉外公共关系活动中，必须认真而严格地遵守自己的所有承诺。说话务必算数，许诺一定要兑现，约会必须如约而至。在一切有关时间方面的正式约定之中，尤其需要恪守不怠。在涉外交往中，要真正做到“信守约定”，对涉外公关人员而言，尤须在下列三个方面身体力行，严格要求自己。

第一，在涉外公共关系活动中，许诺必须谨慎。

第二，对于自己已经作出的约定，务必认真遵守。

第三，万一由于难以抗拒的因素，自己单方面失约，或是有约难行，需要尽早向对方通报，如实地解释，并且还要郑重其事地向对方致以歉意，同时，按照规定和惯例，主动负担给对方所造成的某些物质方面的损失。

值得强调的是,在遵守时间方面,涉外公关人员还要注意以下三个问题:

一是要"有约在先"。要求在涉外公共关系活动中,公关人员须提前约定交往的时间、地点、主题等事宜,不要不邀而至,做不速之客。

二要"如约而至"。说好几点到,就要几点到。说好了晚上八点去拜访客人,就要踩着正点进去。早到不好,早到人家没有准备好,晚到又不好,让人家久等。这就是"如约而至"的重要性。

三要"适可而止"。要求在涉外公共关系活动中,公关人员不要无限制地延长时间和话题,谈话滔滔不绝,没完没了,要遵守约定,适可而止。

二、不卑不亢,以尊重为本

不卑不亢,是涉外交往的一项基本准则。它的主要要求是:每一个人在参与国际交往时,都必须意识到自己在外国人的眼里,是代表着自己的国家、自己的民族、自己的所在单位。因此,其言行应当从容得体、堂堂正正。在外国人面前既不应该表现得畏惧自卑、低三下四,也不应该表现得自大狂傲、放肆嚣张。

周恩来同志曾经要求我国的涉外人员"具备高度的社会主义觉悟,坚定的政治立场和严格的组织纪律,在任何复杂艰险的情况下,对祖国赤胆忠心,为维护国家利益和民族尊严,甚至不惜牺牲个人一切"。江泽民同志则指出:涉外人员必须能在变化多端的形势中判明方向,在错综复杂的斗争中站稳立场,再大的风浪也能顶住,在各种环境中都严守纪律,在任何情况下都忠于祖国,维护国家利益和尊严,体现中国人民的气概。他们的这些具体要求,应当成为我国一切涉外公关人员的行为准则。

同时,尊重为本是涉外公共关系人际沟通的根基之所在。

首先,涉外公关人员首先要强调自尊自爱。一个人在国际交往中,不讲自尊,就不可能得到别人的尊重。首先要尊重自己,你自己要把你当回事,站有站相,坐有坐相,要举止大方。

其次,涉外公关人员要尊重自己的职业。工作分工不同,闻道有先后,术业有专攻。在任何国家、任何社会,真正被人家尊重的人,是有实力的人,是学有所长的人,是专业方面有本事的人。

再次,涉外公关人员要尊重自己的单位。大到我们的国家和民族,小到我们现在供职的地方,在国际交往中,我们有责任、有义务维护自己归属单位的尊严和形象。

同时,涉外公共关系人员要尊重交往的对象。有五句话讲得好:"尊重上级是一种天职,尊重同事是一种本分,尊重下级是一种美德,尊重客户是一种常识，尊重所有人是一种教养。”这五个方面，涉及公共关系的方方面面，因此，要全方位地尊重交往对象，不能失礼于人。

三、不必过谦，不宜先为

公关人员在涉外交往中涉及自我评价时，虽然不应该自吹自擂、自我标榜、一味地抬高自己，但是也绝对没有必要妄自菲薄、自我贬低、自轻自贱，过度地对外国人显示谦虚、客套。

另外，公关人员在涉外交往中，面对自己一时难以应付、举棋不定，或者不知道到底怎样做才好的情况时，如果有可能，最明智的做法，是尽量不要急于采取行动，尤其是不宜急于抢先，冒昧行事。也就是讲，若有可能的话，面对这种情况时，不妨先是按兵不动，然后再静观一下周围人的所作所为，并与之采取一致的行动。

“不宜先为”具有双重的含义：一方面，它要求人们在难以确定如何行动才好时，应当尽可能地避免采取任何行动，免得出丑露怯；另一方面，它又要求人们在不知道到底怎么做才好而又必须采取行动时，最好先是观察其他人的正确做法，然后加以模仿，或是同当时的绝大多数在场者在行动上保持一致。

四、尊重隐私，爱护环境

公关人员在涉外公共关系活动过程中，务必严格遵守“尊重隐私”这一涉外交往的准则。一般而论，在国际交往中，下列八个方面的私人问题，往往被视为个人隐私：其一，是收入支出；其二，是年龄大小；其三，是恋爱婚姻；其四，是身体健康；其五，是家庭住址；其六，是个人经历；其七，是信仰政见；其八，是所忙何事。

要尊重外国友人的个人隐私权，首先就必须自觉地避免在对方交谈时，主动涉及这八个方面的问题。为了便于记忆，它们亦可简称为“个人隐私八不问”。

同时，公关人员在涉外公共关系活动过程中，还要做到爱护环境。在涉外公共关系中，之所以要特别地讨论“爱护环境”的问题，除了因为它是作为人所应具备的基本的社会公德之外，还在于，在当今国际社会中，它已经成为舆论倍加关注的焦点问题之一。在涉外公共关系活动过程中，公关人员需要特别注意的问题有以下两点。

第一，要明白，光有“爱护环境”的意识还是远远不够的，更为重要的是，要有实际行动。

第二，与外国人打交道时，在“爱护环境”的具体问题上要严于自律。具体

而言，在涉外交往中，中国人需要在“爱护环境”方面倍加注意的细节问题，又可分为下列八个方面：其一，不可毁损自然环境；其二，不可虐待动物；其三，不可损坏公物；其四，不可乱堆乱挂私人物品；其五，不可乱扔乱丢废弃物品；其六，不可随地吐痰；其七，不可到处随意吸烟；其八，不可任意制造噪声。

五、根据目标国特点合理设计和选择信息传播方案

由于涉外公共关系的对象是外国的公司企业、顾客用户、技术合作者、金融信贷机构、政府部门、民间团体、各界知名人士等，而这些组织或公众处在不同的国家和地区，各有不同的语言、风俗和生活方式，因此，涉外公共关系必须讲求针对性。也就是说，公关人员要全面深入地了解自己将要与之交往的外国公众的情况，根据外国公众的特点设计适合他们习惯和要求的信息交流形式，并通过他们经常接触的传播媒介来传播这些信息，使自己发出的信息能够为预期的公众所理解和接受。

1. 了解外国公众的态度及有关的政治、经济、社会情况

涉外公共关系是组织或个人与外国公众之间进行一种双向信息交流，首要的是了解组织或个人在外国公众中的双向信息交流，首要的是了解组织或个人在外国公众中的形象，了解外国公众对你的产品和服务的态度，这就必须摸清影响外国公众心态的政治、经济、社会等方面的因素。目前可以通过国内外新闻了解到的情况进行分析，查明造成外国公众消极心理状态的原因，针对这些原因采取相应措施，包括公共关系措施，设计信息方案，通过目标明确、内容适宜的信息传播手段，对外国公众进行宣传教育。如果组织的产品或服务确实质量优良、具备实力，通过有力的涉外公共关系就一定能在国际市场上打开局面。

2. 了解并善于应用外国公众经常接触的传播媒介

首先要了解组织的目标公众所在国家的媒介基本情况，例如主要的报纸、刊物、广播、电视、出版商、政府管理机构、有关法律规定、广告收费标准等方面的情况。此外，还可以了解哪些外国新闻机构在我国派有常驻新闻记者，与我国新闻机构的业务联系情况等。将了解到的情况及时汇编成随时可供参考的资料，这是一种良好的职业习惯。

3. 使自己的信息符合目标国公众的语言、文化、风俗习惯

涉外公共关系所使用的宣传材料必须对不同国家、不同地区的对象公众运用不同的语言和风格，以适应对象公众的政治、经济、历史、社会、文化及风俗习惯情况，尽量能够为他们所接受。即使是使用同一语言的各个国家和地

区，也因地理、历史、社会背景等的差异，造成语言运用方式上的不同。因此，涉外公共关系人员在设计信息传播方案时，要充分考虑到上述差异，尽量使用符合目标国公众文化习俗的语言表达方式。

六、从容对待受邀，体面赴宴

在涉外公共关系活动过程中，公关人员接到邀请后，要从容应对。

首先，接到请柬、邀请信或口头的邀请，能否出席要尽早答复确认。对注有 R. S. V. P(请答复)字样的，无论出席与否，均应迅速答复；对注有“Regrets only”(不能出席请复)字样的，在不能出席时才回复，但也应及时回复；经口头约妥再发来的请柬，上面一般注有“To remind”(备忘)字样，只起提醒作用，可不必答复。答复对方，可打电话或复以便函。

其次，在接受邀请之后，不要随意改动。万一遇到不得已的特殊情况不能出席，尤其是主宾，应尽早向主人解释、道歉，甚至亲自登门表示歉意。

此外，应邀出席一项活动之前，要核实宴请的主人、活动举办的时间地点、是否邀请了配偶以及主人对着装的要求等情况；活动多时更应注意，以免出现走错地方或主人未请配偶却双双出席等尴尬情况。

在前往参加涉外宴请时，要特别注意以下问题：

第一，掌握出席宴请的时间。根据活动的性质和当地的习惯掌握时间，迟到、早退、逗留时间过短则被视为失礼或有意冷落。身份高者可略晚到达；普通客人宜略为早些到达，待主宾退席后再陆续告辞。出席宴会，根据各地习惯，正点或晚一两分钟抵达；在我国则正点或提前两三分钟或按主人的要求到达。出席酒会，可按请柬上注明的时间到达。确实有事需提前退席，应向主人说明后悄悄离去；也可事前打招呼，届时离席。

第二，举止端庄、吃相文雅。嘴内有食物时，闭嘴咀嚼勿说话；喝汤忌啜，吃东西不发出声音；剔牙时，用手或餐巾遮口；嘴内的鱼刺、骨头不可直接外吐，用餐巾掩嘴取出，或轻轻吐在叉上，放在菜盘内；吃剩的菜，用过的餐具、牙签，都应放在盘内，勿置放在桌面上。

第三，忌喝酒过量、失言失态。中外饮酒习俗有差异，对外宾可以敬酒，不宜劝酒，尤其是不能劝女宾干杯。

第四，宴会进行中，如由于不慎遇意外情况发生，应妥善处理。餐具碰出声音，可轻轻向邻座(或向主人)说一声“对不起”；餐具掉落，可由招待员另送一副。酒水打翻溅到邻座身上，应表示歉意，协助擦干；如对方是女士，只要把干净餐巾或手帕递上，由她自行擦干即可，忌自己手忙脚乱地帮助别人，效果适得其反。

七、妥善选送礼品，大方受礼

涉外赠送礼品时，公关人员要做好以下工作：

一要恰当选择礼物。涉外交往的馈赠更多是为了表示对他人的祝贺、慰问、感谢的心意，因此在选择礼品时应挑选具有一定纪念意义、民族特色，或具有某些艺术价值，或为受礼人所喜爱的纪念品、食品、花束、书籍、画册、一般日用品等。应事先了解收礼人的性格、爱好、修养，以及所在国的习俗等，因人而异。

二要讲究礼品包装。国外非常讲究礼品包装，礼品一定要用彩色纸包装，然后用丝带系成漂亮的蝴蝶结或梅花结。在信奉基督教的国家里，礼品包装要避免把彩带结成十字交叉状。

三要对等平衡。注意送礼双方身份的对等，双方身份和礼品规格要一致。送礼要讲究平衡，有多方外国友人在场的情况下尤其要注意，避免厚此薄彼。

涉外公关人员在接受外国人送过来的礼品时，要表现得大方、友好。可做以下表示：

一要握手致谢。在参加各种涉外交往中，当接受宾朋的礼品时，应恭敬有礼地双手接过，并握手致谢。

二要适当赞美。许多欧美人，喜欢别人接受礼品时，打开包装亲眼欣赏并赞美一番。此时，我们可仿效他们的做法，适时赞誉礼品，以表示自己的感谢之情。

此外，收到寄来或派人送来的礼品，应及时复寄一张名片或简函，以示谢意。

八、了解涉外交往中的禁忌，避免失礼

在涉外公共关系中，公关人员应熟悉国外公众在数字、肢体、颜色、宗教信仰等方面的特定禁忌，避免人际交往中犯低级错误。

1. 数字禁忌

各民族及不同宗教信仰的人们对数字均有一些忌讳，如信奉天主教、基督教的信徒十分忌讳“13”和“星期五”，认为这一数字和日期是厄运和灾难的象征。在涉外活动中要避开与“13”、“星期五”有关的一些事情，更不要在这一天安排重要的政务、公务、商务及社交活动。日本人忌讳 4 字，是因 4 字与死的读音相似，意味着倒霉和不幸。所以与日本友人互赠礼品时切记不送数字为 4、谐音为 4 的礼品；不要安排日本人入住 4 号、14 号、44 号等房间。

2. 肢体禁忌

同一个手势、动作，在不同的国家里表示不同的意义，比如拇指和食指合成一个圈，其余三个手指向上立起，在美国表示 OK，但在巴西，这是不文明的手势。在中国，对某一件事、某一个人表示赞赏，会跷起大拇指，表示“真棒”。但是在伊朗，这个手势是对人的一种侮辱，不能随便使用，想赞赏伊朗人忌伸大拇指。在我国摇头表示不赞同，在尼泊尔则正相反，表示很高兴、很赞同。另外注意适当地运用手势，可以增强感情的表达；但与人谈话时，手势不宜过多，动作不宜过大，应给人含蓄而彬彬有礼的感觉。

3. 颜色禁忌

日本人认为绿色是不吉利的；巴西人以棕黄色为凶丧之色；欧美国家以黑色为丧礼的颜色；叙利亚人将黄色视为死亡之色；比利时人最忌蓝色；土耳其人认为花色是凶兆，布置房间时不用花色；埃及人认为蓝色是恶魔的象征。

4. 宗教禁忌

(1) 基督教

进教堂要态度严肃，保持安静。在聚会和礼拜活动中禁止吸烟。基督徒一般饮食中不吃血制品。

(2) 天主教

根据教会的传统，天主教的主教、神父、修女是不结婚的。所以，同天主教人士交往时，见到主教、神父、修女不可问他(她们)“有几个子女”、“爱人在哪里工作”等问题。进入教堂应保持严肃的态度，切忌衣着不整或穿拖鞋、短裤。禁止在堂内来回乱串、大声喧哗、交头接耳、东张西望、打情骂俏、争抢座位等，更不允许在堂内吃东西、抽烟。

(3) 伊斯兰教

接待穆斯林客人一定要安排清真席，特别要注意不要出现他们禁食的食物。穆斯林禁食猪肉以及其他并非以真主之名而宰的、勒死的、捶死的、跌死的、抵死的、野兽吃剩的动物。此外，还禁食生性凶猛的肉食动物，如狮、虎、豺、狼、豹等；穴居的肉食动物，如狐、獾、狸等；猛禽，如鹰、隼、鹞、鹫、猫头鹰等；污浊不洁的动物，如鼠、蜥蜴、穿山甲等；两栖动物，如蛇、蛤蟆、鳄鱼等；豢养而不能吃的动物，如马、驴、骡、狗、猫等。穆斯林严禁饮用一切含酒精的饮料，因此对他们是不能祝酒的。虔诚的穆斯林每天都要面向圣城麦加方向礼拜五次，因此要注意避开他们朝拜的方向。伊斯兰国家规定星期五为休息日(聚礼日)，穆斯林晌午要到清真寺集体做礼拜，即聚礼，因此如果遇星期五，注

意安排时间让虔诚的穆斯林做礼拜。穆斯林忌讳用左手给人传递物品，特别是食物，因此给穆斯林递东西时，注意不要用左手。

(4) 佛教

在信奉佛教的国家里，如缅甸、泰国等东南亚国家，人们非常敬重僧侣。僧侣和虔诚的佛教徒一般都是素食者。他们非常注重头部，忌讳别人提着物品从头上掠过；长辈在座，晚辈不能高于他们的头部；小孩子头部也不能随便抚摸，他们认为只有佛和僧长或是父母能摸小孩的头，意为祝福，除此就是不吉利，会生病。当着僧人的面不能杀生、吃肉、喝酒等，男女也不能做过分亲昵的举动。在与僧人有直接面对的场合，女士穿着要端庄，不要穿迷你裙等过于暴露的衣着。

(5) 印度教

信仰印度教(比如印度、尼泊尔等国)的教徒奉牛为神，认为牛的奶汁哺育了幼小的生命，牛耕地种出的粮食养育了人类，牛就像人类的母亲一样。他们不吃牛肉，而且也忌讳用牛皮制成的皮鞋、皮带。

(6) 犹太教

犹太教认为唯一可以食用的哺乳动物是反刍并有分蹄的动物，如牛肉，而不允许吃猪肉和马肉。饲养禽类(如鸡、鸭、鹅等)是被允许的，但禁食鸵鸟和鸸鹋，食用的鱼类必须有鳃和鳞，禁食软体动物和甲壳类动物。犹太教认为血是“生命的液体”而严禁食用。此外，奶品和肉品必须分开食用。

本章小结

涉外公共关系是指社会组织在与他国公众的交往中，通过国际各种信息传播活动，增进本组织与他国公众之间的了解和信任，维护和发展本组织良好国际形象的一种公共关系，具有非本土性、跨文化性、针对性等特征。

涉外公共关系包括对外贸易、对外技术交流、参观访问、友好往来等基本内容。涉外公共关系主要通过利用各国新闻单位发布新闻、放映纪录片、举办展览会和博览会等几种方式开展活动。由于涉外公共关系的环境如目标国的政治制度、经济条件和语言习俗等与组织和个人的所在国存在着差异性，因此，在涉外公共关系活动中，必须注意遵守不同于一般公关工作的若干原则，具体包括：维护国家尊严和利益原则；充分了解公共关系对象所在国的风俗习惯、语言等文化背景；体现本国的民族特色；平等待人，共同发展。

为处理好涉外公共关系，公关人员必须掌握若干工作要领：遵守时间、信守约定；不卑不亢，以尊重为本；不必过谦，不宜先为；尊重隐私，爱护环境；根据目标国特点合理设计和选择信息传播方案；从容对待受邀，体面赴宴；妥善选送礼品，大方受礼；了解涉外交往中的禁忌，避免失礼。

复习思考题

1. 怎样理解涉外公共关系的特征？
2. 涉外公共关系内容是什么？有哪些主要方式？
3. 如何正确运用涉外公共关系的原则？
4. 公关人员在涉外公共关系活动中应把握好哪些工作要领？

参考文献

[1] 廖伟健．公共关系学[M]．北京：高等教育出版社，2000.

[2] 张荷英．现代公共关系学[M]．北京：首都经济贸易大学出版社，2005.

[3] 赵金鹏．公共关系学原理及实务[M]．北京：机械工业出版社，2004.

[4] 赵冰梅，陈丹红．公共关系学[M]．北京：中国广播电视出版社，2004.

[5] 郑明珍．现代公共关系学[M]．合肥：安徽人民出版社，2006.

[6] 李健荣，邱伟光．现代公共关系学[M]．北京：东方出版社，2004.

[7] 翟年祥，丁乐飞．公共关系学[M]．合肥：安徽大学出版社，2003.

[8] 曾琳智．新编公共关系学案例教程[M]．上海：复旦大学出版社，2006.

[9] 栗玉香．公共关系[M]．大连：东北财经大学出版社，2005.

[10] 于朝辉，邵喜武．公共关系学[M]．北京：北京大学出版社，中国林业出版社，2008.

[11] 张云．公关心理学[M]．上海：复旦大学出版社，2005.

[12] [英]桑德拉·奥利弗．战略公关[M]．李志宏，译．北京：科学普及出版社，2004.

[13] 张岩松，王艳洁，郭兆平．公共关系案例精选精析[M]．北京：经济管理出版社，2003.

[14] 杨家栋．现代公共关系[M]．北京：中国商业出版社，2002.

[15] 冯兰．公关训练[M]．武汉：武汉大学出版社，2004.

[16] 吴建勋，于建华，丁华．公共关系案例与分析教程[M]．北京：中国物资出版社，2002.

[17] 杨俊．公共关系[M]．合肥：合肥工业大学出版社，2005.

[18] [美]布鲁姆，艾伦·森特，斯科特·卡特里普．有效的公共关系[M]．民安香，译．北京：华夏出版社，2002.

[19] 张克非．公共关系学[M]．北京：高等教育出版社，2008.

[20] 居延安．公共关系学[M]．上海：复旦大学出版社，2008.

[21] 何修猛．现代公共关系学[M]．上海：复旦大学出版社，2008.